Fragen an die deutsche Geschichte

Ideen, Kräfte, Entscheidungen
von 1800 bis zur Gegenwart

Historische Ausstellung im
Reichstagsgebäude in Berlin
Katalog, 10. Auflage

DD
203
.F73
1984

Die Ausstellung wird vom Deutschen Bundestag veranstaltet und steht unter der Schirmherrschaft des Präsidenten des Deutschen Bundestages

© 1984 Herausgeber
Deutscher Bundestag,
Presse- und Informationszentrum
Referat Öffentlichkeitsarbeit, Bonn

Deutsche Ausgabe
ISBN 3-924521-01-8

CIP-Kurztitelaufnahme der Deutschen Bibliothek

Fragen an die deutsche Geschichte: Ideen, Kräfte, Entscheidungen von 1800 bis zur Gegenwart; histor. Ausstellung im Reichstagsgebäude in Berlin; Katalog / [d. Ausstellung wird vom Dt. Bundestag veranst. Hrsg. Dt. Bundestag, Presse- u. Informationszentrum, Referat Öffentlichkeits- arbeit, Bonn]. – Dt. Ausg., 10., (neubearb.) Aufl. – Bonn: Dt. Bundestag, Referat Öffentlichkeitsarbeit, 1984.
Engl. Ausg. u.d.T.: Questions on German history. – Franz. Ausg. u.d.T.: Interrogeons l'histoire de l'Allemagne
ISBN 3-924521-03-4
NE: Deutschland (Bundesrepublik) / Bundestag

Bezugsquellen für Katalog und Cassette in Deutsch, Englisch und Französisch: Historische Ausstellung im Reichstagsgebäu- de und Herausgeber
Die Ausstellung ist geöffnet dienstags bis sonntags von 10.00 bis 17.00 Uhr sowie an Feiertagen.
Wissenschaftliche Führungen durch die Ausstellung sollten un- ter der Tel.-Nr. (0 30) 39 77 21 41 frühzeitig angemeldet werden.
Einzelbesucher können ein Tonbandführungs-System in deut- scher, englischer und französischer Sprache für DM 2,– aus- leihen.

Inhaltsverzeichnis

Beilagen   **Die Verfassung des Deutschen Reiches**
vom 11. August 1919
Die Verfassung der Bundesrepublik Deutschland
Grundgesetz vom 23. Mai 1949

Die Parteienentwicklung von 1871—1983
Preußische Hegemonie und Verfassungswandel
im Deutschen Reich nach 1871
Das Nationalsozialistische Herrschaftssystem
Organisation des Parlaments
Das gewählte Parlament, Zentrum der Demokratie

Vorwort zur 10. Auflage des Ausstellungskatalogs »Fragen an die deutsche Geschichte«

Die 1971 eröffnete und 1974 erweiterte historische Ausstellung im Reichstagsgebäude in Berlin spiegelt den Abschnitt deutscher Geschichte wider, in dem wesentliche Grundlagen für die heutige staatliche, gesellschaftliche und wirtschaftliche Ordnung unseres Landes geschaffen wurden. Die Kräfte, Ideen und Entscheidungen, aus denen sich diese Ordnung herausgebildet hat, werden veranschaulicht. Die tiefgreifenden Veränderungen der gesamten damaligen Lebenswelt sind aufgezeigt, die entscheidenden politischen Situationen in der historischen Entwicklung Deutschlands während des 19. und 20. Jahrhunderts eingehender Analyse unterworfen. Entsprechend ihrer grundlegenden Bedeutung für die Gegenwart bildet die Entwicklungsgeschichte der parlamentarischen Demokratie mit ihren Höhen und Tiefen den besonderen Schwerpunkt der Ausstellung.

Der seit über einem Jahrzehnt anhaltende Besucherstrom und die rege Nachfrage nach dem Katalog dieser Ausstellung zeugen von einem breiten und lebhaften Interesse, über jene Epoche deutscher Geschichte mehr zu wissen und sie besser zu verstehen, nicht zuletzt, um sich damit auseinandersetzen zu können. Mit dem Fortschreiten geschichtlicher Forschung und staatlicher Gegenwart ist die Ausstellung stetig ausgebaut und weitergestaltet worden, besonders im Abschnitt über die Bundesrepublik Deutschland.

Das Buch zur Ausstellung will auch mit der vorliegenden zehnten, erweiterten und ergänzten Auflage in schon bewährter Weise seiner Aufgabe dienen: in die Ausstellung einzuführen und dem Leser in der Nachbereitung eines Ausstellungsbesuches oder auch als davon unabhängige Lektüre ein zusammenhängendes, anschauliches und facettenreiches Bild der deutschen Geschichte von 1800 bis in die Gegenwart zu vermitteln.

Dr. Philipp Jenninger
Präsident des Deutschen Bundestages

Zum Katalog

Dieser Katalog beschreitet insofern einen neuen Weg, als darauf verzichtet wurde, die einzelnen Exponate, nach Nummern geordnet, aufzuführen und zu beschreiben. Ein solches Unternehmen hätte bei der Vielzahl der verschiedenartigsten Exponate nicht nur jeden Rahmen gesprengt – es wäre auch vom Charakter der Ausstellung her gesehen wenig sinnvoll gewesen. Denn diese Ausstellung zielt nicht bloß darauf, eine Epoche in Selbstzeugnissen und Bildern anschaulich zu machen, sondern Akzente zu setzen, bestimmte Linien zu ziehen, Zusammenhänge aufzuzeigen, geleitet von einer Reihe von Fragen, die sich auf die politischen und sozialen Grundentscheidungen in der deutschen Geschichte der letzten 170 Jahre und die hinter ihnen stehenden Ideen und Kräfte beziehen. Das einzelne Exponat – Bild, Dokument, Karikatur, Gegenstand – hat daher jeweils nur eine dienende Funktion. Sein Eigenwert tritt – von einigen Schlüsseldokumenten abgesehen – zurück hinter seinem Illustrationswert für bestimmte Vorgänge und historische Prozesse, die auf diese Weise verdeutlicht werden sollten. Aus diesem Grunde schien es wichtiger, im Katalog noch einmal die großen Komplexe und die einzelnen Zusammenhänge unter summarischem Verweis auf die einzelnen Bildtafeln und unter Hervorhebung besonders wichtiger, charakteristischer oder anschaulicher Bild- und Schriftdokumente (eine Auswahl von ihnen ist dem Katalog beigegeben) beschreibend nachzuzeichnen, als in üblicher Form den Einzelnachweis zu geben. Auf diese Weise sollte zugleich ein allgemeinverständlicher Überblick über die mit dem Thema zusammenhängenden Fragenkomplexe gegeben werden, der ebenso der Vorwegorientierung vor dem Besuch der Ausstellung insgesamt bzw. vor der Besichtigung einzelner Teile dienen soll wie der nachträglichen Vertiefung.

Zur Einführung

von Lothar Gall

Wer es unternimmt, rund 170 Jahre deutscher Geschichte im Medium einer Ausstellung zu befragen, wird sich zunächst selber einer ganzen Reihe von Fragen stellen müssen. Sie reichen von dem vieldiskutierten allgemeinen Problem, welchen Stellenwert geschichtliche Einsichten und Erkenntnisse überhaupt noch für Gegenwartsverständnis und Zukunftsorientierung besitzen, über die eng damit zusammenhängende Frage, welche praktischen Ziele eine solche Ausstellung verfolgt, bis hin zu der skeptischen Überlegung, ob der gewählte thematische Rahmen, die deutsche Geschichte, nicht von vornherein eine problematische Verengung bedeutet, da sie eine Kontinuität nationalgeschichtlicher Entwicklung im positiven oder im negativen Sinne suggeriere, die es in dieser Form, zumindest seit der Zäsur von 1945, gar nicht mehr gebe. Anders ausgedrückt: Ob hier nicht versucht werde, der Bundesrepublik, deren 25jähriges Bestehen den äußeren Anlaß für die Ausstellung liefert, eine künstliche Tradition zu schaffen bzw. sie im nachhinein in bestimmten Traditionen zu verankern.

Das sind ohne Zweifel legitime Fragen. Sie richten sich im Kern auf das, was mit einer solchen Ausstellung erreicht werden soll, und damit zugleich auf die ihr zugrunde liegende Vorstellung von dem, was eine moderne Geschichtswissenschaft, auch und gerade in der praktischen Vermittlung ihrer Ergebnisse im Rahmen einer Ausstellung, leisten soll und muß.

Jeder Versuch einer Antwort hierauf wird zunächst einmal von der ganz unbestreitbaren Tatsache ausgehen müssen, daß die Auffassung vom »Nutzen und Nachteil der Historie«, die Einschätzung ihrer Funktion für den heutigen Menschen und die heutige Gesellschaft in den letzten Jahrzehnten eine tiefgreifende Veränderung erfahren hat. Sie geht so weit, daß gelegentlich die These aufgestellt werden konnte, die Kenntnis historischer Prozesse und die Einsicht in ihre bestimmenden Faktoren hätten objektiv und subjektiv für Gegenwartsverständnis und Zukunftsorientierung nur noch eine untergeordnete Bedeutung, und es bedürfe demgemäß auf diesem Gebiet keiner besonderen Anstrengung des Staates und seiner Bildungsinstitutionen mehr. Was sich darin spiegelt, ist fraglos sehr ernst zu nehmen

und nicht mit unverbindlichen Phrasen über den Bildungswert
der Geschichte abzutun. Es ist die Vorstellung, daß der rapide
Wandel der Umwelt, aller Lebens- und Arbeitsbedingungen und
die ihnen entsprechenden grundlegenden Veränderungen der
politischen, der wirtschaftlichen und der gesellschaftlichen Da-
seinsformen in nicht nur nationalen, sondern kontinentalen
Maßstäben den einzelnen wie die Gesellschaft und ihre vielfältigen Institutionen gleichsam abgekoppelt hätten von ihren jeweils spezifischen Vergangenheiten. Sie seien damit Entwick-
lungstendenzen und Kräften unterworfen, die sich in erster Linie
durch zweckrationale Analyse bestehender hochkomplexer Sy-
steme mit soziologischen, ökonomischen und positivistisch-po-
litologischen Kategorien erfassen ließen und nur gelegentlich
und aushilfsweise mit historischen.
Eine solche sehr kritische Einschätzung der Rolle und Funktion
geschichtlicher Einsichten und Erkenntnisse für eine hand-
lungsorientierende Erfassung der Gegenwart ist allerdings ihrerseits nicht frei von Wunschdenken, von der Tendenz, dem Druck
der Vergangenheit und dem, was sich in der Realität staatlicher
und gesellschaftlicher Institutionen und Verhaltensweisen, wirtschaftlicher Ordnungen und nationaler, regionaler und kulturel-
ler Eigenarten unübersehbar nur historisch fassen und interpretieren, nur aus bestimmten Traditionen erklären läßt, gleichsam
durch Negierung auszuweichen. Sie geht zudem in wesentlichen Punkten von einem sehr traditionellen, von der modernen
Geschichtswissenschaft bereits weitgehend überwundenen
Verständnis dessen aus, was die Geschichte als wissenschaftliche Disziplin zu leisten imstande ist und gemeinhin leistet. In
erster Linie hat man dabei die angeblich auch heute noch
vorherrschende Neigung zur Rückbindung, ja Fesselung der
Gegenwart an die Vergangenheit vor Augen, und zwar, wie
meist stillschweigend vorausgesetzt wird, an eine »ausgewähl-
te« Vergangenheit, an ganz bestimmte Traditionen, die zumal in
der deutschen Geschichtswissenschaft seit Generationen einseitig betont worden seien. Davon kann jedoch kaum noch die
Rede sein. Eines ihrer wesentlichen Ziele sieht die moderne
Geschichtswissenschaft, die sich sehr bewußt als eine zugleich
dem historischen Selbstverständnis und der historischen
Selbstvergewisserung der Gegenwart dienende, als eine hand-
lungsorientierende und nicht bloß rückwärtsgewandt-kontem-
plative Disziplin versteht, vielmehr gerade darin, den einzelnen
und die Öffentlichkeit als Ganze durch Bewußtmachung aufzu-

klären über die nicht fortzuleugnenden historischen Bedingthei-
ten von Sozialverhalten und politischen Grundentscheidungen,
von Ideologien und konkreten wirtschaftlichen und politischen
Ordnungen, von bestimmten Denkmustern und Entscheidungs-
kriterien. Einer von einem solchen fraglos hohen Anspruch
geleiteten Geschichtswissenschaft geht es also bei der kritischen Erforschung und Darstellung der Vergangenheit vor allem auch darum, eine bestimmte, auf die Gegenwart und Zukunft hin ausgerichtete geistige Grundhaltung zu wecken und zu
fördern, die die inneren und äußeren Bedingungen des eigenen
Planens und Handelns nicht einfach mit einer gewissen Naivität
als naturgegeben hinnimmt und vordergründig rationalisiert,
sondern sie ihrerseits zu hinterfragen sucht, um so, unter bewußter Anerkennung der in diesen Bedingungen immer zugleich
auch liegenden Grenzen, wirklich frei zu werden zu selbstver-
antwortlichen Entscheidungen. Daß eine solche Grundhaltung
ohne Frage einem allzu unbekümmerten Fortschrittsglauben
eher im Wege steht, da sie kein bequemes Ausweichen vor der
Konfrontation zwischen dem rational Wünschbaren und dem
real Möglichen erlaubt, mag manchem ein Ärgernis sein. Es
jedoch der Geschichtswissenschaft als solcher und ihrem vor-
geblich konservativen Geist anzulasten, heißt Ursache und Wirkung zu vertauschen.
Ein Ärgernis mag eine so verstandene Gesichtswissenschaft
auf der anderen Seite aber auch für jene sein, die meinen, ihr
einmal mehr die Aufgabe stellen zu sollen, vor allem zu zeigen,
wie positiv sich die Gegenwart von der Vergangenheit abhebt
und was inzwischen alles erreicht wurde. Gewiß, der Historiker
soll, ja, darf kein Lobredner der Vergangenheit sein; insofern
werden die positiven Veränderungen in den sozialen Beziehungen, den wirtschaftlichen Verhältnissen, der politischen Ordnung stets seine besondere Aufmerksamkeit finden. Aber er
kann von seinem Selbstverständnis her kritisch nicht bloß in der
Vergangenheit verharren, darf also auch nicht zu einem bloßen
Lobredner der Gegenwart werden. Vielmehr ist jene geistige
Grundhaltung, die er mit seiner Arbeit zu vermitteln sucht, un-
vermeidlicherweise ihrem Wesen nach zugleich gegenwartskri-
tisch. Denn Aufklärung der geschichtlichen Bedingungen ge-
genwärtiger Ordnungen und gegenwärtigen Handelns heißt
stets auch, diese von jenen her zu relativieren und damit gleichsam auf die Zukunft hin, für Veränderungen und neue Grundentscheidungen aufzubrechen, ohne daß sich daraus freilich –

diese falsche Erwartung kann keine ernsthafte Wissenschaft einlösen – bereits ein konkretes Programm ergäbe.

In dem bisher Gesagten ist in abstrakter Form bereits das Wesentliche von dem enthalten, was dieser Ausstellung über die vergangenen 170 Jahre deutscher Geschichte, seit dem tiefen Epocheneinschnitt der Französischen Revolution und ihrer Auswirkungen, als Konzeption zugrunde liegt. Ihre »Fragen an die deutsche Geschichte« richten sich einmal auf die Hauptbedingungen, auf die wesentlichen Voraussetzungen für die Entstehung unserer heutigen staatlichen, gesellschaftlichen und wirtschaftlichen Ordnung und auf die wichtigsten Kräfte, Ideen und Grundentscheidungen, die sie heraufgeführt haben, wobei die immer wieder unterbrochene und von vielfältigen Rückschlägen begleitete Bewegung in Richtung auf einen parlamentarisch-demokratischen Staat liberaler Prägung einen zentralen Platz einnimmt. Sie richten sich auf der anderen Seite aber auch mit Nachdruck auf den jeweiligen Entscheidungsprozeß als solchen, und zwar mit der erklärten Absicht, jenseits der Einmaligkeit des jeweiligen Vorgangs den Bedingungen nachzuspüren, die politisches Handeln ermöglichen und ihm zugleich Grenzen setzen.

Dabei konnte es freilich nicht darum gehen, vordergründige Fragezeichen zu setzen oder bewußt unbestimmte Antworten zu formulieren. Auch die neuerdings offenkundig sehr beliebt werdende andere Möglichkeit schied aus, in bewußt provokativer Absicht einseitig zugespitzte Deutungen zu formulieren, da hier zumeist ein viel zu hohes Maß an Vorinformiertheit vorausgesetzt und das, was als intellektuelle Provokation gedacht war, zur bloßen Indoktrination wird. Im Vordergrund steht vielmehr hier wie generell in der Ausstellung die dem Kenntnisstand der Mehrheit der Besucher möglichst adäquate Information und daran anknüpfend der Versuch eines offen, d. h. aus dem Bewußtsein möglicher Vorläufigkeit und Diskussionsbedürftigkeit argumentierenden Urteils.

In diesem Rahmen war allerdings zusätzlich eine ganze Reihe von Vorentscheidungen zu treffen, die das Gesicht der Ausstellung entscheidend bestimmt haben. Sie betrafen vor allem die inhaltliche Schwerpunktbildung und dabei insbesondere die anteilmäßige Gewichtung der einzelnen Faktoren auch in darstellerischer Hinsicht. Einer dieser Schwerpunkte, nämlich die Entwicklungsgeschichte des parlamentarisch-demokratischen Systems in Deutschland, wurde bereits erwähnt. Ein weiterer be-

sonderer Akzent war daneben auf die tiefgreifende Veränderung der gesamten Lebenswelt im Zuge des Entstehens der modernen Industriegesellschaft zu legen. Dabei ging es nicht allein darum, den Vorgang als solchen möglichst anschaulich zu illustrieren und in seinen Antriebskräften zu verdeutlichen. Es mußte gleichzeitig auch versucht werden, die jeweiligen politischen und sozialen Konsequenzen dieses Prozesses aufzuzeigen und damit, auch optisch, einen genaueren Eindruck zu vermitteln von der zeithistorischen Situation, ihren besonderen Problemen und unmittelbar anstehenden Aufgaben, ihren Widersprüchen und politischen Herausforderungen. Von dieser Basis aus waren schließlich als drittes die zentralen politischen Entscheidungssituationen in der historischen Entwicklung Deutschlands des 19. und 20. Jahrhunderts in ihren Ursachen, bestimmenden Faktoren und kurz- und langfristigen Ergebnissen zu analysieren: der Umbruch der Jahre 1806–1815, die Revolution von 1848, der große Verfassungskonflikt in Preußen und die Gründung des Deutschen Reiches von 1871, die Revolution von 1918 und die Schaffung der Weimarer Republik, ihr Verfall und die Machtergreifung der Nationalsozialisten, der Todfeinde des liberalen parlamentarisch-demokratischen Systems und aller seiner staatlichen, gesellschaftlichen und wirtschaftlichen Voraussetzungen, und endlich der erfolgreiche Versuch zur Wiederherstellung und zeitgemäßen Fortbildung dieses Systems nach 1945. Mit dieser Konzentration auf die großen Wendepunkte des historischen Prozesses ergab sich zugleich eine inhaltliche Gliederung in in sich in gewisser Weise abgeschlossene – und demgemäß auch jeweils für sich betrachtbare – Blöcke, in die dann auch manches integriert werden konnte, was auf dem Gebiet der Kunst, der Literatur, der Wissenschaft, kurz, des kulturellen Lebens im weitesten Sinne das Gesicht und das geistige Klima einer Epoche prägt, aber im Rückblick oft gar nicht mehr in unmittelbare Beziehung dazu gesetzt wird.
Eine derartige Akzentuierung und Gliederung enthält selbstverständlich eine ganze Reihe von Problemen. Manches, was dem einzelnen Betrachter besonders wichtig scheinen mag, tritt dabei zurück, manches, was nur schwer ins Bild umzusetzen war, konnte nur im Text eingebracht werden. Manche wichtige Zusammenhänge konnten eben nur angedeutet werden, und manches bleibt sicher ganz unverbunden. Auch die Epochenaufteilung, wenngleich inhaltlich neu überdacht und nicht nur an

äußerlichen Einschnitten, sondern an unbestrittenen entscheidenden Umbruchsituationen orientiert, läßt sich sicher von verschiedenen Standpunkten aus kritisieren. Dabei wird man freilich auch bedenken müssen, daß neben den skizzierten grundsätzlichen gleichzeitig eine ganze Reihe von pragmatischen
Überlegungen zu berücksichtigen war, vor allem hinsichtlich
dessen, was dem nicht besonders vorgebildeten Ausstellungs-
besucher an »langem Atem« und nicht zuletzt an zeitlichem
Aufwand zuzumuten ist. Hier bedurfte es einer möglichst klaren
Durchgliederung und Abgrenzung sowie des ständigen Bemühens, Themenzusammenhänge und zeitlich begrenzte Vorgänge auch jeweils für sich verständlich zu machen, um dem
Besucher die selbständige Auswahl nach seinen besonderen
Interessen zu ermöglichen. Dem waren, zumal in einer eben
nicht vornehmlich ereignis-, sondern problemgeschichtlich
orientierten Ausstellung, natürliche Grenzen gesetzt. Sieht man
jedoch das Ziel einer solchen Ausstellung vor allem auch darin,
den Blick zu schärfen für die Komplexität der bestimmenden
Faktoren und Bedingungen politischen Handelns, so mögen
solche Grenzen vom einzelnen Besucher geradezu als Heraus-
forderung empfunden werden zum selbständigen Weiterfragen,
zum Vergleich, zum Aufspüren von Zusammenhängen. Der
Anspruch, der damit an ihn, unbeschadet aller inhaltlichen und
gestalterischen Orientierungshilfen, die ihm an die Hand gegeben werden, gestellt wird, ist sicher nicht gering, aber er ist auch
nicht höher als der, mit dem er als jetziger oder künftiger
Wahlbürger eines nur durch ihn, durch seine Fähigkeit zu politischem Urteil und zu politischer Entscheidung funktionsfähigen
demokratischen Gemeinwesens konfrontiert wird. Zwischen
beidem besteht ein unauflöslicher Zusammenhang, und Veranstalter und Verantwortliche dieser Ausstellung haben in ihm
sehr bewußt eine Art Leitlinie für das gesehen, was an Konzen-
trations-, an Kritik- und Urteilsfähigkeit vom Besucher legitimer-
weise zu erwarten sei.
Diese Leitlinie zog zugleich eine scharfe Grenze gegenüber
jedem denkbaren Anspruch, die Geschichte in der Art unmittelbar für die Gegenwart einzuspannen, daß sie zu einem zusätzli-
chen Argument für oder gegen eine bestimmte Politik wird. Das
gilt für die gesamte Ausstellung, naturgemäß aber in besonderem Maße für jene Abschnitte, die unmittelbar an die Gegenwart
heranführen, also vor allem für den Teil, der der bisherigen
Geschichte der Bundesrepublik gewidmet ist. Hier war, nicht

zuletzt auch wegen der durchaus noch fragmentarischen Basis
der Quellen für ein abgewogenes historisches Urteil, äußerste
Zurückhaltung geboten, und die möglichst eingehende Information und Dokumentation mußte hier eindeutig den Vorrang haben gegenüber jedem Versuch einer definitiven Einordnung und
Bewertung. Das mag manchem unbefriedigend erscheinen und
einige Diskussion und Kritik auslösen. Sie ist vom Standpunkt
des einzelnen, zur täglichen politischen Mitentscheidung Aufgerufenen völlig legitim, ja, höchst wünschenswert. Aber es ist
eines, als einzelner gerade auch die jüngste Vergangenheit zur
politischen Urteilsbildung heranzuziehen, dieser damit eine zusätzliche Perspektive und Dimension zu verschaffen – dem will
die Ausstellung ausdrücklich dienen –, ein anderes, von seiten
der Veranstalter hier mit bestimmten historischen Urteilen bestimmte politische Schlußfolgerungen zumindest nahezulegen.
Im übrigen wird man jedoch dort, wo der Stand der historischen
Erkenntnisse und der wissenschaftlichen Diskussion dies erlauben, klare Urteile schwerlich vermissen. Daß diese sich nicht
nach Art naiv-wohlmeinender Bilderbuchdarstellungen darauf
beschränken, den Sieg der angeblich guten Prinzipien und
Kräfte zu feiern, ihre Niederlagen zu betrauern, daß sie vielmehr
den Konflikt der jeweils real vorhandenen verschiedenen Ideen
und Interessen auszuloten, den wirklich gegebenen Entschei-
dungsspielraum auszumessen versuchen und sich nicht nur an
dem jeweils Wünschbaren orientieren, versteht sich dabei nach
der bereits skizzierten Konzeption von selbst. Auch hier wird
sich unausweichlich mancher Widerspruch erheben, und auch
hier ist er prinzipiell ebenso legitim wie erwünscht. Ja, man wird
in ihm geradezu einen Gradmesser dafür sehen können, wie-
weit die Ausstellung in der Lage ist, die historisch-politische
Urteilsbildung zu stimulieren und die Diskussion über Charakter
und Tragweite bestimmter bis heute wirksamer Grundentscheidungen der Vergangenheit neu zu beleben.
Eine Frage, deren Aktualität und spezifische Problematik
schwerlich zu leugnen ist, sollte dabei, wenn es nach dem
Willen der Veranstalter und Verantwortlichen dieser Ausstellung
ginge, besonders im Zentrum stehen: die Frage nach den historischen Bedingungen und damit zugleich auch nach den historischen Vorbelastungen des liberalen parlamentarisch-demokratischen Systems in Deutschland. Welche Hindernisse seiner
Einführung im Wege standen, welche Kräfte es jeweils be-
kämpften oder trugen, auf welchen Voraussetzungen es basiert

und warum diese Voraussetzungen in Deutschland erst relativ spät und lange Zeit nur bruchstückhaft gegeben waren, was es anfällig machte nicht nur für äußere Bedrohungen, sondern auch für einen Prozeß der Selbstzerstörung, für innere Krisen, die es schon während seiner Entstehung immer wieder bedrohten, und welche Momente schließlich seinem Widerpart, dem bevormundenden Obrigkeitsstaat ganz gleich welcher Couleur, eine so fortdauernde und bis in unsere Gegenwart hineinreichende Anziehungskraft verliehen – allen diesen Fragen wird in der Ausstellung mit besonderem Nachdruck nachgegangen. Die Antworten, die darauf jeweils aus dem spezifischen Kontext versucht werden, haben stets auch, wenn man genauer hinsieht und nicht nur auf vordergründige und damit allzuoft irreführende Parallelen aus ist, eine aktuelle Dimension. Das gilt nicht zuletzt auch für einen Aspekt, den zu übersehen sich leicht zu einer lebensbedrohlichen Krise für die gesamte liberale parlamentarisch-demokratische Ordnung ausweiten könnte: die Zeitbedingtheit bestimmter Ausdrucks- und Organisationsformen dieser Ordnung und auch bestimmter ihrer Grundlagen und Funktionsmechanismen, die ihre Substanz weit weniger ausmachen, als man gelegentlich glauben machen will. Auch und gerade hier kann die geschichtliche Analyse dazu beitragen, die Fähigkeit zu schärfen, zwischen äußerer Form und innerer Substanz zu unterscheiden, ja mehr noch, sich darüber klarzuwerden, wo sich Formen und Inhalt unter veränderten Bedingungen zu widersprechen beginnen. Gelingt es der Ausstellung, einen Anstoß in diese Richtung zu geben und das heißt zugleich zu wirklichem geschichtlichen Denken anzuregen, das die Erstarrungen und Verkrustungen historisch gewachsener und weiterer Entwicklungen fähiger Lebensformen von innen her aufzubrechen vermag, so liegt darin für sie wohl eine tiefere Rechtfertigung als in jedem modischen Aufruf zur Demontage von jeweils den anderen unterstellten angeblich falschen Geschichtsbildern.

Die visuelle Konzeption der Ausstellung »Fragen an die deutsche Geschichte«

von Claus-Peter Groß

Die Visualisierung einer historischen Ausstellung, die einen inhaltlichen Zeitraum von fast 200 Jahren umfaßt, ist keine einfache Aufgabe: architektonisch muß sich die 3000 qm große Ausstellung in vorhandene Räume eingliedern; als Gestaltungselemente bieten sich zunächst nur 1600 Bilder, Originaldokumente und Texttafeln an. Deshalb wurden zusätzliche Gestaltungstechniken angewandt, um mit unterschiedlichen Ausstellungsträgern, drei eigens angefertigten Dokumentarfilmen, verschiedenen Projektionen und realistischen Rauminszenierungen zu versuchen, dem Besucher auf seinem fast einen Kilometer langen Rundgang Geschichtsabläufe nahe zu bringen.

Wie bietet sich im einzelnen der Ablauf dieser Ausstellung an? Am Eingang kann der Besucher an einem Übersichtsplan durch Knopfdruck den kürzesten Weg zu der von ihm gewünschten Abteilung finden. Entschließt er sich aber zu einem ausgeschilderten Rundgang durch die gesamte Ausstellung, so beginnt er im Raum I (»Politischer Aufbau und Wiener Kongreß«). Dort gibt ihm eine klar gegliederte Ausstellungseinheit im Wechsel mit zeitgenössischen Darstellungen, Exponaten und Dokumenten, kurzgehaltenen Leittexten und großen Übersichtskarten Aufschluß über den historischen Ablauf jener Periode. Zeitströmungen in ihrer geistigen und politischen Verflochtenheit (»Die preußischen Reformen«) werden durch einen für diese Abteilung gefertigten Film vermittelt. Im Raum II (»Vormärz«) sind die unterschiedlichen Themengruppen auf schalenförmigen Trägerelementen dargestellt. An zeitgenössischen Puppenstuben wird das häusliche Leben der Zeit veranschaulicht.

Die sich anschließende Abteilung III (»Die Revolution 1848/49«) antizipiert mit ihren plakativen und farbigen Tafeln diese Ära und das heraufkommende Massenzeitalter um die Mitte des 19. Jahrhunderts.

Im nächsten Raum IV (»1855–1918«) bilden farbige Metallwände Stellgruppen – ähnlich den Seiten eines alten Fotoalbums. Aufnahmen aus der Frühgeschichte der Fotografie, diverse Exponate und ein Film dokumentieren Politik, Staat, Wirtschaft und Gesellschaft von Beginn der industriellen Revolution bis zum Ende des Kaiserreichs.

Der Zeitabschnitt 1914 bis 1919 im Raum V (»Weltkrieg und Revolutionszeitalter«) hat ein unterschiedliches Erscheinungsbild. Ein metallener Globus gibt den Kriegsschauplatz des Ersten Weltkrieges wieder. Erstmals wird die Fotomontage als Stilmittel eingesetzt, als Querschnitt einer ineinandergreifenden Bildfolge der Kriegs- und Revolutionsjahre.

In einem abgedunkelten Raum V (»Die Weimarer Republik«) wird auf vier großen Leinwänden das kulturelle und geistige Leben jener Jahre projiziert. Fotomontagen von Straßenszenen versuchen die hektische Zeit mit ihren zahllosen Wahlkämpfen und Demonstrationen wiederzugeben; Wahlstatistiken, Dokumente und Exponate verdeutlichen die fruchtbare und zugleich gefährdete Republik.

Einen starken Kontrast hierzu bildet der folgende Raum VI (»Das Dritte Reich« 1933 bis 1945). Vier sieben Meter hohe Türme, bestückt mit Spruchbändern, Plakaten und überdimensionalen Großfotos erinnern an die Monsterpropaganda des Nationalsozialismus. Ein Film »Konsequenzen« gibt eine zusammenfassende Übersicht der verbrecherischen Rassen- und Lebensraumpolitik.

Der letzte Raum VII (»Entstehung und Entwicklung der Bundesrepublik Deutschland«) ist so gestaltet, daß ein Spannungsfeld zwischen sachlicher Information und realistischen Rauminszenierungen entsteht. Drei Bühnenbilder: Trümmerszene 1945, Wiederaufbau um 1951 und eine Stadtlandschaft der sechziger Jahre, vermitteln mit ihren architektonischen und figürlichen Ausstattungen bestimmte Zeitabschnitte. Gestaffelte Ausstellungselemente beinhalten Fotos, Grafiken und die notwendigen Textaussagen.

Ein Versuch, »Geschichte zum Anfassen« vorzustellen.

Mitteleuropa am Ausgang des 18. Jahrhunderts

Holstein

Hzm.
Mecklenburg-
Schwerin

Kurfsm.
Hannover

Kurfsm.
Brandenburg

Kgr. Preußen

Bm.
Münster

Österr.
Niederlande

Kurfsm.
Sachsen

Schlesien

Kur-Pfalz

Kgr. Böhmen

Hzm.
Württem-
berg

Kurfsm.
Bayern

Erzhzm.
Österreich

Raum I

Politischer
Aufbruch
und
Wiener Kongreß

Um die Wende vom 18. zum 19. Jahrhundert gerät die politische und soziale Ordnung Deutschlands in eine tiefe Krise: Der rasche Zusammenbruch des Reiches unter dem Ansturm der Armeen der Französischen Revolution zeigt, daß es dem alten Heiligen Römischen Reich Deutscher Nation nicht nur an äußerer, sondern vor allem auch an innerer Einheit fehlt. Im siegreichen Frankreich präsentiert sich den Zeitgenossen das Bild einer politisch selbstbewußten Nation, in der durch die Revolution von 1789 alle Standesschranken beseitigt und die rechtliche Gleichheit der Bürger in einer Verfassung verankert sind und in der das Volk unter Führung eines wirtschaftlich erstarkten und aufgeklärten Bürgertums aus eigener Kraft die Bevormundung durch den absolutistischen Fürstenstaat abgeschüttelt hat. Gerade vor diesem Hintergrund erschienen die politischen wie die sozialen Verhältnisse in Deutschland hoffnungslos anachronistisch.

Das »Heilige Römische Reich Deutscher Nation«, zersplittert in Hunderte von Territorien, ist nur ein loser Staatenbund, dem jede politische Zentralgewalt fehlt. Deutschland — das sind die Fürsten und ihre absolutistisch regierten Untertanen. Während die alte Reichsidee nur noch in kleineren Territorien und bei einigen Staatsrechtlern lebendig bleibt, wird die politische Situation im Reich weitgehend bestimmt vom Gegensatz der beiden Großmächte Preußen und Österreich.

Im Innern der Staaten hemmen starre Standesschranken zwischen Adel, Bürgern und Bauern die soziale und wirtschaftliche Entwicklung. Ein politisches Nationalbewußtsein fehlt den unmündig gehaltenen Untertanen ebenso wie den dynastische Interessenpolitik treibenden Fürsten. Nur im geistigen Leben bildet sich in der zweiten Hälfte des 18. Jahrhunderts ein Bewußtsein einer die sozialen Grenzen übergreifenden nationalen Zusammengehörigkeit heraus, das Schiller in die Worte faßt: »Deutsches Reich und deutsche Nation sind zweierlei Dinge . . . indem das politische Reich wankt, hat sich das geistige immer fester und vollkommener gebildet.«

Weil ein starkes Bürgertum im wirtschaftlich noch unterentwickelten Deutschland fehlt, bleibt die Französische Revolution trotz erheblicher intellektueller Auswirkungen in Deutschland zunächst fast ohne konkrete politische Folgen. Die Revolutionskriege enthüllen nur die Schwäche der alten politischen und sozialen Ordnung. Unter dem Ansturm der französischen Revolutionsarmeen brechen die absolutistisch regierten Staaten zusammen, die Großmächte Preußen und Österreich werden besiegt, und nach der territorialen Neuordnung Deutschlands durch Napoleon wird das Reich 1806 aufgelöst.

In dieser Stunde der vollständigen Niederlage setzt sich bei einigen wenigen die Erkenntnis durch, daß die Ursache der Katastrophe vor allem in der tiefen Kluft zwischen Staat und Gesellschaft zu suchen sei. Soziale Reformen werden zur politischen Notwendigkeit. Eine auf Freiheit und Gleichheit gegründete bürgerliche Gesellschaft soll zum neuen Fundament des Staates werden und die Befreiung des Vaterlandes ermöglichen. Durch staatliche Reformen will man die politische Emanzipation des Bürgers einleiten und sein Interesse am Staat und an der Nation wecken.

Kurz bevor er 1807 zum leitenden preußischen Minister berufen wird, bezeichnet der noch vom Reichspatriotismus geprägte Freiherr vom Stein als Ziel der Sozialreformen: »Die Belebung des Gemeingeistes und Bürgersinns, die Benutzung der schlafenden oder falsch geleiteten Kräfte und der zerstreut liegenden Kenntnisse, der Einklang zwischen dem Geist der Nation, ihrer Ansichten und Bedürfnisse, und denen der Staats-Behörden, die Wiederbelebung der Gefühle für Selbständigkeit und National-Ehre.«

Hier zeigt sich schon der Zusammenhang zwischen dem sozialreformerischen und dem nationalen Gedanken. Die Forderung nach einer repräsentativen Verfassung ist die Konsequenz. Nach dem Willen der preußischen Reformer sollte denn auch ein »repräsentatives System« eingeführt werden, »welches der Nation eine wirksame Teilnahme an der Gesetzgebung zusichert, um hierdurch den Gemeinsinn und die Liebe zum Vaterland dauerhaft zu begründen«. Die Nichterfüllung dieses Versprechens durch die reaktionäre Politik nach 1815 nahm der preußischen Sozialreform ihren politischen Sinn. Gleichzeitig zeigen sich die sozialen Schattenseiten der Reform: zahlreiche Bauern und Handwerker werden Opfer der liberalen Wirtschaftsordnung und verarmen. Bildung und Besitz bleiben das Privileg einer schmalen Schicht.

Die Sozialreformen in den napoleonisch beeinflußten Rheinbundstaaten ähneln äußerlich den preußischen Reformen, sind aber auf ein anderes Ziel gerichtet. Es werden ebenfalls die Standesschranken aufgehoben, die Wirtschaft modernisiert und die Gleichheit der Bürger vor dem Gesetz gesichert. Aber es werden zunächst keine politischen Rechte gewährt, die Reformen dienen primär der Errichtung einer zentralistischen Verwaltung. Da in Preußen das versprochene Repräsentativsystem dann jedoch ausbleibt, ein solches hingegen in den süddeutschen Staaten nach 1815 eingeführt wird, schreitet hier die politische Emanzipation im Vormärz weiter fort als in Preußen. Österreich verharrt noch ganz im absolutistischen System.

Die nationalen Impulse der preußischen Reformer fallen – nicht zuletzt wegen der drückenden französischen Besatzung – auf fruchtbaren Boden. Männer wie Fichte und Arndt haben durch ihre Schriften wesentlichen Anteil an der Entstehung eines neuen politischen Nationalbewußtseins und bereiten die Erhebung gegen die napoleonische Herrschaft vor. Dabei fehlt es auch nicht an nationalistischer Übersteigerung und elementarem Haß gegen die Eroberer, wie sie sich etwa in Kleists »Hermannschlacht« zeigen. Das erstarkte Nationalgefühl nutzen die Fürsten im Befreiungskrieg zu einem kurzfristigen Bündnis zwischen Krone und Volk.

Nach der nationalen Selbstbestätigung durch den Sieg über die napoleonischen Armeen werden die Hoffnungen der Patrioten enttäuscht. Auf dem Wiener Kongreß bestimmen wiederum allein die Interessen der Fürsten die Neuordnung Deutschlands. Wie in den meisten Einzelstaaten gibt es auch beim Deutschen Bund keine Vertretung des Volkes. Nicht ein Nationalstaat, sondern ein lockerer Fürstenbund wird in Deutschland geschaffen. Sein Hauptziel wird die Verfolgung aller liberal und national Gesinnten, die es auch nach dem Sieg der Reaktion noch wagen, Verfassungen, Nationalvertretung und Pressefreiheit zu fordern. Außenpolitisch ist der Deutsche Bund mit seinen größten Gliedstaaten in das System der Heiligen Allianz und der Pentarchie eingespannt, das gleichfalls für die Zementierung der überlieferten politischen und sozialen Verhältnisse eintritt. Die Monarchen bleiben die alleinigen Souveräne. Durch die Sozialreformen zwar wirtschaftlich erstarkt, steht das Bürgertum im Kampf um politischen Einfluß noch am Anfang.

I/1 Festtafel für den Kaiser und die Kurfürsten im Römer in Frankfurt am Main, 1758

I/2 Sitzung des Reichstages zu Regensburg, 1675

Das Alte Reich (Tafel 1–36)

Tafel 1–6
und 18/19

Die Verfassung des Alten Reiches

»Das Römische Reich wäre ohnstreitig noch jezo die formida-
belste Potenz von ganz Europa, wenn dessen Stände, fürnehm-
lich aber die mächtigsten, einig wären und mehr auf das gemeine Beste als auf ihr Privat-Interesse sähen«, schreibt 1745 der
deutsche Staatsrechtler Johann Jacob Moser. In der Tat sind
die Zersplitterung des Reiches in Hunderte von kleinen, fast
autonomen Herrschaftsgebieten, das Gegeneinander der Kurfürsten, Fürsten, Reichsritter und Reichsstädte und der ständige
Streit zwischen katholischen und evangelischen Reichsständen
die eigentliche Schwäche des »Heiligen Römischen Reiches
Deutscher Nation«. Anders als die stärker zentralisierten europäischen Nachbarstaaten ist das Reich nur ein lockerer Bund
selbständiger Partikulargewalten. Nach innen herrschen die
meisten Reichsfürsten unumschränkt. Nach außen treten sie
wegen ihrer sich überschneidenden Interessen nur selten geschlossen auf.

Tafel 4–6

Zentrale Institution des Reiches und äußerer Ausdruck seiner
fortdauernden Einheit ist das Kaisertum. Längst jedoch beruht
die Macht des Kaisers nur noch auf seiner Stellung als Herrscher über die Habsburgischen Erblande. Darüber täuschen
weder der Glanz der mittelalterlichen Reichsinsignien hinweg
noch die feierliche Kaiserkrönung in der Freien Reichsstadt
Frankfurt *(Kat. Abb. I und 1)*.

Ein Blick auf die Karte Europas am Vorabend der Französischen
Revolution zeigt die bunte Vielfalt der Territorien des Reiches.
Mehr als 1790 selbständige Herrschaftsgebiete machen ein
gemeinsames politisches Handeln fast unmöglich. Allein in einem so kleinen Gebiet wie dem schwäbischen Reichskreis
drängen sich 92 Herrschaften und Reichsstädte. Den Territorien
fehlt darüber hinaus oft die staatliche Geschlossenheit, weil –
wie z. B. beim Erzstift Mainz – die einzelnen Besitzungen über
das ganze Reich verstreut sind. Ein umfangreiches und einiger-
maßen geschlossenes Herrschaftsgebiet besitzen allein die
Großmächte Österreich und Preußen, deren Territorien sich
überdies weit über die Reichsgrenze hinaus erstrecken.

Tafel 18/19

Seit 1663 tagt in Regensburg bis zum Ende des Reiches 1806
ein »immerwährender Reichstag« *(Kat. Abb. 2)*. Er ist eine Ver-

sammlung von Gesandten der drei Reichsstände, der Kurfürsten, Fürsten und Reichsstädte, die getrennt nach Konfessio-
nen und nach Ständen über die Reichsangelegenheiten beschließen. Den nominellen Vorsitz führt der Kaiser, der an die
Beschlüsse des Reichstags gebunden ist. Der Gang der Ver-
handlung ist schleppend, weil die Gesandten stets die Instruktionen ihrer Herren einholen müssen. Außerdem lassen sich die
Interessen der einzelnen Staaten und Stände nur selten auf
einen gemeinsamen Nenner bringen. So schwindet die reale
Bedeutung des Reichstags immer mehr. Nicht er, sondern das
Verhältnis zwischen den Großmächten Österreich und Preußen
entscheidet mehr und mehr über das Schicksal des Reiches.

Tafel 20 Die Schwäche des Reiches zeigt sich auch im Fehlen zentraler
Reichsinstitutionen. Es gibt keine Exekutivbehörden, keine allgemeine Reichssteuer und kein ständiges Reichsheer. Im
Kriegsfall kann der Reichstag die Aufstellung eines Reichshee-
res beschließen. Aber die Fürsten halten sich nicht immer an die
Beschlüsse und entsenden nur unregelmäßig ihre festgelegten
Truppenkontingente und Hilfsgelder. Johann Jacob Moser be-
merkt ironisch, die Gebrechen des Reichsheeres seien so groß,
daß man dem Reich besser jede Kriegführung verbieten sollte.
Die Wahrheit dieses Wortes erweist sich in der kläglichen Rolle,
die die Reichstruppen in den Kämpfen gegen das revolutionäre
Frankreich spielen.

Tafel 21 Die rechtliche Reichseinheit wird durch die beiden obersten
Reichsgerichte verkörpert: den Reichshofrat in der Wiener Kai-
serresidenz und das Reichskammergericht in Wetzlar *(Kat.
Abb. 3)*. Bekannt ist die Klage Goethes – der wie viele junge
Juristen Praktikant am Reichskammergericht war – über die
Schwerfälligkeit des Rechtsverfahrens in Wetzlar. Einzelne Pro-
zesse ziehen sich über mehr als hundert Jahre hin, weil es dem
Gericht bei einer Überfülle von Berufungsverfahren ständig an
Geld und Personal mangelt. Dennoch können die Reichsgerich-
te einen gewissen Schutz gegen die Willkür der Fürsten bieten.
Als etwa Johann Jacob Moser, der die Rechte der württembergi-
schen Stände gegen die Ansprüche des Monarchen verteidigt,
von Herzog Karl Eugen inhaftiert wird, bewirkt 1764 ein Reichs-
hofratsspruch seine Freilassung.

Tafel 22 Eine der wenigen noch funktionsfähigen Einrichtungen des Reiches ist die Reichspost. Überall ist der doppelköpfige Reichsad-
ler an Poststationen und Postkutschen zu sehen *(Kat. Abb. 4)*.
Die kaiserliche Post, erblich in der Hand der Fürsten von Thurn

I/3 Reichskammergericht in Wetzlar

I/4 Posthausschild der Kaiserlichen Reichspost, Mitte des 18. Jahrhunderts und Taxis, besorgt sowohl den Post- als auch den Personenverkehr. Doch Staaten wie Preußen und Sachsen ist es bereits gelungen, sich dem Monopol der Reichspost zu entziehen und auch auf diesem Gebiet durch ein eigenes Postwesen unabhängig zu werden.

Tafel 23

Obgleich das Reich in seiner Gesamtheit fast handlungsunfähig ist, wird es doch von den Zeitgenossen nicht nur als absterbende Institution betrachtet. Besonders die kleinen und schwachen Reichsglieder sehen in ihm einen Schutz gegen die Willkür der Großen. Reichsrechtslehrer wie Pufendorf, Pütter, Johann Jacob Moser und sein Sohn Friedrich Karl von Moser halten grundsätzlich an der Reichsidee fest. Sie wollen mit Hilfe des Reiches politische Reformen durchsetzen. In diesem Sinne berufen sich später viele Liberale auf den »Reichspatriotismus«.

Tafel 7–15
und 30–36

Die wirtschaftliche und soziale Ordnung des Alten Reiches

Verglichen mit England und Westeuropa ist Deutschland am Ausgang des 18. Jahrhunderts in seiner wirtschaftlichen und sozialen Entwicklung weit zurück. Die mittelalterliche Wirtschafts- und Sozialverfassung ist hier noch fast ungebrochen in Kraft und damit die strenge Gliederung der Gesellschaft nach Ständen. Bauerntum, Bürgerstand und Adel heben sich, auch in Sprache, Tracht und »Sitte«, scharf voneinander ab. Die einzelnen Stände sind noch einmal untergliedert in genau abgegrenzte soziale Gruppen: in Grafen, Reichsritter und Landadel, in Patrizier und Zunftbürger, Meister und Gesellen, freie, halbfreie und leibeigene Bauern.

Den stärksten Anteil der Bevölkerung stellen die Bauern – vier Fünftel der Einwohner des Reiches leben auf dem Lande. Dort herrschen noch fast uneingeschränkt die feudalen Abhängigkeitsverhältnisse von Guts-, Grund- und Gerichtsherrschaft, die dem Adel die einflußreichsten Positionen in der Gesellschaft sichern. In den Städten dominiert das in Zünften organisierte Handwerk. Es beharrt auf seinen Privilegien und hemmt damit die freie Entfaltung des wirtschaftlichen Lebens. Zugleich behindert die territoriale Zersplitterung den Warenaustausch. So gibt es neben dem alten Stadtbürgertum, dem Patriziat, und der in Zünften organisierten Handwerkerschaft, ein neues Manufaktur- und Handelsbürgertum erst in Ansätzen. Zum Träger der aufklärerischen Ideen wird daher, anders als in Frankreich, vor allem die an Höfen und Universitäten wirkende Beamtenschaft: sie repräsentiert das neue, noch kaum vorhandene »Bürgertum«.

Tafel 7—15 1746 klagt ein aufgeklärter Zeitgenosse über die ständische Zerrissenheit im Alten Reich, ». . . wo unter den verschiedenen Ständen und Klassen der Einwohner keine Gemeinschaft sei; wo der hohe Adel nichts mit dem geringeren, der geringere nichts mit dem neueren, dieser nichts mit den Bürgern, die Bürger mit den Bauern nichts Gemeinschaftliches haben, wo einer den andern ausschließt, vermeidet, wo jeder einen Stand für sich ausmacht und in seinem Kreise bleibt«. Und ein anderer: ». . . es hatte das Aussehen, als wohnten verschiedene Nationen gemischt untereinander.« Nicht die individuelle Leistung, sondern die Zufälligkeit der Geburt entscheiden über die soziale und politische Stellung des einzelnen: man wird in einen Stand hineingeboren, dem man dann lebenslang zugehört.

Tafel 31 Die schärfste gesellschaftliche Trennung herrscht zwischen dem Adel und den anderen Gruppen: »Die Scheidewand, welche die Gesetze und Gewohnheiten zwischen dem Adelsstande und dem unadligen gemacht haben, ist unter den Absonderungen, die sich jetzt unter den Menschen in der bürgerlichen Gesellschaft finden, die größte und wesentlichste.« Das Allgemeine Landrecht für die preußischen Staaten definiert den Adel als den ersten Stand des Staates, dem »die Verteidigung des Staates sowie die Unterstützung der äußeren Würde und inneren Verfassung desselben« vorbehalten bleibt. Der Adel hat daher Anrecht auf die Besetzung der Schlüsselpositionen bei Hof, in Heer und Verwaltung. Diese Vorrangstellung behauptet der Adel vor allem aufgrund seines Landbesitzes und der damit noch verbundenen Herrschaftsrechte.

Tafel 32 In den westlichen Teilen des Reiches überwiegt die Grundherrschaft; die Bauern sind dem Feudalherrn abgabepflichtig. Aus dem Mittelalter hat sich ein kompliziertes System von Geld- und Naturalabgaben erhalten. In den ostelbischen Gebieten dagegen bewirtschaftet der Adel seine Güter selbst, die Bauern sind ihm »erbuntertänig«, sie sind als »arbeitendes Zubehör« an den Boden gebunden. In der Gutsherrschaft sind die Leibeigenen zu Frondiensten gezwungen. Der kleine Bauer muß Handdienste leisten; hat er ein Gespann, muß er auch dieses den größten Teil des Jahres der gutsherrlichen Wirtschaft zur Verfügung stellen. Es bleibt ihm kaum Zeit, sein vom Gutsherrn an ihn

I/5 Gutsherrliches Züchtigungsrecht Ende des 18. Jahrhunderts

I/6 Spießrutenlaufen in der Armee Friedrichs des Großen, Kupferstich von Daniel Chodowiecki

I/7   Arbeitsbescheinigung für einen Handwerksgesellen, Berlin 1807

»ausgetanes« Vorwerksland zu bearbeiten. Seine Kinder dienen als Knechte und Mägde. Sein Dorf untersteht der gutsherrlichen Gerichtsbarkeit. Der Bauer ist dem Züchtigungsrecht des
Gutsherrn unterworfen *(Kat. Abb. 5).*

Tafel 33 Im Krieg untersteht der Bauer dem adligen Offizier als gemeiner
»Cantonist«. Im Heer gilt er durchweg als »prügelbare Kanail-
le«. Die Disziplin der preußischen Heere beruht zum guten Teil
auf drakonischen Prügelstrafen und auf Grundsätzen wie dem,
daß der Soldat seinen Unteroffizier mehr zu fürchten habe als
den Feind *(Kat. Abb. 6).*

Tafel 34 In den meisten kleinen Städten des Reiches haben die Zünfte
ihre Macht noch nicht verloren. Die Zunftordnung unterbindet
den freien Wettbewerb und damit eine Voraussetzung der weiteren wirtschaftlichen Entfaltung. Jeder Zunftmeister darf nur eine
begrenzte Menge von Rohstoffen mit einer bestimmten Anzahl
von Gesellen verarbeiten. Besonders in den Residenzstädten
mit ihrem erhöhten Verbrauch an Luxusgegenständen hat sich
nach dem strengen Zunftprinzip eine geradezu groteske Form
der Arbeitsteilung herausgebildet: Strumpfwirker, Knopfma-
cher, Gürtler, Bortenwirker – sie alle sind spezialisiert auf ein
bestimmtes Produkt und wachen eifersüchtig darüber, daß ihnen niemand ins Handwerk »pfuscht« *(Kat. Abb. III und 7).*

Tafel 35 Bei den eingeschränkten Bedürfnissen der Menschen und der
entsprechenden Produktionsweise ist eine Versorgung mit den
wichtigsten Gebrauchsgütern noch im lokalen Umkreis möglich.
Über größere Entfernungen wird fast ausschließlich mit Gütern
des gehobenen Bedarfs gehandelt. Territoriale Zersplitterung
und ein kompliziertes System verschiedenster Zölle und Abgaben behindern den freien Warenverkehr. So wird in Preußen an
jedem Stadttor eine »Akzise«, eine direkte Verbrauchersteuer,
erhoben: auf 1 Dutzend »gefärbte Bast-Hüte für Damen« kommen 4 Gr. 6 Pf.; wer »Heringe, neun bis zwölf Stück im Fäß-
chen« essen will, muß 6 Pf. für Steuer zulegen. Zudem gibt es
im ganzen Reich unterschiedliche Maß- und Münzsysteme.
Kurz: ein dirigistischer Staat reglementiert das Wirtschaftsleben. Das Handelsbürgertum verlangt die Beseitigung dieser
Fesseln.

Tafel 36 Obgleich die städtische Zunftordnung eine Vergrößerung der
Werkstätten behindert und die Agrarverfassung den freien Zu-
strom von Arbeitern vom flachen Lande unmöglich macht, setzt
sich die manufakturmäßige Produktion am Ende des 18. Jahrhunderts zunächst in der Textilindustrie allmählich durch. Die

Manufaktur greift die schon vorhandene Arbeitsteilung der Zünfte auf und formt sie in eine rationelle Teilung der Arbeit innerhalb eines Betriebes um. Ein Nadelmacher zum Beispiel hat ungefähr 20 Arbeitsgänge zu erledigen: die manufakturmäßige Herstellung zerlegt diesen Prozeß in Einzelarbeiten, die von spezialisierten Teilarbeitern mit einem erhöhten Grad von Geschick und Geschwindigkeit ausgeführt werden können *(Kat. Abb. 8).* »So bringt die Arbeitsteilung in jedem Gewerbe eine verhältnismäßige Vermehrung der Produktionskräfte der Arbeit zuwege« (A. Smith).

Der nächste Schritt in der ökonomischen Entwicklung ist die Technisierung der Produktion. An die Stelle des für einen Arbeitsvorgang ausgebildeten Arbeiters tritt allmählich die Maschine.

Die Wirkungen der Französischen Revolution (Tafel 37—51 und Film)

Tafel 38

Die Französische Revolution führt auch in Deutschland zu tiefgreifenden Veränderungen in Politik, Wirtschaft und Gesellschaft. Die revolutionären Ereignisse des Jahres 1789 in Frankreich, vor allem die Bildung einer verfassunggebenden Nationalversammlung und der Sturm des Pariser Volkes auf die Bastille, das Symbol des Despotismus, finden auch im deutschen Bürgertum ein lebhaftes Echo.

In Mainz errichten 1793 im Schutze der französischen Militärherrschaft deutsche ›Jakobiner‹ für kurze Zeit die erste Republik auf deutschem Boden. Die Sympathien für die Revolution schwinden aber bald wegen ihrer Radikalisierung und der drückenden Besatzungskosten der französischen Armee *(Kat. Abb. 9).*

Tafel 39

Unter Napoleon wird die territoriale Ordnung Deutschlands von Grund auf umgestaltet. Die geistlichen Territorien werden säkularisiert, die Reichsstädte und zahlreiche reichsunmittelbare Herrschaften verlieren ihre Selbständigkeit. Wenige Fürsten, die sich zu Napoleon bekennen, erhalten die Souveränität über diese Gebiete.

Die auf diese Weise neugebildeten süd- und westdeutschen Staaten verlassen den Reichsverband und schließen sich unter dem Protektorat Napoleons im »Rheinbund« zusammen *(Kat.*

I/8   Manufaktur um 1790: Nadelfertigung

I/9 Die Lasten der französischen Besatzung, Nürnberg 1796

I/10 Die Rheinbundfürsten huldigen Napoleon

Abb. 10). Die Niederlegung der deutschen Kaiserkrone durch Franz II. am 6. August 1806 besiegelt die bereits vollzogene Auflösung des »Heiligen Römischen Reiches Deutscher Nation«.

Tafel 40

Unter dem Druck und nach dem Vorbild Frankreichs werden in den Rheinbundstaaten umfangreiche Verwaltungs- und Sozialreformen eingeleitet. Ihr Ziel ist es, eine egalitäre Gesellschaft zu schaffen, die zunächst freilich politisch rechtlos bleibt. Adel und Kirche sollen ihre Privilegien verlieren. Eine neue zentralistische Verwaltung ermöglicht auch im süddeutschen Raum die Entstehung moderner Staaten. Sie soll zugleich die Voraussetzungen für einen wirtschaftlichen Aufschwung schaffen. Mit der Einführung der berühmten Gesetzeskodifikation des Code Napoléon im Königreich Westfalen und anderen Rheinbundstaaten werden die Grundprinzipien der Französischen Revolution auch in Deutschland wirksam: Freiheit und Sicherheit der Person, Gleichheit vor dem Gesetz, Beseitigung der Standesunterschiede, Sicherheit und Unverletzlichkeit des Eigentums, Trennung von Staat und Kirche, Trennung der Justiz von der Verwaltung. Der Code Napoléon kennt keine Leibeigenschaft mehr und keinen Unterschied zwischen Adel und Bürgerstand; er beseitigt die Abhängigkeit der Bauern von ihren Gutsherren und die Privilegien der alten Feudalherren. Diese Regelungen fördern zwar die soziale Mobilität des Bürgertums, ihre praktischen Auswirkungen bleiben jedoch zunächst gering, da sich die wirtschaftliche Lage in den Rheinbundstaaten infolge der hohen materiellen Belastungen durch die napoleonische Herrschaft zunehmend verschlechtert.

Tafel 41

In Preußen beginnt nach der Niederlage gegen die napoleonische Armee 1806 *(Kat. Abb. II)* eine Phase der inneren Reformen. So erklärt Friedrich Wilhelm III.: »Der Staat soll durch geistige Kräfte ersetzen, was er an materiellen verloren hat.« Er beruft den Freiherrn vom Stein *(Kat. Abb. 11)* zum Minister, der in einer Denkschrift vom Frühjahr 1807 eine Neugestaltung von Staat und Gesellschaft nicht durch revolutionären Umsturz, sondern durch soziale Reformen gefordert hatte. Sein Ziel ist es, den Staat auf eine ganz neue soziale Grundlage zu stellen: die auf Freiheit und Gleichheit gegründete bürgerliche Gesellschaft.

Das wichtigste Anliegen der Reform, so schreibt er, sei »die Belebung des Gemeingeistes und Bürgersinns, die Benutzung der schlafenden oder falsch geleiteten Kräfte und der zerstreut liegenden Kenntnisse, der Einklang zwischen dem Geist der Nation, ihrer Ansichten und Bedürfnisse, und denen der Staatsbehörden, die Wiederbelebung der Gefühle für Selbständigkeit und National-Ehre« *(Kat. Abb. 12).* Diese Denkschrift wird zum Manifest der preußischen Reformer, die zugleich mit der Neuformung des preußischen Staates die Befreiung und nationale Einigung Deutschlands erstreben.

Die Gesellschaftsreform vergrößert die Aufstiegschancen des Bürgertums in Politik, Wirtschaft und Geistesleben. Durch umwälzende agrarische Reformen, Wiederherstellung der städtischen Selbstverwaltung und eine liberale Wirtschaftspolitik versuchen die preußischen Staatsmänner, die Gesellschaft wieder an den Staat heranzuführen und diesem damit neue Lebenskraft zu geben. Auf dem Lande werden die Bauern aus der Gutsuntertänigkeit befreit. Jeder Bauer, der ein Pferd besitzt, also spannfähig ist, kann als freier Eigentümer wirtschaftlich selbständig werden, wenn er ein Stück seines Landes als Entschädigung dem früheren Gutsherrn abtritt. In den Städten wird die Gewerbefreiheit eingeführt. Der mittelalterliche Zunftzwang, der den Wettbewerb unterband, wird damit beseitigt. Die Beschränkung der Gesellenzahl fällt fort. Jeder Geselle kann fortan nach freier Berufswahl ein selbständiges Gewerbe betreiben. Gleichzeitig beseitigt die Einführung des freien Grundstücksverkehrs die strenge ständische Abgrenzung zwischen grundbesitzendem Adel und Bürgertum.

Später, in der Epoche der Restauration, treten allerdings die Schattenseiten von Bauernbefreiung und Gewerbefreiheit immer stärker hervor. Der freie Wettbewerb wird vielen kleinen Handwerkern, die sich selbständig gemacht haben, zum Verhängnis, weil ihre Betriebe oft genug nicht konkurrenzfähig sind. Viele Bauern, die einen Teil ihres Landes dem Gutsherrn als Entschädigung abgetreten haben, sind ohne Bauernschutz nicht imstande, ihr verkleinertes Besitztum zu bewirtschaften. Es entsteht ein Handwerker- und Bauernproletariat. Nutznießer sind die adligen Gutsbesitzer, die ihre Güter wesentlich vergrößern, sowie die kapitalkräftigen Großbürger, die sich im Konkurrenzkampf behaupten. Erste Anzeichen der Umwandlung einer ursprünglich auf die Idee der Gleichheit gegründeten bürgerlichen Gesellschaft in die Klassengesellschaft werden sichtbar. Ihre sozialen Konflikte sollen die heraufziehende Zeit der industriellen Revolution immer mehr bestimmen.

Schul- und Universitätsreformen versuchen, für die Gleichheit

I/11/12 Die »Nassauische Denkschrift« des Freiherrn vom Stein, Juni 1807.
Erste Seite in der Handschrift Steins

I/13/14 Wilhelm von Humboldts Antrag auf Errichtung der Universität Berlin, 12. Mai 1809.
Erste Seite in der Handschrift Humboldts

der Bildungschancen zu sorgen. An die Stelle der Standesschulen, wie Ritterakademien und berufsständische Realschulen, treten die Volksschule für alle und das humanistische Gymnasium als Vorstufe für die Universität. Sie soll nach dem Prinzip der Freiheit für Forschung und Lehre neu geordnet werden und den Zugang zu einer allseitigen Menschenbildung eröffnen. Zugleich soll sie auch der Nationalerziehung dienen, wie Wilhelm von Humboldt in der Schrift zur Gründung der Berliner Universität darlegt *(Kat. Abb. 13, 14)*.

Am deutlichsten wird der Übergang vom Obrigkeitsstaat zum Bürgerstaat in der Reform der Heeresverfassung. Mit der Einführung der allgemeinen Wehrpflicht gilt fortan der Grundsatz gleicher Pflichten und gleicher Rechte für alle. Jedem Bürger steht die Offizierslaufbahn offen; das stehende Heer wird durch ein Volksaufgebot, die »Landwehr«, ergänzt. Es ist auch hier das Hauptziel der Reformer, das Heer aus seiner ständischen Abgeschlossenheit zu befreien und in ein Volksheer der Nation zu verwandeln.

Es wäre die Krönung des großen Reformwerks in Preußen gewesen, wenn die geforderte Einführung einer Verfassung und einer parlamentarischen Repräsentation gelungen wäre. In einem Artikel der »Königsberger Zeitung« vom 29. September 1808 kündigt der Freiherr vom Stein an, daß die Regierung ein »repräsentatives System« vorbereite, »welches der Nation eine wirksame Teilnahme an der Gesetzgebung zusichert, um hierdurch den Gemeinsinn und die Liebe zum Vaterland dauerhaft zu begründen«. Aber trotz wiederholter Verfassungsversprechen des Königs scheitern diese Pläne am Widerstand der reaktionären Adelsopposition. Dagegen gelingt es, den Grundsatz der Selbstverwaltung in den Städten durchzusetzen. Nach der neuen Städteordnung Steins und Hardenbergs wird die Stadtverordnetenversammlung von der Bürgerschaft frei gewählt.

I (Abb. rechts)
Feierliche
Begleitung der
Reichsinsignien
von Nürnberg nach
Frankfurt am Main
am 27. Sept. 1790

Tafel 49

Nach und nach erwacht der Widerstand gegen die napoleonische Fremdherrschaft in den deutschen Ländern. Immer drükkender werden die Lasten der französischen Besatzung, die Aushebung deutscher Truppen und das Elend der fortgesetzten Kriege empfunden. Der Aufstand der Tiroler Bauern und die Revolte einiger Regimenter in Norddeutschland im Jahre 1809 sind Ansätze einer Volksbewegung, die jedoch niedergekämpft werden.

I.P.Wolff del. 1767. Ienae.

T...

II Schlacht bei Jena und Auerstedt am 14. Oktober 1806

Der Schlosser.

Der Schriftgieſer.

a. Die eine Haelfte des Schriftgieſer Inſtruments. b. Ein
fertige Letter. c. die Matrice. d. das Beſchblech.

Der Kupferſchmied.

A: Gabler: inv: et del.

Der Sattler u. Riemer.

Der allgemeine Weltfriede, geschlossen im Iahr 1814.

Den hohen Verbündeten Mächten bringt der Genius den von den Völkern so lange ersehnten Oelzweig,
Frankreich, mit dem Lilienmantel umgethan, hebt seinen rechtmäßigen König wieder auf den Thron. Die feindlichen Krieger umarmen sich nun wie Brüder. Aber der Weltverwüster wird in den Abgrund geschleudert; und
mit ihm der Adler samt dem Tieger, welche die deutsche Tapferkeit ferner zu bewachen wissen wird.

Tafel 50

Der Mythos der Freiheitshelden, die wie Andreas Hofer, Major von Schill oder der Buchhändler Palm im Kampf gegen Napoleon den Tod finden, entfacht mehr und mehr die nationale Kampfstimmung gegen die Fremdherrschaft.

Tafel 51

Philosophen und Dichter bekennen sich in der Zeit der Unterdrückung zur »deutschen Nation«. Die deutsche Kleinstaaterei soll überwunden und – unter Berufung auf die gemeinsame Kultur, Sprache und Geschichte – ein einiges, freies Deutschland geschaffen werden. Fichtes »Reden an die deutsche Nation« und Ernst Moritz Arndts »Geist der Zeit« symbolisieren diesen nationalen Aufschwung ebenso wie auf volkstümliche Weise die Turnerbewegung Friedrich Ludwig Jahns.

Die nationale Bewegung in Preußen drängt den König 1813, sich mit dem Zaren zu verbünden und zum Kampf gegen Napoleon aufzurufen *(Kat. Abb. 15)*. Die Wogen nationaler Begeisterung führen den Freikorps – darunter den »Lützowschen Jägern« – Scharen von Freiwilligen zu. In der »Völkerschlacht zu Leipzig« 1813 fallen Teile der Rheinbundtruppen von Napoleon ab und folgen dem preußischen Beispiel. Mit dem Sieg der vereinigten preußischen, österreichischen und russischen Truppen beginnt das Ende der napoleonischen Herrschaft über Europa.

III (Abb. umseitig)
Aus: »*Faßliche
Beschreibung
der Künste und
Handwerke*« des
Johann von Voit,
Nürnberg 1790

IV (Abb. links)
Allegorie auf den
Pariser Frieden
am 30. Mai 1814

Schlesische privilegirte Zeitung.

No. 34. Sonnabends den 20. März 1813.

Se. Majestät der König haben mit Sr. Majestät dem Kaiser aller Reußen ein Off= und Defensiv=Bündniß abgeschlossen.

An Mein Volk.

So wenig für Mein treues Volk als für Deutsche, bedarf es einer Rechenschaft, über die Ursachen des Kriegs welcher jetzt beginnt. Klar liegen sie dem unverblendeten Europa vor Augen.

Wir erlagen unter der Uebermacht Frankreichs. Der Frieden, der die Hälfte Meiner Unterthanen Mir entriß, gab uns seine Segnungen nicht; denn er schlug uns tiefere Wunden, als selbst der Krieg. Das Mark des Landes ward ausgesogen, die Hauptfestungen blieben vom Feinde besetzt, der Ackerbau ward gelähmt so wie der sonst so hoch gebrachte Kunstfleiß unserer Städte. Die Freiheit des Handels ward gehemmt, und dadurch die Quelle des Erwerbs und des Wohlstands verstopft. Das Land ward ein Raub der Verarmung.

Durch die strengste Erfüllung eingegangener Verbindlichkeiten hoffte Ich Meinem Volke Erleichterung zu bereiten und den französischen Kaiser endlich zu überzeugen, daß es sein eigener Vortheil sey, Preußen seine Unabhängigkeit zu lassen. Aber Meine reinsten Absichten wurden durch Uebermuth und Treulosigkeit vereitelt, und nur zu deutlich sahen wir, daß des Kaisers Verträge mehr noch wie seine Kriege uns langsam verderben mußten. Jetzt ist der Augenblick gekommen, wo alle Täuschung über unsern Zustand aufhört.

Brandenburger, Preußen, Schlesier, Pommern, Litthauer! Ihr wißt was Ihr seit fast sieben Jahren erduldet habt, Ihr wißt was euer trauriges Loos ist, wenn wir den beginnenden Kampf nicht ehrenvoll enden. Erinnert Euch an die Vorzeit, an den großen Kurfürsten, den großen Friedrich. Bleibt eingedenk der Güter die unter

I/16   Sitzung der Bevollmächtigten auf dem Wiener Kongreß, Stich von Godefroy

Der Deutsche Bund (Tafel 52–87)

Tafel 52–72 Der Wiener Kongreß und die neue europäische Ordnung

Nach dem Sieg über Napoleon erhält Europa eine neue Ordnung, die den Frieden und die Stabilität garantieren soll *(Kat. Abb. IV)*.

Tafel 53/54 Vom September 1814 bis Juni 1815 tagen in Wien die verbündeten Großmächte Rußland, Großbritannien, Österreich und Preußen mit dem Vertreter Frankreichs und den Unterhändlern verschiedener Königreiche und Fürstentümer, um über die politische und territoriale Neuordnung Europas zu beraten *(Kat. Abb. 16)*. Die in den Befreiungskriegen erwachte Nationalbewegung erwartet von dem Kongreß die Überwindung der Zersplitterung Deutschlands und den Abbau der absoluten Herrschaft der Fürsten.

Tafel 55 In verschiedenen Denkschriften hatten deutsche Staatsmänner unter Berufung auf den Willen des Volkes eine zeitgemäße Erneuerung des alten Reiches (Stein), einen engeren Bundesstaat (Hardenberg) und die Beteiligung des Bürgers an der politischen Willensbildung gefordert.

Tafel 56 Auf dem Kongreß wird zwar nach einem allgemeinen Länderschacher, bei dem die Sieger eifersüchtig über die gleichmäßige Verteilung wachen, ein ausgewogenes System von fünf Großmächten (Pentarchie) geschaffen, das den Frieden für Jahrzehnte sichern sollte. Die Hoffnungen der Völker auf Einheit und Freiheit erfüllen sich nicht. Der Kongreß ignoriert ihre Wünsche. So kommt es auch nicht zur Bildung des von der Befreiungsbewegung erstrebten deutschen Nationalstaates. Weder Preußen noch Österreich sind bereit, die Vorherrschaft des anderen zu dulden. Die süddeutschen Staaten, vor allem Bayern und Württemberg, beharren auf ihrer im Rheinbund erworbenen Souveränität.

Einzig die kleineren und machtlosen deutschen Staaten treten noch für einen deutschen Bundesstaat ein, erreichen aber erst gegen Ende ihre Beteiligung an den Beratungen.

Das Abstimmungsergebnis im Deutschen Ausschuß über den Entwurf einer Bundesverfassung (die »20 Punkte«) zeigt das fehlende Einvernehmen über die zukünftige Gestalt Deutschlands.

Tafel 57 Das Ergebnis des Wiener Kongresses für Deutschland ist ein loser Staatenbund ohne Oberhaupt, sein Zweck die Wahrung der Unabhängigkeit der souveränen Einzelstaaten und die Niederhaltung der neuen politischen und sozialen Kräfte. Das einzige gesamtdeutsche Organ ist der Bundestag in Frankfurt, der jedoch keine Volksvertretung, sondern ein Gesandtenkongreß der deutschen Fürsten und freien Städte ist *(Kat. Abb. 17).*

Tafel 58/59   Die Organisation des Bundes ist schwerfällig, sie funktioniert praktisch nur durch das Zusammenwirken der beiden Großmächte Österreich und Preußen. Das Ergebnis enttäuscht die Erwartungen der fortschrittlichen Kräfte.

Tafel 60   Die auf dem Kongreß neu festgelegte politische Ordnung widerspricht den Forderungen nach staatsbürgerlicher Freiheit und Beteiligung des Volkes an den politischen Entscheidungen. Deutschland wird im Sinne der alten Dynastien aus vorrevolutionärer Zeit »wiederhergestellt«. Das Volk bleibt Untertan *(Kat. Abb. 18).* Demokratische und nationale Strömungen gelten als »zersetzender Zeitgeist«. Die ererbte Autorität der Monarchen und das Gleichgewicht der fünf europäischen Hauptmächte sichern die Ruhe in Europa, die bald zu einer politischen Friedhofsruhe wird.

Tafel 64—65   Die Herrscher von Rußland, Preußen und Österreich verpflichten sich in der »Heiligen Allianz« zu gegenseitigem Beistand »bei jeder Gelegenheit und an jedem Ort« und fordern alle europäischen Staaten zum Beitritt auf. Der Ideologie nach ein Bündnis zur Erneuerung christlicher Grundsätze, dient sie in der Praxis als Instrument zur Aufrechterhaltung der bestehenden dynastischen und gesellschaftlichen Ordnung und zur gewaltsamen Unterdrückung aller Befreiungsversuche der europäischen Völker.

Tafel 67—69   Auf Kongressen werden militärische Interventionen gegen die Erhebungen in Neapel, Piemont-Sardinien und Spanien beschlossen, um diese Länder »in den Schoß der großen Allianz zurückzuführen«.

Tafel 73—77   Verfassungsentwicklung in den deutschen Staaten

Von den erwarteten Reformen bleibt nichts als der unbestimmte Wortlaut des Artikels 13 der Bundesakte: »In allen Bundesstaaten wird eine Landständische Verfassung statt finden«. Weder über den Inhalt der Verfassungen noch über den Zeitpunkt ihrer Einführung wird etwas ausgesagt.

I/17   Sitzung des Deutschen Bundestages in Frankfurt am Main, 1817

I/18   »Deutschlands Wiederherstellung oder Die lange ersehnte Rückkehr des hessischen Churfürste

I/19 Der Stuttgarter Landtag 1833

I/20 Friedrich Wilhelm IV.: »Zwischen mir und mein Volk soll sich kein Blatt Papier drängen«

I/21 Die Ermordung Kotzebues am 23. März 1819

I/22 »Die zahme Presse«, Karikatur auf die Pressezensur

I/23 »Der Denkerclub«, Karikatur auf die Unterdrückung der Meinungsfreiheit

Fürstlich Reuß=Plauisches

Amts= und Verordnungs=Blatt.

Greiz, Freitags den 23. März 1832.

Publicandum.

Nachdeme die hohe Bundesversammlung in ihrer Sitzung vom 2ten März dieses Jahres nachstehenden Beschluß gefasset hat:

»Die Bundesversammlung hat sich aus den von der Bundestags=Commission in Preßangelegenheiten erstatteten Vorträgen und vorgelegten Artikeln in der in Rheinbaiern erscheinenden Zeitblätter: die »Deutsche Tribüne« und der »Westbote, so wie auch der in Hanau erscheinenden »Neuen Zeitschwingen«, überzeugt, daß diese Zeitblätter die Würde und Sicherheit des Bundes und einzelner Bundesstaaten verletzen, den Frieden und die Ruhe Deutschlands gefährden, die Bande des Vertrauens und der Anhänglichkeit zwischen Regenten und Volk aufzulösen sich bestreben, die Autorität der Regierungen zu vernichten trachten, die Unverletzlichkeit der Fürsten angreifen, Personen und Eigenthum durch Aufforderung zur Gewalt bedrohen, zum Aufruhr anreizen, eine politische Umgestaltung Deutschlands und Anarchie herbeizuführen und staatsgefährliche Vereine zu bilden und zu verbreiten suchen, — sie hat daher, auf den Grund des provisorischen Preßgesetzes vom 20. September 1819. § 1, 6 und 7, welches, nach den einstimmig und wiederholt gefaßten Beschlüssen aller Bundesglieder, so lange in Kraft besteht, bis der Deutsche Bund sich über neue gesetzliche Maßregeln vereinigt haben wird, so wie in pflichtmäßiger Fürsorge für die Erhaltung des Friedens und der Ruhe im Bunde, im Namen und aus Autorität desselben, beschlossen:

1) Die in Rheinbaiern erscheinenden Zeitblätter: die »Deutsche Tribüne« und der »Westbote«, die in Hanau erscheinende Zeitblatt: die »Neuen Zeitschwingen«, so wie diejenigen Zeitungen, die etwa an die Stelle der drei genannten — unter was immer für einem Titel — treten sollten, werden hierdurch unterdrückt und in allen Deutschen Bundesstaaten verboten.

Anzeigen des Fürstenth...
## Schaumburg-		Lippe...

### Sonnabend, den						24. März 1...

Höhere Bekanntmachung.

Die hohe deutsche Bundes=Versammlung hat in ihrer neunten diesjährigen Sitzung am 2. d. M. nachstehenden Beschluß gefaßt:

Die Bundesversammlung hat sich aus den von der Bundestags=Commission in Preßangelegenheiten erstatteten Vorträgen und vorgelegten Artikeln der in Rheinbayern erscheinenden Zeitblätter: die »Deutsche Tribüne« und der „Westbote", so wie auch der in Hanau erscheinenden „Neuen Zeitschwingen", überzeugt, daß diese Zeitblätter die Würde und Sicherheit des Bundes und einzelner Bundes=Staaten verletzen, den Frieden und die Ruhe Deutschlands gefährden, die Bande des Vertrauens und der Anhänglichkeit zwischen Regenten und Volk aufzulösen sich bestreben, die Autorität der Regierungen zu vernichten trachten, die Unverletzlichkeit der Fürsten angreifen, Personen und Eigenthum durch Aufforderung zur Gewalt bedrohen, zum Aufruhr anreizen, eine politische Umgestaltung Deutschlands und Anarchie herbeizuführen und staatsgefährliche Vereine zu bilden und zu verbreiten suchen, sie hat daher, auf den Grund des provisorischen Preßgesetzes vom 20. September 1819. §. 1, 6 und 7, welches nach den einstimmig und wiederholt gefaßten Beschlüssen aller Bundesglieder, so lange in Kraft besteht, bis der Bund sich über neue gesetzliche Maßregeln vereinigt haben wird, so wie in pflichtmäßiger Fürsorge für die Erhaltung des Friedens und der Ruhe im Bunde, im Namen und aus Autorität desselben, beschlossen:

1., Die in Rheinbayern erscheinenden Zeitblätter: die „Deutsche

---

Verordnungs=Sammlung.
№ 6.

Braunschweig, den 23. März 1832.

(6.) Verordnung, das Verbot der in Rheinbaiern erscheinenden Zeitblätter: die »deutsche Tribüne« und der »Westbote«, auch des zu Hanau erscheinenden Zeitblattes: die »Neuen Zeitschwingen« betreffend.
D. D. Braunschweig, den 16. März 1832.

Von Gottes Gnaden, Wir Wilhelm, Herzog zu Braunschweig und Lüneburg &c.

fügen hiemit zu wissen:

Demnach von der deutschen Bundesversammlung in der 9ten diesjährigen Sitzung unterm 2ten d. Mts. folgender Beschluß gefaßt worden:

„Die Bundesversammlung hat sich aus den von „der Bundestags=Commission in Preßangelegenheiten „erstatteten Vorträgen und vorgelegten Artikeln der in „Rheinbaiern erscheinenden Zeitblätter: die „deutsche „Tribüne" und der „Westbote", so wie auch „der in Hanau erscheinenden „Neuen Zeitschwin=„gen", überzeugt,' daß diese Zeitblätter die Würde

---

Kanzelei=Patent,

wodurch

ein fernerer, den Mißbrauch der Presse betreffender Beschluß der Deutschen Bundesversammlung zur öffentlichen Kunde gebracht wird, für das Herzogthum Holstein.

In der neunten Sitzung der Deutschen Bundesversammlung vom 2ten März d. J. ist hinsichtlich des Mißbrauchs der Presse folgender fernere Beschluß gefaßt:

Die Bundesversammlung hat sich aus den von der Bundestags= Commission in Preßangelegenheiten erstatteten Vorträgen und vorgelegten Artikeln der in Rheinbayern erscheinenden Zeitblätter: die "Deutsche Tribüne," und der "Westbote," so wie auch der in Hanau erscheinenden "Neuen Zeitschwingen," überzeugt, daß diese Zeitblätter die Würde und Sicherheit des Bundes und einzelner Bundesstaaten verletzen, den Frieden und die Ruhe Deutschlands gefährden, die Bande des Vertrauens und der Anhänglichkeit zwischen Regenten und Volk aufzulösen sich be=

Tafel 74	Der Artikel 13 wird sogar als Verbot moderner Repräsentativverfassungen interpretiert. So ändert sich an der Verfassungsstruktur in Preußen und Österreich nichts. Die beiden größten deutschen Staaten werden weiter absolutistisch regiert. Petitionen preußischer Bürger bleiben erfolglos. Königliche Verfassungsversprechen werden nicht erfüllt. Noch Friedrich Wilhelm IV. von Preußen betrachtet sich als König von Gottes Gnaden und wünscht kein Verfassungspapier zwischen sich und »seinem« Volk (Kat. Abb. 20).
Tafel 75	Dagegen werden in den süd- und einigen mitteldeutschen Staaten von den Monarchen Verfassungen gewährt, die den Bürger für seinen Staat engagieren sollen. Einzelne Verfassungen nehmen Grundrechte auf. Baden erhält mit einigen Einschränkungen bereits ein allgemeines Wahlrecht. In den Kammern dieser Staaten kann sich erstmals politischer Wille von unten artikulieren (Kat. Abb. 19). Die nationale Reformbewegung erhält fortan aus diesen kleineren Staaten ihre stärksten Impulse.
Tafel 76/77	Der moderne Verfassungsaufbau dieser Staaten wird am deutlichsten in der Gegenüberstellung Badens mit dem weiterhin absolutistisch regierten Preußen.

Tafel 79–87	Der Deutsche Bund als Hort der Reaktion
	Der freiheitliche Nationalstaat ist nicht erreicht. Gesamtdeutsche Politik beschränkt sich fast ausschließlich auf die Unterdrückung allen Strebens nach größerer Einheit und Freiheit.
Tafel 80	Der Student Karl Ludwig Sand ermordet den Dichter und Staatsmann Kotzebue, eine Symbolfigur der Reaktion (Kat. Abb. 21). Der Mord ist willkommener Anlaß, um mit rigorosen Gesetzen gegen jede Bewegung liberalen, demokratischen und nationalen Charakters vorzugehen.
Tafel 81	Die »Karlsbader Beschlüsse« sind die gesetzliche Basis für die »Demagogenverfolgung«. Das gegen den Geist der Zeit Geschaffene wird mit polizeistaatlichen Mitteln energisch verteidigt.
Tafel 82/83	Presse und Publizistik unterliegen einer strengen Zensur. Alle Druckerzeugnisse unter 20 Bogen müssen die Zensurbehörden passieren (Kat. Abb. 22, 23). Die Einheit Deutschlands äußert sich nur im Negativen: in der Unterdrückung mißliebiger Zeitungen. Liberale und demokrati-

sche Zeitungen sind oft einziger Tagesordnungspunkt der Bundesversammlung. Sie werden als staatsgefährdend zensiert oder verboten.

Tafel 84   Verbotspatente erscheinen mit gleichem Wortlaut in allen deutschen Staaten *(Kat. Abb. 24)*.

Tafel 85   Die Möglichkeit der Presse, sich zu wehren, ist gering. Zensierte Zeitungen zeigen die Zensurlücken.

Tafel 86   Politische Schriften erscheinen häufig in Kleinstformaten, um die Zensurgrenze von 20 Bogen zu überschreiten.
Über die Pressezensur hinaus werden Vertreter der Opposition persönlichen Verfolgungen ausgesetzt. Liberale und Demokraten wandern in die Gefängnisse. Der 1833 vorgelegte Bericht der nach 1819 errichteten Mainzer Centralen Untersuchungskommission, einer ausgesprochenen Spitzelbehörde, erfaßt 1867 Personen, die wegen politischer Delikte verfolgt und verurteilt worden sind.

Tafel 87   Auch an den Universitäten herrscht politischer Zwang. Kritische Professoren verlieren für Jahre ihre Lehrstühle, Studenten werden von den Universitäten relegiert.
Bis zur Revolution von 1848 bestimmt die reaktionäre Bundespolitik die inneren Verhältnisse in Deutschland.

Der Deutsche Bund nach 1815

Holstein
Hamburg
Mecklenburg
Schwerin
Meckl.
Strelitz
Oldenburg
Bremen
Hannover
SL
CD
Braunschweig
Preußen
Anhalt
Waldeck
Hessen-K
Luxem
burg
Nassau
Hessen
Thüringische
Staaten
Sachsen
Darmstadt
Bayern
Österreich
Württemberg
Bayern
Baden

Raum II   **Vormärz**

In den Jahrzehnten zwischen 1815 und 1848, im sogenannten Vormärz – der Zeit, die im weiteren Sinne der Märzrevolution von 1848 vorausgeht –, bilden sich in Opposition gegen das auf der Grundlage von »Restauration, Legitimität und Solidarität« beruhende System des Deutschen Bundes zahlreiche Reformbewegungen. Getragen von unterschiedlichen gesellschaftlichen Schichten mit verschiedenen Zielvorstellungen, unterschiedlich auch in ihren politischen Methoden, sind sich alle diese Bewegungen darin einig, daß die wirtschaftliche, soziale und politische Ordnung entscheidend verändert werden müsse: in einem Nationalstaat auf parlamentarischer Grundlage, der die zersplitterten Kräfte sammeln und die unzeitgemäßen politischen Ordnungen beseitigen soll.

Und dies nicht allein in Deutschland. Der Nationalgedanke wirkt zu dieser Zeit in ganz Europa als revolutionäre Kraft. Die Befreiungskämpfe der Griechen, Spanier, Italiener und Polen beflügeln gleichzeitig die deutsche Nationalbewegung. Es entsteht eine Solidarität der unterdrückten und zerrissenen Völker gegen die Mächte monarchischer Legitimität, die die Befreiung verhindern. Polen- und Griechenvereine sind in Deutschland zugleich Ausdruck der Opposition gegen die reaktionären innerdeutschen Verhältnisse. Die französische Julirevolution von 1830 löst in ganz Europa eine Welle von nationalrevolutionären Erhebungen aus. Auch die deutsche Nationalbewegung artikuliert sich jetzt entschiedener als bisher.

Eine Fülle von Volksfesten findet vor allem in Südwestdeutschland statt, auf denen zum Ausdruck kommt, daß der Nationalstaat nicht allein das Ziel einiger Theoretiker oder Interessengruppen, sondern der Wunsch breiter Volksschichten ist. Dabei wird der Nationalstaat nur selten als politischer Machtfaktor oder als Selbstzweck zur Befriedigung ausschließlich emotionaler Antriebe verstanden. Er dient auch nicht vorwiegend der Erfüllung aus der Geschichte abgeleiteter Ansprüche, wenngleich in der gemeinsamen Sprache und Kultur und in der Erinnerung an eine national verklärte Vergangenheit wesentliche Antriebskräfte für den modernen Nationalgedanken zu sehen sind. Hauptargument der Nationalbewegung ist, daß der Nationalstaat die wirtschaftlichen, politischen und sozialen Mißstände beseitigen soll. Für alle Reformbewegungen dieser Zeit stellt er gleichsam das Integrationselement dar.

Starke Impulse zur nationalen Einigung gehen von der wirtschaftlichen Entwicklung aus. Nach dem Beginn der Industrialisierung in Deutschland leidet die weitere Entfaltung von Handel und Industrie vor allem unter der ökonomischen und politischen Zersplitterung Deutschlands, die sich in einer Fülle von Zollschranken, von uneinheitlichen Münz-, Maß- und Gewichtssystemen zeigt. Nicht nur die deutschen Staaten, sondern auch Provinzen und Städte sind durch Zollschranken voneinander getrennt.

Während die wichtigsten europäischen Nachbarstaaten fremde Waren durch Schutzzölle von ihren Märkten fernzuhalten suchen, herrscht umgekehrt in den Beziehungen der deutschen Staaten zum Ausland im großen und ganzen Handelsfreiheit. Ausländische Waren überschwemmen den deutschen Markt und drohen die entstehende deutsche Industrie zu ruinieren. Deshalb erhebt jetzt das Bürgertum, das bereits die Freiheitskriege gegen Napoleon getragen und die Idee der nationalen Einigung proklamiert hatte, auch aus wirtschaftlichen Überlegungen die Forderung nach dem politischen Zusammenschluß der deutschen Staaten.

Ein erster Schritt zur ökonomischen Vereinheitlichung ist die Aufhebung der Binnenzölle in Preußen 1818. Beeinflußt von diesem Schritt wird im Jahr darauf in Frankfurt der »Allgemeine deutsche Handels- und Gewerbeverein« gegründet, der zum Zentrum der Fabrikanten und Kaufleute wird, die an wirtschaftlicher Einheit interessiert sind. Über den mitteldeutschen Zollverein, über Zollverträge zwischen Preußen und den mittel- und süddeutschen Staaten kommt 1833 der Deutsche Zollverein zustande, der unter Führung Preußens die meisten deutschen Staaten unter Ausschluß Österreichs zusammenschließt. Parallel dazu schafft der Eisenbahn-, Straßen- und Kanalbau die Voraussetzungen für ein einheitliches Wirtschaftsgebiet. Zwar ist das Ziel des Zollvereins hauptsächlich die Vergrößerung des Wirtschaftsraumes, doch stehen bei einigen – etwa bei Friedrich List – von Anfang an politische Überlegungen im Vordergrund. Der wirtschaftliche Aufschwung der im Zollverein zusammengeschlossenen Länder übt eine starke Anziehungskraft auf andere Staaten aus. Nach dem wirtschaftlichen Zusammenschluß legt eine innere Logik auch den weiteren Schritt einer politischen Einigung nahe.

Seine eigentliche Antriebskraft erhält der Nationalgedanke jedoch zunächst aus der Tradition der Freiheitskriege, die vor allem unter den Studenten lebendig ist. Die Vorhut der nationalen Bewegung bilden bis 1830 die Burschenschaften, die sich

auf gesamtdeutscher Ebene zusammenschließen. Sie veran-
stalten mit dem Wartburgfest 1817 die erste öffentliche Kundge-
bung für die Einheit Deutschlands.
In den »Grundsätzen zum Wartburgfest« wird deutlich die Verbindung zwischen dem Wunsch nach Einheit – »Ein Deutschland ist, und ein Deutschland soll sein und bleiben« – und der
Forderung nach sozialer und politischer Emanzipation gezogen:
»Der Mensch ist nur frei, wenn er auch die Mittel hat, sich selbst
nach eigenen Zwecken zu bestimmen«. Ihr oppositioneller Charakter kommt in der Verbrennung von Symbolen und Schriften
der Reaktion zum Ausdruck. Die »Gießener Schwarzen«, der
radikale Flügel der Burschenschaft, sehen bereits in der Republik ihr Ziel, das sie nur auf dem Wege der gewaltsamen Beseitigung der Fürsten für erreichbar halten.
Dagegen versuchen die Vertreter des politischen Liberalismus,
der wichtigsten Oppositionsbewegung dieser Zeit, auf legalem
Wege ihre Ziele zu erreichen. Dies zunächst in den Einzelstaaten. Ihr allgemeines Ziel ist die Erringung persönlicher und
politischer Freiheit für alle Untertanen, also die Gewährung
bürgerlicher Freiheitsrechte wie Meinungs-, Presse- und Versammlungsfreiheit sowie die Mitbestimmung des Bürgers in den
politischen Entscheidungsprozessen. Als Verfassungsform
schwebt ihnen die konstitutionelle Monarchie nach englischem
und französischem Muster vor. Die in den mittel- und süddeutschen Staaten nach 1815 erlassenen Verfassungen bilden die
Grundlage für die Arbeit der Liberalen. Zwar gelingt es ihnen, in
diesen Staaten einzelne Reformen durchzusetzen. Tiefergrei-
fende Veränderungen scheitern jedoch auch hier am monarchischen Prinzip, dem Souveränitätsanspruch der Einzelstaaten
und den ständigen Versuchen der noch halbabsolutistischen
Regierungen, Presse und Parlament zum bloßen Werkzeug der
Exekutive zu machen.
Die eingeschränkte Freiheit in den deutschen Staaten verstärkt
die nationale Zielsetzung des Liberalismus. Immer häufiger
kommt es in den Landtagen zu Demonstrationen für die nationale Einigung: am bekanntesten ist der Welckersche Antrag in der
Zweiten Badischen Kammer auf Errichtung eines gesamtdeutschen Parlaments geworden, der in klassischer Form den nationalen Gedanken aus der Forderung nach größerer Freiheit
herleitet. Volksversammlungen, Presse und bürgerliche Vereine, in denen die Liberalen aller Schattierungen zusammenwirken, sind das Zentrum der Agitation für den Nationalstaat. Die

»Radikalen« gehen in ihren politischen und sozialen Forderungen weiter als die Mehrheit der übrigen Liberalen. Statt bloßer Beteiligung des Bürgers verlangen sie die Selbstregierung des »Volkes«. Und über die freie Entfaltung angeborener und erworbener Kräfte hinaus treten sie nachdrücklich für die Idee der sozialen Gleichheit ein. Für sie heißt das: die Aufhebung aller äußeren Unterschiede, jeder Form der Bevorzugung und Privilegierung und damit die gesellschaftliche und politische Besserstellung der sozial Benachteiligten.

Ganz wesentlich für die Stellung der »Radikalen« ist die mit der Bauernbefreiung und der Industrialisierung eintretende Massenverarmung. Der »Pauperismus« ist das zentrale Problem der gesellschaftlichen Entwicklung des Vormärz. Die »Radikalen« ziehen aus ihm politisch am weitesten reichende Forderungen. »Die unteren Volksklassen müssen zur Menschenwürde erhoben werden: nur als Mittel zu diesem Zweck haben die freien politischen Institutionen einen Sinn« (Johann Jacoby).

Die Interessen der Verarmten und politisch Rechtlosen sollen in einem »freien Volksstaat«, der Republik, verwirklicht werden. In ihr soll nicht mehr – wie in der konstitutionellen Monarchie – die Regierung dem Volk gegenüberstehen, sondern ausführende Gewalt des »Volkswillens« als der einzigen Quelle aller Macht sein. Der Sieg des Neuen könne nur nach gänzlicher Vernichtung des Alten, nicht auf gesetzlichem Wege errungen werden. Nach der Theorie der »Radikalen« führt der Weg zur Republik nur über die Revolution.

Noch weiter als die »Radikalen« in Deutschland gehen verschiedene Emigrantengruppen, die sich im Ausland zu Verbänden zusammenschließen. Wegen der Vereinsgesetze der einzelnen Staaten sind sie meist Geheimbünde. Der »Bund der Gerechten« und der »Bund der Geächteten« entwickeln unter dem Einfluß französischer Theoretiker frühsozialistische, »kommunistische« Programme, sie sprechen weniger von Freiheit und politischem Fortschritt als von grundlegender gesellschaftlicher Umgestaltung. Die Hauptrichtungen der politischen Opposition, der gemäßigt liberale Flügel und der radikalere demokratische, artikulieren sich beide kurz vor Ausbruch der Revolution von 1848 in verschiedenen Programmen: dem Heppenheimer und dem Offenburger Programm. Darin werden die Alternativen einer Neuordnung aufgezeigt, über die schließlich in der Revolution entschieden werden sollte.

Die Deutsche Burschenschaft (Tafel 1−4)

Im Vormärz ist die deutsche Universität eines der Zentren der nationalen und liberalen Bewegung. Studenten und Akademiker führen die bürgerliche Opposition gegen die bestehenden politischen Verhältnisse an.

Aus den Befreiungskriegen zurückgekehrt, sind die von nationaler Begeisterung ergriffenen Studenten enttäuscht über die beginnende Restauration. Sie beharren auf der Forderung nach politischer Einheit der Nation und nach Abschaffung absolutistischer Regierungsformen. Diese progressiven Grundideen mischen sich allerdings nicht selten mit antirationalen und christlich-germanischen Vorstellungen. Vielen wird das altdeutsche Kaiserreich zum romantisch verklärten Ideal.

Tafel 1

Um die deutsche Einheit zumindest an den Universitäten vorgreifend zu verwirklichen, gründen die Studenten eine einheitliche deutsche Burschenschaft. Die erste Burschenschaft entsteht schon im Juni 1815 in Jena. Ihr Wahlspruch ist »Ehre, Freiheit, Vaterland«. Schwarz-Rot-Gold, die von den Uniformen des Lützowschen Freikorps übernommenen Farben der Jenenser Burschenschaftsfahne, gelten den Studenten als Farben des Alten Reiches und werden schon bald zum allgemeinen Symbol der nationalen und liberalen Bewegung. Von Jena aus verbreitet sich die Burschenschaft über die meisten deutschen Universitäten.

Tafel 2

Im Jahre 1817 ruft die Jenenser Burschenschaft die Studenten Deutschlands zum Fest auf die Wartburg. Man feiert gleichzeitig das 300jährige Jubiläum der Reformation und die Wiederkehr des Tages der Schlacht bei Leipzig. Etwa 500 Studenten ziehen am 18. Oktober 1817 mit der Burschenschaftsfahne auf die Wartburg und fordern dort die Einheit des Vaterlandes und die Einführung der versprochenen Verfassungen *(Kat. Abb. 25)*. »Das deutsche Volk hatte schöne Hoffnungen gefaßt, sie sind alle vereitelt«, so heißt es in der Rede des stud. theol. Heinrich Riemann. Im Anschluß an das Fest werden von den Studenten symbolische Werte der Reaktion, aber auch der Aufklärung verbrannt, was für den zwiespältigen Charakter dieser Studentenbewegung bezeichnend ist. Unter den Schriften sind Hallers »Restauration der Staatswissenschaften«, aber auch ein Code Napoléon *(Kat. Abb. 26)*.

Tafel 3

Im Oktober 1818 schließen sich die Burschenschaften zur »Allgemeinen Deutschen Burschenschaft« zusammen. Die radikal-

II/25 Zug der Studenten zur Wartburg, 1817

II/26 Bücherverbrennung beim Wartburgfest

Revers

welcher von den Studirenden vor der Immatriculation zu unterschreiben ist.

Nachdem die nachstehenden Auszüge aus den Gesetzen, nämlich:

1) Aus dem Bundestags-Beschlusse vom 20. September 1819 über die in Ansehung der Universitäten zu ergreifenden Maassregeln.

§. 3. „Die seit langer Zeit bestehenden Gesetze gegen geheime oder nicht „autorisirte Verbindungen auf den Universitäten, sollen in ihrer ganzen Kraft und „Strenge aufrecht erhalten, und insbesondere auf den seit einigen Jahren gestifteten, „unter dem Namen der allgemeinen Burschenschaft bekannten Verein und um so be- „stimmter ausgedehnt werden, als diesem Verein die schlechterdings unzulässige Vor- „aussetzung einer fortdauernden Gemeinschaft und Correspondenz zwischen den ver- „schiedenen Universitäten zum Grunde liegt. Den Regierungs-Bevollmächtigten soll in „Ansehung dieses Punktes eine vorzügliche Wachsamkeit zur Pflicht gemacht werden.“

„Die Regierungen vereinigen sich darüber, dass Individuen, die nach Bekannt- „machung des gegenwärtigen Beschlusses erweislich in geheimen oder nicht „autorisirten Verbindungen geblieben, oder in solche getreten sind, bei kei- „nem öffentlichen Amte zugelassen werden sollen.“

§. 4. „Kein Studirender, der durch einen von dem Regierungs-Bevollmäch- „tigten bestätigten oder auf dessen Antrag erfolgten Beschluss eines akademischen „Senats von einer Universität verwiesen worden ist, oder der, um einem solchen „Beschlusse zu entgehen, sich von der Universität entfernt hat, soll auf einer an- „dern Universität zugelassen, auch überhaupt kein Studirender ohne ein befriedigen- „des Zeugniss seines Wohlverhaltens auf der von ihm verlassenen Universität von „irgend einer andern Universität angenommen werden.“

2) Aus dem Bundestags-Beschlusse vom 14. November 1834, in Be- treff der deutschen Universitäten.

Art. 6. „Vereinigungen der Studirenden zu wissenschaftlichen oder geselligen „Zwecken können mit Erlaubniss der Regierung, unter den von letzterer festzusetzen- „den Bedingungen, stattfinden. Alle andern Verbindungen der Studirenden, sowohl „unter sich, als mit sonstigen geheimen Gesellschaften, sind als verboten zu betrachten.“

Art. 7. „Die Theilnahme an verbotenen Verbindungen soll, unbeschadet „der in einzelnen Staaten bestehenden strengeren Bestimmungen, nach „folgenden Abstufungen bestraft werden:

1. „Die Stifter einer verbotenen Verbindung und alle diejenigen, welche Andere zum „Beitritte verleitet oder zu verleiten gesucht haben, sollen niemals mit blosser „Carcerstrafe, sondern jedenfalls mit dem *Consilio abeundi*, oder, nach Befinden, „mit der Relegation, die den Umständen nach zu schärfen ist, belegt werden.“

2. „Die übrigen Mitglieder solcher Verbindungen sollen mit strenger Carcerstrafe, „bei wiederholter oder fortgesetzter Theilnahme aber, wenn schon eine Strafe „wegen verbotener Verbindungen vorangegangen ist, oder andere Verschärfungs- „gründe vorliegen, mit der Unterschrift des *Consilii abeundi* oder dem *Consilo* „*abeundi* selbst, oder, bei besonders erschwerenden Umständen, mit der Rele- „gation, die dem Befinden nach zu schärfen ist, belegt werden.“

3. „Insofern aber eine Verbindung mit Studirenden anderer Universitäten, zur Be- „förderung verbotener Verbindungen, Briefe wechselt, oder durch Deputirte „communicirt, so sollen alle diejenigen Mitglieder, welche an dieser Correspon- „denz einen thätigen Antheil genommen haben, mit der Relegation bestraft werden.“

4. „Auch diejenigen, welche, ohne Mitglieder der Gesellschaft zu sein, dennoch „für die Verbindung thätig gewesen sind, sollen, nach Befinden der Umstände, „nach obigen Straf-Abstufungen bestraft werden.“

5. „Wer wegen verbotener Verbindungen bestraft wird, verliert nach Umständen zu- „gleich die akademischen Beneficien, die ihm aus öffentlichen Fonds-Kassen, oder „von Städten, Stiftern, aus Kirchenregistern u. s. w., verliehen sein möchten, „oder deren Genuss aus irgend einem andern Grunde an die Zustimmung der „Staats-Behörden gebunden ist. Desgleichen verliert er die seither etwa genos- „sene Befreiung bei Bezahlung der Honorarien für Vorlesungen.“

ste Richtung verkörpern die »Gießener Schwarzen«, so genannt
nach ihrer »altdeutschen« Tracht. Ihr Führer, der Gießener
Privatdozent Karl Follen, erstrebt den gewaltsamen Sturz der
Fürsten und die Errichtung einer deutschen Einheitsrepublik.
Karl Ludwig Sand, ein Schüler Follens, sucht dessen Lehre in
die Tat umzusetzen und ermordet den Lustspieldichter Kotze-
bue, der als ein Agent des Zaren gilt. Dies soll ein Signal zum
allgemeinen Aufstand geben.
Die Ermordung Kotzebues gibt Metternich im Sommer 1819 die
erhoffte Möglichkeit, gegen die politisch gefährlichen Burschenschaften einzuschreiten. Durch die Karlsbader Beschlüsse werden die Burschenschaften verboten, alle Universitäten streng
überwacht und Hunderte von Studenten relegiert und verhaftet.
Die in Mainz eingesetzte Untersuchungskommission arbeitet
jahrzehntelang an der Aufdeckung »revolutionärer Umtriebe
und demagogischer Verbindungen« *(Kat. Abb. 27)*. Noch 1832
bis 1838 werden 1200 Studenten als Burschenschaftler verfolgt.

Tafel 4   Politisch aktiv bleibt nur eine Minderheit der Studenten. Sie
setzt die Burschenschaft illegal in Geheimbünden fort und proklamiert auf dem Stuttgarter Burschentag von 1832: »Der
Zweck der Burschenschaft soll von nun an sein die Erregung
einer Revolution, um durch diese die Freiheit und Einheit
Deutschlands zu erreichen«.
In diesem Sinne beteiligen sich 1833 Burschenschafter an einem dilettantischen Putschversuch zur Beseitigung des Bundestages. Sie stürmen die Frankfurter Hauptwache. Der Putsch
scheitert, eine neue Welle von Verhaftungen ist die Folge.
Direkten politischen Einfluß besitzt die Burschenschaft nicht,
doch prägt sie das Bewußtsein jener Akademiker, die im Vormärz und in der Revolution von 1848 die politische Führung des
Bürgertums übernehmen. Unter dem Druck der beginnenden
Revolution erklärt der Bundestag die Farben der Burschenschaft »Schwarz-Rot-Gold« zu den deutschen Bundesfarben.

Die wirtschaftliche Entwicklung im Vormärz
(Tafel 5−8)

Die Voraussetzungen für den Aufstieg eines wirtschaftlich starken Bürgertums wurden in Preußen schon in der Reformzeit durch die Bauernbefreiung und die Einführung der Gewerbefreiheit geschaffen. Auf dem Lande wächst die Zahl der Besitzlosen, in den Städten ist die Macht der Zünfte gebrochen. Preußen geht daher beim Aufbau von Manufakturen und Fabriken voran. Das übrige Deutschland verharrt hingegen noch weitgehend in der überlieferten Wirtschaftsverfassung. Sie nach dem preußischen und westeuropäischen Vorbild umzugestalten, ist das Ziel der Reformkräfte.

Tafel 5

Auch die wirtschaftliche Zersplitterung Deutschlands ist noch nicht überwunden. Zwar sind die Binnenzölle in den meisten Staaten abgeschafft, die Zollschranken an den Grenzen jedes Bundesstaates bleiben jedoch ein Hindernis für den freien Handel.

Friedrich List propagiert einen deutschen »Zollverein«, ein einheitliches Wirtschaftsgebiet in den Grenzen des Deutschen Bundes *(Kat. Abb. 28)*.

Am 1. Januar 1834 tritt der von Preußen ins Leben gerufene deutsche Zollverein in Kraft. Er umfaßt 18 Staaten mit 23 Millionen Einwohnern. Ein Zeitgenosse berichtet: »Als die Mitternachtsstunde schlug, öffneten sich die Schlagbäume und unter lautem Jubel eilten die Wagenzüge über die Grenze. Alle waren von dem Gefühl durchdrungen, daß Großes errungen sei«.

Tafel 6

Voraussetzung des freien Warenverkehrs ist ein leistungsfähiges Transportsystem. Der von Napoleon in großem Stil begonnene Straßenbau wird weitergeführt. Bereits in den wenigen Jahren von 1817 bis 1828 wendet Preußen für Chausseen 11 Mill. Taler auf *(Kat. Abb. 31)*.

Auch der Bau von Kanälen wird beschleunigt, in der Binnenschiffahrt kommt den Dampfbooten eine wachsende Bedeutung zu *(Kat. Abb. 32)*. Der entscheidende Sprung vorwärts ist der Bau von Eisenbahnlinien *(Kat. Abb. VIII)*.

Wieder ist es Friedrich List, der die Entwicklung vorantreibt. Zugleich mit seinen Ideen für den deutschen Zollverein entwirft er ein Eisenbahnnetz für Deutschland *(Kat. Abb. 29)*. 1835 wird die erste Strecke von Nürnberg nach Fürth in Betrieb genommen *(Kat. Abb. 30)*.

Ueber

ein sächsisches Eisenbahn-System

als Grundlage

eines allgemeinen

deutschen Eisenbahn-Systems

und insbesondere

über die Anlegung einer Eisenbahn

von

Leipzig nach Dresden.

———— ————

Von

Fr. List,

Consul der Vereinigten Staaten für das Großherzogthum Baden.

———— ◆ ————

Leipzig,
J. G. Liebeskind.
1833.

II/28/29   Friedrich List, der Vorkämpfer der deutschen Wirtschaftseinheit

II/30 Die erste deutsche Eisenbahn, volkstümlicher Holzschnitt 1835

II/31 Erschließung moderner Verkehrswege (bei Erlangen)

II/32   Das erste deutsche Dampfschiff, 1816

II/33 Maschinensaal einer Baumwollspinnerei um 1830

II/34 Eisengewinnung um 1830 im Puddelverfahren

Tafel 7   Zunächst stößt der Bau von Eisenbahnen auf Skepsis. Bald
aber hat man die Notwendigkeit und die Rentabilität der Eisenbahn erkannt: Aktiengesellschaften werden gegründet, um das
zum Bau benötigte Kapital aufzubringen. 1842 erläßt die preußische Regierung eine Zinsgarantie für Eisenbahnaktiengesell-
schaften von 3½%. Wer nun Eisenbahnaktien zeichnet, gewinnt, ohne ein Risiko tragen zu müssen. Die Dividenden beispielsweise der Magdeburg-Leipziger Eisenbahn-Aktiengesell-
schaft klettern von 4% (1840) auf 10% (1843). Auf dieser
Grundlage entsteht die erste Spekulationswelle. Das Eisenbahnnetz erweitert sich sprunghaft: allein 1846 werden 1100 km
Schienen verlegt.

Tafel 8   Nachdem in der ersten Phase der Industrialisierung die moderne Produktionsweise vor allem auf die Herstellung von Textilien
beschränkt war, gewinnt mit dem Beginn des Eisenbahnbaues
die eisenverarbeitende Industrie Vorrang. In den ersten Jahren
des Eisenbahnbaues muß englisches und belgisches Roheisen
eingeführt werden, um den Bedarf zu decken. Auch die Lokomotiven selbst werden größtenteils aus England importiert. Doch
schon 1844 kann der Zollverein einen Schutzzoll auf englisches
Eisen legen. Der entscheidende Fortschritt in der Produktions-
technik von Schmiedeeisen gelingt durch die Einführung des
sogenannten Puddelverfahrens *(Kat. Abb. 34)*.
Mit steigendem Bedarf an Kohle und Eisen verlagert sich das
Schwergewicht der industriellen Produktion ins Ruhrgebiet, das
allmählich zum ersten wirtschaftlichen und industriellen Zentrum Deutschlands wird.
Auch in der Textilindustrie vollziehen sich tiefgreifende Veränderungen. Die Spinnmaschinen und Webstühle werden erheblich verbessert *(Kat. Abb. 33)*. Tuche und Stoffe werden durch
diese produktiver arbeitenden Maschinen billiger, und die noch
handwerklich arbeitenden Weber fallen der Konkurrenz zum
Opfer.

Die soziale Entwicklung im Vormärz (Tafel 9–12)

Tafel 9	Die wirtschaftlichen Veränderungen sprengen das soziale Gefüge der Gesellschaft: Gegen das in Zünften organisierte Kleinbürgertum hebt sich allmählich das frühindustrielle Unternehmertum ab *(Kat. Abb. 35, 36)*. Viele Handwerksmeister unterliegen der Konkurrenz der Fabriken. Zusammen mit den stellungslosen Gesellen bilden sie das Handwerkerproletariat.

In jenen Ländern, in denen die Bauernbefreiung nur gegen Landabtretung verwirklicht wurde, können zahlreiche Bauern ihren verkleinerten Besitz nicht mehr rentabel bewirtschaften. Sie müssen ihr Land verkaufen und sinken zu Landarbeitern herab. Diese Tagelöhner sind das Reservoir für das spätere industrielle Proletariat. Viele von ihnen finden zunächst Arbeit beim Eisenbahnbau.

Tafel 10   Die technische Entwicklung bewirkt, daß neben den Männern für einfachere und leichtere Arbeit auch Frauen und Kinder in den Produktionsprozeß einbezogen werden *(Kat. Abb. 37–39)*. Dadurch wird die Konkurrenz unter den Arbeitern verstärkt: die schlechter bezahlte Frauen- und Kinderarbeit drückt auch den Lohn des Mannes. Während um 1770 die Arbeitskraft eines Mannes ausreichte, um eine Familie zu erhalten, müssen um 1830 zur Sicherung des Existenzminimums die Frau und drei Kinder mitarbeiten.

Tafel 11   Am härtesten betroffen von der Konkurrenz der billigen Maschinenproduktion sind die Weber *(Kat. Abb. VII und 40)*. Wie die Baumwolle wird jetzt auch der Flachs maschinell versponnen. Die ruinierten dörflichen Flachsspinner suchen Arbeit in der Leineweberei. Aber auch die Ausdehnungsmöglichkeiten der ländlichen Leineweberei sind durch die Einführung des mechanischen Webstuhls beschränkt. Es kommt zu einem Überangebot an Arbeitskräften, die Löhne sinken weit unter das Existenzminimum. Trotz Arbeitszeiten von 12, 14, ja 16 Stunden am Tag lebt die Masse der Bevölkerung in großem Elend. Ein Zeitgenosse berichtet: »Seit sieben und mehr Jahren haben sich die Unglücklichen nicht mehr irgendein Kleidungsstück beschaffen können; ihre Bedeckung besteht aus Lumpen, ihre Wohnungen verfallen, da sie die Kosten zur Herstellung nicht aufbringen können; die mißratenen Ernten der Kartoffeln, namentlich in den beiden letzten Jahren, haben sie auf die billigeren wilden oder Viehkartoffeln und auf das Schwarz- oder Viehmehl zur Nahrung angewiesen; Fleisch kommt nur bei einigen zu Ostern,

II/35/36 Selbstdarstellung des frühindustriellen Unternehmers, Gemälde von Louis Krevel

II/37 Seifensiederwerkstatt

II/38 Frauenarbeit in einer Tabakfabrik um 1840

II/39 Kinderarbeit im Vormärz

II/40 Weberelend, Holzschnitt von Kubitz aus den 40er Jahren

Das Elend in Schlesien.

Hunger und Verzweiflung.

Offizielle Abhülfe.

II/41 Darstellung aus den Münchener »Fliegenden Blättern«

Erklärung

der

Menschen- und Bürgerrechte.

—————◆—————

Art. 1. Der Zweck der Gesellschaft ist das Glück aller ihrer Glieder.

Art. 2. Um dieses Glück zu sichern, muß die Gesellschaft einem Jeden verbürgen:

Sicherheit der Person;

Die Mittel sich auf eine leichte Weise ein Auskommen zu verschaffen, welches ihm nicht nur die Bedürfnisse des Lebens, sondern auch eine des Menschen würdige Stellung in der Gesellschaft sichert;

Entwicklung seiner Anlagen;

Freiheit;

Widerstand gegen Unterdrückung.

Art. 3. Da alle Bürger, wie groß immer die Verschiedenheit ihrer Kräfte sein mag, ein gleiches Recht auf diese Zusicherung haben, so ist Gleichheit das Grundgesetz der Gesellschaft.

Art. 4. Die Sicherheit entspringt aus der Mitwirkung Aller zum Schutze der Person und der Rechte jedes Einzelnen und zur sichern Bestrafung dessen, der sie beeinträchtigt.

Art. 5. Das Gesetz schützt die öffentliche und persönliche Freiheit gegen die Unterdrückung derer, welche regieren. Es hält das Volk für gut, die Beamten für zugänglich dem Irrthum und der Verführung.

Art. 6. Niemand kann verfolgt, verhaftet, festgehalten oder angeklagt werden, als kraft eines vorherbestehenden Gesetzes und der hierin vorgeschriebenen Formen; jeder Befehl, jede Strenge, welche das Gesetz nicht erlaubt, kann mit Gewalt zurück gewiesen werden; die, welche dazu ermächtigen oder sie ausführen, sind schuldig und müssen somit bestraft werden.

Art. 7. Das Leben des Menschen ist heilig.

Art. 8. Die Strafen können keinen andern Zweck haben, als Verhütung der Verbrechen und die Besserung der Schuldigen; ihre Strenge darf nie die dringendste Nothwendigkeit überschreiten.

Art. 9. Niemand kann angeklagt oder verurtheilt werden, als auf Erklärung eines Geschwornengerichts.

Art. 10. Alle beweglichen und unbeweglichen Güter, seien sie im Gebiete des Staates belegen, oder von Mitgliedern desselben auswärts besessen, gehören der Gesellschaft an, welche allein durch Gesetze die Grenzen bestimmen kann, über die der Besitz des Einzelnen nicht hinausgehen darf.

Art. 11. Eigenthum ist das Recht, welches jeder Bürger auf den Genuß desjenigen Gütertheiles hat, der ihm vom Gesetze zugesichert ist.

Landung in Algier d. 14. Juni.

Einzug des Herzog von Orleans als General-Verweser v. Frankreich in d. Stadthaus, d. 31. Juli.

Abreise Karl X. v. Rambouillet den 3. Aug.

Die denkwürdigsten Tage
des Jahres 1830.
GEDÄCHTNISS TAFEL
in 12. Tableaux.
Nürnberg in der J. A. Endter'schen Handlung.

Aufstandt in Brüssel den 28. Septem.

Vertheidigung des Parks in Brüssel, den 23. 27. Sepe.

...standt in Leipzig d. 4. September.

Zerstörung d. Polizeyhauses, Dresden 4a. Sp.

...n d. Schlosses v. Braunschweig d. 8. Sep.

Scene in der grossen Woche in Paris den 29. Juli.

Demolirung d. Licentamts in Hanau d. 24. Sep.

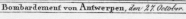

Bombardement von Antwerpen, den 27. October.

Aufstand in Warschau, den 25. November.

V   Bilderbogen zu den revolutionären Ereignissen des Jahres 1830

VI Die Harkortsche Fabrik auf Burg Wetter um 1834, Gemälde von Alfred Rethel

VII   Die schlesischen Weber, Gemälde von Karl Wilhelm Hübner, 1844

Pfingsten und Weihnachten ins Haus, und dann für eine Familie von fünf bis sechs Personen ein halbes Pfund!« 1844 kommt es zum Aufstand der schlesischen Weber. Sie plündern die Häuser reicher Fabrikanten. Preußisches Militär schlägt den Aufstand nieder *(Kat. Abb. 41)*. Aber die aussichtslose Rebellion hat die Not und die Verzweiflung der unteren Klassen sichtbar gemacht. Der »Pauperismus«, die Verelendung der Besitzlosen, wird auch im Bürgertum als soziales Problem erkannt. Zahlreiche Broschüren beschäftigen sich mit der sozialen Frage.

Tafel 12

Die soziale Not treibt Zehntausende zur Auswanderung. Wer nicht resigniert, sondern in Deutschland den Kampf um bessere Arbeitsbedingungen aufnimmt, muß mit Gefängnis rechnen; denn Arbeiterkoalitionen sind nach der preußischen Gewerbeordnung von 1845 verboten.

So formieren sich die ersten Ansätze »kommunistischer« Vereine jenseits der Grenzen des Deutschen Bundes, vor allem in der Schweiz und in Frankreich. Hier entstehen im Zusammenhang mit dem »Jungen Europa« Mazzinis und der »Gesellschaft der Jahreszeiten« des französischen Revolutionärs August Blanqui das »Junge Deutschland« und der »Bund der Geächteten«, dessen radikalere Mitglieder sich zum »Bund der Gerechten« zusammenschließen. Schon 1834 hat der »Bund der Geächteten« Menschen- und Bürgerrechte auf der Grundlage sozialer Gleichheit programmatisch formuliert *(Kat. Abb. 42)*. In den 40er Jahren wird der in Paris tätige Schneidergeselle Wilhelm Weitling der bedeutendste Theoretiker des »Handwerksburschenkommunismus«. Dieser noch utopische Gleichheitskommunismus findet seine Anhänger unter radikalen Arbeitern und Gesellen, deren Organisationen in der Tradition der sozialrevolutionären Geheimbünde stehen. Aber erst mit der Revolution von 1848 werden sich die Arbeiter und Gesellen das Koalitionsrecht erkämpfen und in eigenen Vereinen offen ihre Interessen vertreten.

VIII (Abb. links)
Eröffnung der
Eisenbahnlinie
München—
Augsburg
am 1. Sept. 1839

Die politische Reformbewegung:
Liberale und Demokraten (Tafel 13−16)

Die wirtschaftlichen und sozialen Veränderungen treiben die politischen Reformbewegungen voran. Die Forderungen reichen − je nach gesellschaftlicher Herkunft und politischem Standort − von der Verwirklichung bürgerlicher Freiheitsrechte in den Einzelstaaten bis zur grundlegenden Veränderung der bestehenden politischen und sozialen Ordnung. Gemeinsam ist das Ziel, die Zersplitterung Deutschlands zu überwinden und einen freiheitlichen Nationalstaat zu errichten, der entweder eine konstitutionelle Monarchie oder eine Republik sein soll.

Tafel 13

Die bedeutendste neue politische Bewegung in der Zeit vom Wiener Kongreß bis zur Revolution von 1848 ist der Liberalismus.

Er fordert zeitgemäße »Repräsentativverfassungen« für die deutschen Einzelstaaten. In den bereits vorhandenen Landtagen bildet er eine starke Opposition. Sein Ziel ist der Abbau der wirtschaftlichen Schranken und ein geeintes Deutschland auf parlamentarischer Grundlage. Erst in ihm sieht er die freiheitlichen Bürgerrechte gesichert *(Kat. Abb. 43−46)*.

Die Bedeutung des Liberalismus im Vormärz liegt mehr auf dem Gebiet der wissenschaftlich-theoretischen als auf dem der praktischen Politik. In einer Fülle staatsrechtlicher Schriften werden die politischen Ziele des Liberalismus erläutert.

Rotteck und Welcker, die führenden Theoretiker der süddeutschen Liberalen, fassen im »Staatslexikon« das liberale politische Programm zusammen. Rotteck entwickelt in seinen »Ideen über Landstände« als erster in Deutschland ein Konzept einer modernen repräsentativen Verfassung. Denn die erste und wichtigste Forderung der Liberalen sind Verfassungen, die Grundrechte garantieren und dem gebildeten und besitzenden Bürger die Teilnahme an den Staatsangelegenheiten sichern sollen. Hierin sehen die Liberalen das Kriterium »zeitgemäßer, dem Kulturgrad der Nation angemessener Staatsverfassungen«. Die Mehrheit der Liberalen will die Macht der Fürsten nicht beseitigen, sondern einschränken. Trotzdem müssen die Verfassungen erkämpft werden, weil die meisten Fürsten nicht freiwillig politische Mitbestimmungsrechte gewähren. In der Zeit nach dem Wiener Kongreß entstehen als Ergebnis der liberalen Verfassungsbewegung in den süd- und

II/43 Karl von Rotteck

II/44 Karl-Theodor Welcker

II/45 Robert von Mohl

II/46 Arnold Ruge

II/47   Die Zweite Badische Kammer, 1845

Tafel 14

einigen mitteldeutschen Staaten moderne Verfassungen, in die erstmals staatsbürgerliche Rechte aufgenommen werden. Diese Rechte zu verwirklichen und auszubauen, ist das Ziel der Liberalen in den bereits vorhandenen Parlamenten der Einzelstaaten. Allerdings gibt es im Vormärz noch keine liberale »Partei«. Die Einheit der Liberalen besteht praktisch nur im gemeinsamen Widerstand gegen die Regierungen der noch halbabsolutistischen Staaten. Sie verstehen sich als ausschließlich ihrem Gewissen verantwortliche freie Persönlichkeiten, die keiner Fraktionsdisziplin unterworfen sind. Die »Partei« des politischen Liberalismus umfaßt deshalb auch die ganze Spannweite von den »Gemäßigten«, welche die Monarchie nicht in Frage stellen, die ihre Ziele auf dem legalen Wege des Ausgleichs erreichen wollen und die auch unter den gegebenen Umständen zur Beteiligung an der Regierungsverantwortung bereit sind, bis zu den »Radikalen«, die Staat und Gesellschaft auf revolutionärem Wege von Grund auf umgestalten wollen und die Republik erstreben.

Der Liberalismus ist vor allem eine Bewegung des gebildeten und besitzenden Bürgertums. In der Zweiten Badischen Kammer (Kat. Abb. 47) zum Beispiel sind überwiegend bürgerliche Berufe vertreten: Verwaltungsbeamte, Richter, Bürgermeister und Professoren sowie Geistliche, Gastwirte, Kaufleute und Fabrikanten. Die Abgeordneten der süddeutschen Kammern sind nicht mehr an Instruktionen ihrer Stände gebunden, sondern Repräsentanten der ganzen »Nation«. Das »Volk« ist im abstrakten Verständnis der Liberalen die Summe gleichgearteter, mit gleichen Rechten ausgestatteter Individuen. Träger des Staates soll künftig der gebildete und besitzende Bürger sein, der sich als Wortführer der Interessen des Volkes in seiner Gesamtheit versteht. Das im Vormärz bereits sichtbare Problem der sozial Benachteiligten bleibt bei den Liberalen jedoch meist unberücksichtigt.

Baden ist die Hochburg des vormärzlichen Liberalismus. Seine Ziele lassen sich deshalb auch am klarsten aus den Anträgen in der Zweiten Badischen Kammer ablesen. Da die badische Verfassung der Kammer noch nicht das Recht der Gesetzesinitiative zubilligt, versuchen die Liberalen mit Anträgen, den sogenannten Motionen, die Regierungen auf den Weg konstitutioneller Reformen zu bringen. Schwerpunkte sind die Sozial-, Wirtschafts- und Justizreform sowie die Umwandlung des Obrigkeitsstaates durch Verwaltungs- und Verfassungsreformen in

einen parlamentarischen Rechtsstaat nach westeuropäischem Vorbild.
Auch außerhalb der Kammern entwickeln die Liberalen in kritischen Zeitungen eine rege Aktivität, um ihre politischen Ziele in der Öffentlichkeit zu verbreiten. Sie scheuen auch nicht vor der direkten politischen Konfrontation zurück. Die »Göttinger Sieben«, eine Gruppe liberaler Professoren, müssen ihren Protest gegen die absolutistische Willkür des Königs von Hannover, der die Verfassung von sich aus aufgehoben hat, mit dem Verlust ihrer Ämter bezahlen *(Kat. Abb. 48)*.

Tafel 15 Aus der eingeschränkten Freiheit in den Einzelstaaten erhält der liberale Nationalgedanke seine Antriebskraft. Die Hoffnungen aller fortschrittlichen Kräfte gelten einem geeinten Deutschland und einer gesamtdeutschen Volksvertretung. Der freiheitliche Nationalstaat soll die zersplitterten Energien sammeln und die politische und soziale Emanzipation ermöglichen. Diesem Ziel gelten Anträge in den einzelnen Parlamenten. Am berühmtesten ist der Antrag Welckers 1831 in der Zweiten Badischen Kammer »zur Vervollkommnung der organischen Entwicklung des Deutschen Bundes zur bestmöglichen Förderung deutscher Nationalität und deutscher staatsbürgerlicher Freiheit«. Die Nationalbewegung wird zu einer Volksbewegung: auf Versammlungen und Festen wird ein einiges und freies Deutschland gefordert *(Kat. Abb. 49)*.
Über den Weg freilich bestehen unterschiedliche Meinungen. Die »Gemäßigten« vertrauen auf Verhandlungen mit den Fürsten. Die »Radikalen« wollen den Befreiungskampf organisieren und erhoffen sich ein einiges und freies Deutschland nur von einer Revolution.

Tafel 16 Die Kompromißbereitschaft der »Gemäßigten« führt jedoch nicht zu den erwarteten Erfolgen. Zudem berücksichtigen sie die sozial schwächsten Gruppen kaum. Die »Demokraten« indessen wenden sich vor allem an die unteren Schichten. Bürgerliche Intellektuelle und Handwerkerproletariat verbünden sich, meist in der Emigration, zu Geheimbünden und fordern in Flugschriften die Republik. Einer der bedeutendsten Geheimbünde ist der »Bund der Geächteten«, der ein eigenes Presseorgan besitzt. Innerhalb Deutschlands ist die wichtigste Stimme der »Demokraten« bis zu ihrem Verbot 1843 die »Rheinische Zeitung« mit ihrem Redakteur Karl Marx. Sie fordern die kompromißlose Durchsetzung des Prinzips der Volkssouveränität. Ihre Hauptziele sind die soziale Gleichheit und eine deutsche Repu-

Wilh. Grimm.   Gervinus.   Jac. Grimm.

Weber.   Albrecht.   Ewald.

Dahlmann.

II/48   Die »Göttinger Sieben«

II/49 Volksversammlung auf dem Judenbühl am 13. März 1849 in Nürnberg blik. In der Reform Deutschlands sehen sie die Grundlage für die Reform Europas und die Befreiung aller unterdrückten und unterprivilegierten Völker.

Der politische Druck im Deutschen Bund und die Erfolglosigkeit der Kompromißbereiten bewirken, daß diese radikal-demokratische Bewegung immer mehr Anhänger gewinnt.

Die kulturnationale Bewegung (Tafel 17–20)

Neben die politische und wirtschaftliche Reformbewegung tritt die kulturnationale Bewegung: Deutschland kenne zwar keine politische, jedoch eine kulturelle Einheit. Aus der gemeinsamen Sprache, Dichtung und Geschichte wird der Begriff der einheitlichen deutschen Kulturnation entwickelt. Das Nationalbewußtsein erfüllt sich damit zugleich bei vielen mit der Erinnerung an eine romantisch verklärte Vergangenheit. Abgewandt von der politischen Realität, entdeckt die Romantik den deutschen »Volksgeist«. Erst nach den Erfahrungen der französischen Julirevolution 1830 wenden sich demokratische Dichter wieder unmittelbar den Problemen der Gegenwart zu.

Tafel 17

Die »Heidelberger Romantik«, ein Kreis von Dichtern um Achim von Arnim, Clemens Brentano, Josef Görres, der um 1806 in Heidelberg wirkt, spiegelt diese Abkehr von der Gegenwart und ihren Problemen besonders deutlich. Im Rückblick auf jene Jahre notiert Achim von Arnim: »Die eigentliche Geschichte war mir damals, unter der trübsinnigen Last, die auf Deutschland ruhte, ein Gegenstand des Abscheus, ich suchte sie bei der Poesie zu vergessen, ich fand in ihr etwas, das sein Wesen nicht von der Jahreszahl borgte, sondern das frei durch alle Zeiten hindurch lebte«. So sammelt man die poetischen Zeugnisse des deutschen »Volksgeistes«, die in den unteren Schichten als Märchen, Lieder und Sagen noch lebendig sind.

An die Stelle des politischen Fortschrittgedankens des Bürgertums tritt die idealisierte Vergangenheit, aus deren Zeugnissen man die Kraft für eine nationale Wiedergeburt schöpfen will: »Was der Reichtum unseres ganzen Volkes, was seine eigene innere lebendige Kraft gebildet, das Gewebe langer Zeit und mächtiger Kräfte, den Glauben und das Wissen des Volkes, was sie begleitet in Lust und Tod, Lieder, Sagen, Kunden, Sprüche, Geschichten, Prophezeiungen und Melodien: wir wollen allen alles wiedergeben ... zu dem allgemeinen Denkmal des größ-

ten neueren Volkes der Deutschen« (A. v. Arnim). In der gleichzeitig entstehenden deutschen Philologie wird die Sprache als
einigendes Merkmal der Nation wissenschaftlich erforscht. Die
Brüder Grimm geben eine historische »Deutsche Grammatik«
heraus und begründen damit die germanische Philologie.

Tafel 18
Aus der Rückwendung zu der gegenüber der trostlosen Gegenwart romantisch verklärten Vergangenheit der »deutschen Nation« empfängt auch die in dieser Zeit entstehende deutsche
Geschichtswissenschaft ihre Impulse. Die Anfänge werden wesentlich gefördert vom Freiherrn vom Stein, der eine Sammlung
und Edition der Geschichtsquellen des deutschen Mittelalters
veranlaßt, die »Monumenta Germaniae Historica«. Nicht nur in
der Geschichtsforschung, sondern auch in Dichtung und Male-
rei wird das Thema aufgegriffen. Das »Heilige Römische Reich
Deutscher Nation«, in dem man deutsche Einheit, Macht und
Größe verkörpert sieht, wird zum Gegenbild zu der Zerrissenheit
des Deutschen Bundes in der Gegenwart. Der Mythos vom
»Schlafenden Kaiser im Kyffhäuser« dokumentiert die Hoffnung
auf ein künftiges Volkskaisertum. Dieses »Altdeutschtum« ver-
mischt sich zugleich unklar mit konservativem und restaurativ-
ständischem Denken. Weite Kreise der Öffentlichkeit werden
von diesen Vorstellungen geprägt: die Vollendung des Kölner
Domes, als »Denkmal deutscher Einheit« 1842 in Angriff genommen, wird von allen Seiten begeistert begrüßt und aktiv
unterstützt *(Kat. Abb. 50).*

Tafel 19
Die Rückwendung zum Mittelalter und die Hoffnung auf eine
Wiederkehr des alten Kaisertums wird von demokratischen
Dichtern verspottet. Vor allem Heine richtet seine Angriffe immer wieder auf diese »Teutschtümelei«. Geistiger Mittelpunkt
der nationaldemokratischen Bewegung ist eine Gruppe radikaler Schriftsteller: Börne, Freiligrath, Hoffmann von Fallersleben
und das »Junge Deutschland« *(Kat. Abb. 51—53).*
Sie alle fordern einen demokratischen Volksstaat, kämpfen gegen Feudalismus und Klerikalismus, gegen Bürokratie und Monarchie, gegen die staatliche Unterdrückung der Presse-, Rede-
und Gedankenfreiheit. Diese Dichter, die nach der französischen Julirevolution 1830 an Einfluß gewinnen, fühlen sich dem
liberalen und demokratischen »Zeitgeist« verpflichtet.

Tafel 20
Die deutschen Dichter auf der Linken gehen über die Propagie-
rung liberaler politischer Forderungen hinaus und wenden sich
der sozialkritischen Dichtung zu. In den Vordergrund tritt die
Anklage gegen soziale Not, gegen Ungerechtigkeit, Hunger und

II/50   Das Kölner Dombaufest am 14. August 1848

II/51/52/53 Heinrich Heine, Georg Herwegh, Ludwig Börne

Der Hessische Landbote.

Erste Botschaft.

Darmstadt, im Juli 1834.

Vorbericht.

Dieses Blatt soll dem hessischen Lande die Wahrheit melden, aber wer die Wahrheit sagt, wird gehenkt, ja sogar der, welcher die Wahrheit liest, wird durch meineidige Richter vielleicht gestraft. Darum haben die, welchen dies Blatt zukommt, folgendes zu beobachten:

1) Sie müssen das Blatt sorg'ltig außerhalb ihres Hauses vor der Polizei verwahren;
2) sie dürfen es nur an treue Freunde mittheilen;
3) denen, welchen sie nicht trauen wie sich selbst, dürfen sie es nur heimlich hinlegen;
4) würde das Blatt dennoch bei Einem gefunden, der es gelesen hat, so muß er gestehen, daß er es eben dem Kreisrath habe bringen wollen;
5) wer das Blatt nicht gelesen hat, wenn man es bei ihm findet, der ist natürlich ohne Schuld.

Friede den Hütten! Krieg den Pallästen!

Im Jahr 1834 siehet es aus, als würde die Bibel Lügen gestraft. Es sieht aus, als hätte Gott die Bauern und Handwerker am 5ten Tage, und die Fürsten und Vornehmen am 6ten gemacht, und als hätte der Herr zu diesen gesagt: Herrschet über alles Gethier, das auf Erden kriecht, und hätte die Bauern und Bürger zum Gewürm gezählt. Das Leben der Vornehmen ist ein langer Sonntag, sie wohnen in schönen Häusern, sie tragen zierliche Kleider, sie haben feiste Gesichter und reden eine eigne Sprache; das Volk aber liegt vor ihnen wie Dünger auf dem Acker. Der Bauer geht hinter dem Pflug, der Vornehme aber geht hinter ihm und dem Pflug und treibt ihn mit den Ochsen am Pflug, er nimmt das Korn und läßt ihm die Stoppeln. Das Leben des Bauern ist ein langer Werktag; Fremde verzehren seine Aecker vor seinen Augen, sein Leib ist eine Schwiele, sein Schweiß ist das Salz auf dem Tische des Vornehmen.

Im Großherzogthum Hessen sind 718,373 Einwohner, die geben an den Staat jährlich an 6,363,364 Gulden, als

1) Direkte Steuern	2,128,131	fl.
2) Indirecte Steuern	2,478,264	„
3) Domänen	1,547,394	„
4) Regalien	46,938	„
5) Geldstrafen	98,511	„
6) Verschiedene Quellen	64,198	„
	6,363,363	fl.

Dies Geld ist der Blutzehnte, der von dem Leib des Volkes genommen wird. An 700,000 Menschen schwitzen, stöhnen und hungern dafür. Im Namen des Staates wird es erpreßt, die Presser berufen sich auf die Regierung und die Regierung sagt, das sey nöthig die Ordnung im Staat zu erhalten. Was ist denn nun das für gewaltiges Ding: der Staat? Wohnt eine Anzahl Menschen in einem Land und es sind Verordnungen oder Gesetze vorhanden, nach denen jeder sich richten muß, so sagt man, sie bilden einen Staat. Der Staat also sind Alle; die Ordner im Staate sind die Gesetze, durch welche das Wohl Aller gesichert wird, und die aus dem Wohl Aller hervorgehen sollen. — Seht nun, was man in dem Großherzogthum aus dem Staat gemacht hat; seht was es heißt: die Ordnung im Staate erhalten!

Elend: »Der materielle Druck, unter welchem ein großer Teil Deutschlands liegt, ist ebenso traurig und schimpflich als der geistige; und es ist in meinen Augen bei weitem nicht so betrübend, daß dieser oder jener Liberale seine Gedanken nicht drucken lassen darf, als daß viele tausend Familien nicht imstande sind, ihre Kartoffeln zu schmälzen« (Georg Büchner). Die Beseitigung der gesellschaftlichen Ungleichheit wird zum praktischen revolutionären Programm im »Hessischen Landboten« *(Kat. Abb. 54, 55)*. Der Angriff agitatorischer Dichtung zielt nicht mehr allein auf die noch halbabsolutistischen Regierungen und das Metternichsche Polizeisystem, sondern bezieht die bürgerliche Gesellschaftsordnung selbst in seine Kritik ein. »Das Verhältnis zwischen Armen und Reichen ist das einzige revolutionäre Element in der Welt«, schreibt Büchner 1835 an Gutzkow.
Die Reaktion treibt auch diese Dichter in die Emigration oder bringt sie in die Gefängnisse. Pastor Weidig – der Mitherausgeber des »Hessischen Landboten« – wird 1837 in endlosen Gerichtsverhören zu Tode gequält.

Kundgebungen der nationalen Bewegung
(Tafel 21−24)

Unterschiedliche politische Bedingungen in den deutschen Staaten verhindern eine einheitliche Organisation der National-bewegung. Zudem sind über die einzelnen Staaten hinausge-hende Vereinsbildungen verboten. Die Anhänger der National-bewegung sind deshalb gezwungen, ihren Willen in Festen und Zusammenkünften primär unpolitischen Charakters zu zeigen.
Starken Auftrieb erhält die nationale Volksbewegung nach der französischen Julirevolution von 1830. Vor allem in Südwest-deutschland finden jetzt zahlreiche Versammlungen statt, auf denen bereits demokratische Forderungen dominieren.

Tafel 21   Höhepunkt ist das Hambacher Fest bei Neustadt an der Haardt im Jahre 1832. Sein Anlaß ist die Feier des Jahrestages der bayerischen Verfassung von 1818, doch wird es zu einer De-monstration für Einheit und Freiheit, wie sie Deutschland bisher noch nicht erlebt hatte. Annähernd 30000 Menschen aus allen Teilen Deutschlands nehmen teil − eine für jene Zeit außeror-dentliche Zahl, wenn man berücksichtigt, daß damals die Ein-wohnerzahl einer Großstadt wie Frankfurt am Main etwa 50000 betrug. Vor allem Vertreter des bürgerlichen Mittelstandes, Handwerker, Studenten und Bauern beteiligen sich an dem Fest, das mit einem großen Zug aller Anwesenden auf die Burgruine Hambach beginnt *(Kat. Abb. 56)*. Dabei werden schwarz-rot-goldene Fahnen mit der programmatischen In-schrift »Deutschlands Wiedergeburt« und die Farben des politi-schen Befreiungskampfes gezeigt.
Die Initiative zu dem Fest geht von den Journalisten Wirth und Siebenpfeiffer aus, zwei der mutigsten Vertreter der liberalen Opposition in Süddeutschland.
In seinem Festaufruf »Der deutsche Mai« schreibt Siebenpfeif-fer, daß nicht Errungenes, sondern ein Fest der Hoffnung gefei-ert werden solle, eine Manifestation des Kampfes »für Abschüt-telung innerer und äußerer Gewalt, für Erstrebung gesetzlicher Freiheit und deutscher Nationalwürde«. Das Fest wird zu einem Ausdruck der Opposition gegen die Politik des Deutschen Bun-des. Folgerichtig solidarisiert sich hier die entschiedene Natio-nalbewegung mit den demokratischen Kräften, die wegen ihrer Opposition gegen die herrschenden politischen Zustände in Deutschland zur Emigration gezwungen worden sind.

Tafel 22   Auf dem Fest werden mehr als 20 Reden gehalten. Gemeinsam

II/56   Das Hambacher Fest 1832

II/57 Sängerfest auf der Luisenburg bei Wunsiedel

Griechenlands Befreyung vom Türkenjoche.

Jetzt oder nie! Des Schicksals Würfel liegen;	Jetzt oder nie — zerbrecht die Sclavenketten	Auf Stambuls Wälle pflanzt das Glaubenszeichen!
Jetzt gilt es, sterben oder siegen;	Setzt alles dran die Freiheit euch zu retten,	Der Halbmond muß dem Kreuze weichen,
Euch ruft das Vaterland.	Des Lebens höchstes Gut.	Dem Griechen der Barbar.
Ergreift die Waffen, Söhne der Hellenen!	Hoch aufgelodert sind der Rache Flammen,	Und wären ihrer auch wie Sand am Meere,
Ein schöner Sieg wird eure Thaten krönen,	Sie schlagen über Mahmeds Thron zusammen,	Euch bleibt der Sieg, Gott ist mit eurem Heere,
Des Nachruhms Unterpfand.	Löscht sie mit Türkenblut.	Drum rasch's, tapfre Schaar!

ist ihnen der Zorn über die Zerstückelung Deutschlands, die
Erbitterung über den Druck der Fürsten und die materielle Not
der unteren Schichten. Wohlfahrt, Freiheit und Einheit sollen
Gestalt gewinnen in einem deutschen Nationalstaat. Hauptredner sind Wirth und Siebenpfeiffer. Wirths Rede endet mit den
Worten: »Hoch, dreimal hoch leben die vereinigten Freistaaten
Deutschlands! Hoch, dreimal hoch das konföderirte republikanische Europa!« Ihre berühmteste Stelle ist der »ewige Fluch« auf
die Könige als die »Verräter an den Völkern und dem gesamten
Menschengeschlechte«. Noch stärker ist die revolutionäre Leidenschaft in der Rede Siebenpfeiffers, der dazu aufruft, »erst
wieder ein Vaterland, eine freimenschliche Heimat zu erstreben«. Der Plan allerdings, eine feste Organisation zu schaffen,
die im Volk die Ideen der Volkssouveränität, der Demokratie und
der Verständigung mit anderen Völkern stärken soll, scheitert,
weil man sich auf kein gemeinsames Programm einigen kann.
Die Antwort der Reaktion auf das Fest ist eine neue Verhaf-
tungswelle, die viele Teilnehmer und die Redner von Hambach
trifft. Der Deutsche Bund verschärft mit der drakonischen »Maß-
regel zur Aufrechterhaltung der gesetzlichen Ruhe und Ordnung
im Deutschen Bund« die Überwachungsmethoden. Die Farben
»Schwarz-Rot-Gold«, Ausdruck der liberalen und demokratischen Opposition, dürfen nicht mehr öffentlich gezeigt werden.

Tafel 23   Das Hambacher Fest ist die bedeutendste, aber nicht die einzige Manifestation für Einheit und Freiheit in diesen Jahren. Auf
zahlreichen Gelehrtenkongressen wird der geistige und kulturelle Zusammenhang Deutschlands betont. »Hier repräsentiert
sich Deutschland in seiner geistigen Einheit«: mit diesen Worten begrüßt Alexander von Humboldt 1828 die Teilnehmer der
Berliner Tagung der 1822 gegründeten »Gesellschaft deutscher
Naturforscher und Ärzte« und drückt damit den politischen Charakter dieser Zusammenkünfte aus.
Zeugnisse der Nationalbewegung sind auch die Sänger- und
Turnerfeste (Kat. Abb. 57). Auf ihnen treffen sich Menschen aus
allen Teilen Deutschlands. Sie wünschen den freiheitlichen Nationalstaat, aber sie artikulieren sich unpolitisch, um keine
Handhabe für Verbote zu liefern. Vor allem auf den Turnerfesten
wird die nationale Tradition der Freiheitskriege aufrechterhalten.

Tafel 24   Allerdings sind schon damals nicht nur freiheitliche Ziele und
natürliches Zusammengehörigkeitsgefühl Antriebskräfte des
Nationalgedankens. Das Nationale wird oft zum Selbstzweck.

Ein emotionaler Nationalismus stilisiert Nationaldenkmäler zu Nationalheiligtümern, wie beispielsweise die 1842 bei Regensburg eröffnete Walhalla, in der die geistigen Heroen als Denkmalsgötzen der pathetischen Selbstdarstellung der Nation dienen.
Ähnlichen Zielen verschreibt sich die Turnerbewegung Jahns in ihrer unkritischen Verherrlichung alles Deutschen. Im Rheinkult übersteigert sich die naive Vaterlandsliebe zum Franzosenhaß. Nicolaus Beckers Rheinlied ist um 1840 und danach populär wie eine Nationalhymne. In all dem zeigt der Nationalismus bereits sein Janusgesicht.

Nationale Vorbilder in Europa (Tafel 25–28)

Die liberale und die nationale Bewegung in Deutschland sind nur Teil einer europäischen Gesamtströmung. Überall kämpfen die Völker um Verfassungen und liberale Reformen. Hand in Hand damit geht der Kampf um nationale Einigung und Unabhängigkeit. Ausländische Vorbilder liefern starke Impulse. Die nationale Erhebung Griechenlands, der italienische Einigungskampf, die französische Julirevolution und der Polenaufstand von 1830 beflügeln die nationale Bewegung in Deutschland.

Tafel 25

Als sich 1821 die Griechen gegen die türkische Herrschaft erheben, unterstützen in Deutschland die Vereine der »Philhellenen« den griechischen Freiheitskampf mit Geldspenden und Freiwilligen (Kat. Abb. 58). Gegen den Widerstand Metternichs, der die »Legitimität« der Herrschaft des Sultans betont, entsendet Bayernkönig Ludwig I. Offiziere nach Griechenland. Aus England schifft sich Lord Byron als berühmtester der Freiwilligen ein. Als 1827 Rußland, Frankreich und England die Unabhängigkeit Griechenlands erfechten, hat die Metternichsche Legitimitätspolitik ihre erste Niederlage im Kampf mit der Nationalbewegung erlitten.
In Spanien und Italien dagegen werden durch Intervention der Großmächte die liberalen Bewegungen niedergeworfen. Der Aufstand der spanischen Liberalen von 1820 zwingt König Ferdinand VII. zwar vorübergehend zur Wiedereinführung der napoleonischen Verfassung. Aber das Eingreifen Frankreichs verhilft der Reaktion erneut zum Sieg. Dem Beispiel Spaniens folgend, erheben sich im gleichen Jahr die italienischen Carbonari und

erzwingen in Neapel eine liberale Verfassung. Die Carbonari (Köhler) sind Mitglieder einer über ganz Italien sich ausbreitenden Geheimgesellschaft, die den ersten Anstoß zur italienischen Einigungsbewegung gibt. Ihren Aufstand in Neapel und Piemont läßt Metternich durch den Einmarsch österreichischer Truppen niederschlagen. Aus der Gruppe der Carbonari geht Giuseppe Mazzini (1805—72) hervor, der erste Programmatiker der italienischen Nationalbewegung. Im Exil gründet er 1831 den republikanischen Geheimbund Giovane Italia (Junges Italien). Eine gleiche Organisation schaffen deutsche Flüchtlinge — meist Handwerksburschen — 1834 unter dem Namen »Junges Deutschland« in der Schweiz. Zusammen mit dem »Jungen Polen« verbrüdern sich diese Emigrantengruppen unter Mazzinis Leitung zum »Jungen Europa«.

Tafel 26 Den stärksten Einfluß auf die politische Situation in Deutschland hat die Pariser Julirevolution von 1830. Der vom Bürgertum erzwungene Sturz des reaktionären Königs wirkt auf Europa wie ein Signal. In Deutschland, Italien, Belgien und Polen kommt es **Tafel 27** zu Aufständen *(Kat. Abb. V)*. Unruhen in Braunschweig, Sachsen, Hannover und Kurhessen erzwingen neue Verfassungen. In Braunschweig geht das Schloß des noch immer absolutistisch regierenden Herzogs in Flammen auf. Die deutschen Liberalen und Demokraten gewinnen Anhang und Unterstützung in der Masse des Volkes.

Tafel 28 Eine weitere Folge der Pariser Julirevolution ist der polnische Aufstand von 1830/31. Die Polen, noch immer aufgeteilt zwischen Rußland, Preußen und Österreich, erstreben die Wiederbegründung eines polnischen Nationalstaates. Sie alarmieren damit die drei betroffenen Großmächte. Während Preußen die Provinz Posen durch Militärbesatzung sichert, wirft der Zar den Aufstand nieder. In Rußland wie auch in Preußen setzt eine scharf antipolnische Politik ein, Tausende von Polen sehen sich zur Emigration gezwungen. Das Scheitern des Aufstandes und die Leiden der Polen nach der Unterwerfung erwecken die Teilnahme aller europäischen Liberalen und Demokraten. Auch durch das liberale Deutschland geht eine Welle der Polenbegeisterung. Die Emigranten werden öffentlich gefeiert und von zahlreichen Polenvereinen unterstützt. Der Bundestag läßt sie aus Furcht vor der erstarkenden Nationalbewegung verbieten. Wie die Heldentaten der Griechen werden auch die Leiden der Polen zum bevorzugten Gegenstand der politischen Publizistik *(Kat. Abb. 59)*.

Sammlung der politischen Kräfte (Tafel 29—32)

1847 haben sich die politischen, wirtschaftlichen und sozialen Verhältnisse in Deutschland weiter verschlechtert. Die politischen Gruppen beginnen, sich über die Grenzen der Einzelstaaten hinweg zu verständigen. Dabei zeigt sich immer deutlicher die Kluft zwischen der Mehrheit der gemäßigten Liberalen, die ihre Hoffnungen immer noch auf Reformen und Vereinbarungen mit den Fürsten setzen, und der Minderheit der radikalen Demokraten, deren Bestrebungen sozialrevolutionäre Züge tragen.

Tafel 29/30 Die Republikaner, konzentriert in Baden, versammeln sich unter der Führung Heckers und Struves am 12. September 1847 in Offenburg. In den »Forderungen des Volkes in Baden« verlangen sie die Wiederherstellung der Presse- und Lehrfreiheit, die Abschaffung aller Privilegien, die Ausgleichung des »Mißverhältnisses zwischen Arbeit und Kapital«. Und sie fordern eine »Vertretung des Volks beim deutschen Bunde« *(Kat. Abb. 60).*

Tafel 31/32 Die gemäßigten Liberalen treffen sich am 10. Oktober 1847 in Heppenheim. Unter ihnen sind überwiegend Abgeordnete der süddeutschen Kammern, aber auch rheinische Liberale wie die Rheinpreußen Hansemann und Mevissen. Organ ihrer Bestrebungen ist die eben gegründete »Deutsche Zeitung« in Heidelberg. Die Teilnehmer verwerfen ausdrücklich jene Einigung Deutschlands auf gewaltsamem Wege. Sie lehnen eine Vertretung des Volkes beim Deutschen Bund ab, da diesem die zentrale Regierungsgewalt fehle. Dagegen entwickeln sie den Plan, den Zollverein schrittweise zu einer Deutschland auch politisch einigenden Institution auszubauen. Zusätzlich beraten sie über die Lage der ärmeren Klassen und die »gerechte Vertheilung der öffentlichen Lasten zur Erleichterung des kleineren Mittelstandes und der Arbeiter« *(Kat. Abb. 61).*

II/59   Flugblatt zum polnischen Freiheitskampf

Die Forderungen des Volkes.

Unsere Versammlung von entschiedenen Freunden der Verfassung hat stattgefunden. Niemand kann derselben beigewohnt haben, ohne auf das Tiefste ergriffen und angeregt worden zu sein. Es war ein Fest männlicher Entschlossenheit, eine Versammlung, welche zu Resultaten führen muß. Jedes Wort, was gesprochen wurde, enthält den Vorsatz und die Aufforderung zu thatkräftigem Handeln. Wir nennen keine Namen und keine Zahlen. Diese thun wenig zur Sache. Genug, die Versammlung, welche den weiten Festsaal füllte, eignete sich einstimmig die in folgenden Worten zusammengefaßten Besprechungen des Tages an:

Die Forderungen des Volkes in Baden:

I. Wiederherstellung unserer verletzten Verfassung.

Art. 1. Wir verlangen, daß sich unsere Staatsregierung lossage von den Karlsbader Beschlüssen vom Jahr 1819, von den Frankfurter Beschlüssen von 1831 und 1832 und von den Wiener Beschlüssen von 1834. Diese Beschlüsse verletzen gleichmäßig unsere unveräußerlichen Menschenrechte wie die deutsche Bundesakte und unsere Landesverfassung.

Art. 2. Wir verlangen Preßfreiheit; das unveräußerliche Recht des menschlichen Geistes, seine Gedanken unverstümmelt mitzutheilen, darf uns nicht länger vorenthalten werden.

Art. 3. Wir verlangen Gewissens- und Lehrfreiheit. Die Beziehungen des Menschen zu seinem Gotte gehören seinem innersten Wesen an, und keine äußere Gewalt darf sich anmaßen, sie nach ihrem Gutdünken zu bestimmen. Jedes Glaubensbekenntniß hat daher Anspruch auf gleiche Berechtigung im Staate.

Keine Gewalt dränge sich mehr zwischen Lehrer und Lernende. Den Unterricht scheide keine Confession.

Art. 4. Wir verlangen Beeidigung des Militärs auf die Verfassung.

Der Bürger, welchem der Staat die Waffen in die Hand gibt, bekräftige gleich den übrigen Bürgern durch einen Eid seine Verfassungstreue.

Art. 5. Wir verlangen persönliche Freiheit.

Die Polizei höre auf, den Bürger zu bevormunden und zu quälen. Das Vereinsrecht, ein frisches Gemeindeleben, das Recht des Volkes sich zu versammeln und zu reden, das Recht des Einzelnen sich zu ernähren, sich zu bewegen und auf dem Boden des deutschen Vaterlandes frei zu verkehren — seien hinfüro ungestört.

II. Entwickelung unserer Verfassung.

Art. 6. Wir verlangen Vertretung des Volks beim deutschen Bunde.

Dem Deutschen werde ein Vaterland und eine Stimme in dessen Angelegenheiten. Gerechtigkeit und Freiheit im Innern, eine feste Stellung dem Auslande gegenüber gebühren uns als Nation.

Art. 7. Wir verlangen eine volksthümliche Wehrverfassung. Der waffengeübte und bewaffnete Bürger kann allein den Staat schützen.

Man gebe dem Volke Waffen und nehme von ihm die unerschwingliche Last, welche die stehenden Heere ihm auferlegen.

Art. 8. Wir verlangen eine gerechte Besteuerung.

Jeder trage zu den Lasten des Staates nach Kräften bei. An die Stelle der bisherigen Besteuerung trete eine progressive Einkommensteuer.

Art. 9. Wir verlangen, daß die Bildung durch Unterricht allen gleich zugänglich werde.

Die Mittel dazu hat die Gesammtheit in gerechter Vertheilung aufzubringen.

Art. 10. Wir verlangen Ausgleichung des Mißverhältnisses zwischen Arbeit und Capital.

Die Gesellschaft ist schuldig die Arbeit zu heben und zu schützen.

Art. 11. Wir verlangen Gesetze, welche freier Bürger würdig sind und deren Anwendung durch Geschwornengerichte.

Der Bürger werde von dem Bürger gerichtet. Die Gerechtigkeitspflege sei Sache des Volkes.

Art. 12. Wir verlangen eine volksthümliche Staatsverwaltung.

Das frische Leben eines Volkes bedarf freier Organe. Nicht aus der Schreibstube lassen sich seine Kräfte regeln und bestimmen. An die Stelle der Vielregierung der Beamten trete die Selbstregierung des Volkes.

Art. 13. Wir verlangen Abschaffung aller Vorrechte.

Jedem sei die Achtung freier Mitbürger einziger Vorzug und Lohn.

Offenburg, 12. September 1847.

1. Von der Bundesversammlung, wie sie ~nwärtig besteht, ist für die Förderung der ~ionalanliegen nichts Ersprießliches zu erwar-
Sie hat ihre in der Bundesakte vorgezeichnete ~gabe, soweit sie die Herstellung landständischer ~assungen, freien Handels und Verkehrs, des ~n Gebrauchs der Presse usw. betrifft, nicht ~st. Dagegen ist die Presse unter Zensurzwang ~ellt, sind die Verhandlungen der Bundesver~mlung in Dunkel gehüllt, aus welchem von ~zu Zeit Beschlüsse zu Tage kommen, die jeder ~n Entwicklung Hindernisse in den Weg legen.

2. Das einzige Band gemeinsamer deutscher ~ressen, der Zollverein, wurde nicht vom Bunde, ~lern außerhalb desselben, durch Verträge ~schen den einzelnen deutschen Staaten ge-~ffen.

3. Hieran knüpft sich die Frage, ob eine ~etung der Nation bei der Bundesversammlung ~erung bewirken kann und daher als Ziel der ~landsfreunde aufzustellen ist. Doch die Aus-~ auf Verwirklichung dieses Gedankens ist ~t vorhanden: der Bund enthält Glieder, die ~zugleich auswärtige Mächte, wie Dänemark ~Niederland, sich mit einer deutschen Politik ~Stärkung deutscher Macht niemals befreun-~werden. Ferner bedingt eine Nationalver-~ng auch eine Nationalregierung, ausgerüstet ~den Befugnissen der obersten Staatsgewalt, ~ei dem völkerrechtlichen Bunde nicht vor-~den ist.

4. Das Ziel der Einigung Deutschlands zu ~ deutschen Politik und gemeinsamen Leitung ~Pflege nationaler Interessen, wird wohl eher ~cht, wenn man die öffentliche Meinung für ~usbildung des Zollvereins zu einem deutschen ~ne gewinnt. Jetzt schon hat der Zollverein ~eitung einer Reihe wichtiger gemeinschaft-~r Interessen in Händen und steht auch in

Vertragsverhältnissen zu auswärtigen Staaten. Durch weitere Ausbildung wird der Zollverein eine unwiderstehliche Anziehungskraft für den Beitritt der übrigen deutschen Länder üben, auch den Anschluß der österreichischen Bundesländer herbeiführen und somit eine wahre deutsche Macht begründen.

5. Unbestritten bleibt, daß die Mitwirkung des Volkes durch gewählte Vertreter hierbei uner-läßlich, und unbezweifelt, daß bei dem Ent-wicklungsgang des Jahrhunderts und Deutsch-lands die Einigung durch Gewaltherrschaft unmöglich, nur durch die Freiheit und mit der-selben zu erringen ist.

6. Anträge, welche in allen deutschen Kammern gleichlautend zu stellen sind:

Einführung der Pressefreiheit
Öffentliches und mündliches Gerichtsverfahren mit Schwurgerichten
Trennung der Verwaltung von der Rechtspflege
Befreiung des Bodens und seiner Bearbeiter von mittelalterlichen Lasten
Selbständigkeit der Gemeinden in der Verwal-tung ihrer Angelegenheiten
Minderung des Aufwands für das stehende Heer und Einführung einer Volkswehr.

7. Aus Abgeordneten verschiedener Länder wird eine Kommission gewählt, die im nächsten Jahr über das Steuerwesen und die Zustände der ärmeren Klassen berichten und Anträge formulieren soll, wobei besonders die gerechte Verteilung der öffentlichen Lasten zur Erleichte-rung des kleinen Mittelstands und der Arbeiter zu berücksichtigen ist.

(Nach dem Bericht der Heidelberger Deutschen Zeitung, Oktober 1847)

Die drei Konzepte zur Lösung der »deutschen Frage«

Kleindeutsche Lösung

Großdeutsche Lösung

Großösterreichisch - mitteleuropäische Lösung

Raum III

Die Revolution von 1848/49

Um die Mitte des 19. Jahrhunderts hat sich in Deutschland eine starke Bewegung liberaler und demokratischer Oppositionsgruppen gebildet. Gemeinsam ist ihnen die Forderung nach der nationalstaatlichen Einigung Deutschlands – eine Forderung, die gegen die herrschenden staatlichen Mächte gerichtet ist und mit dem nationalen Problem zugleich das einer grundlegenden sozialen Veränderung aufwirft. Nationale und soziale Frage sind unmittelbar aufeinander bezogen, und je nach der politischen Ausrichtung der divergierenden Bewegungen ist die Forderung nach nationaler Einheit Resultat oder Voraussetzung der wirtschafts- und sozialreformerischen Bestrebungen. Zwar zeigten sich in der Nationalidee bisweilen bereits pangermanisch-irrationale Züge. Sie traten jedoch gegenüber ihren sozialemanzipatorischen Tendenzen noch weitgehend zurück, ja, die Mehrheit der Opposition distanziert sich ausdrücklich von »dem Dünkel und der Eigensucht der Deutschtümelei« (Varnhagen). Vor 1848 vereint der nationale Gedanke allerdings die unterschiedlichsten Reformvorstellungen; während der Diskussionen, Verhandlungen und Kämpfe der Revolutionsjahre 1848/49 zeigt sich dann, daß diese Vorstellungen in der praktischen Politik kaum noch auf einen Nenner zu bringen sind.

Vor dem Hintergrund einer gesamteuropäischen Wirtschaftskrise seit dem Jahre 1846 verschärfen sich die sozialen und politischen Spannungen um die Jahreswende 1847/48: Volksversammlungen, Bauernrevolten, Petitionen an die Regierenden häufen sich. Die sogenannten Märzforderungen, die zuerst in Südwestdeutschland formuliert werden, zielen vor allem auf Pressefreiheit, Schwurgerichte, konstitutionelle Verfassungen in den Einzelstaaten und Berufung eines deutschen Parlaments. Schließlich führt das Vorbild der Pariser Februarrevolution zu den Märzaufständen in Wien und in Berlin. Die deutschen Fürsten sehen sich zu Konzessionen gezwungen: sie gewähren liberale Verfassungen, berufen liberale Ministerien, versprechen Presse- und Versammlungsfreiheit und ein deutsches Parlament.

Frankfurt wird der wichtigste Schauplatz der Revolution. Hier tagt das unmittelbar aus der revolutionären Bewegung entstandene Vorparlament. Das Bemühen der zahlenmäßig schwachen republikanischen Linken, das Vorparlament zu einer Art permanentem revolutionärem Exekutivausschuß umzuwandeln, scheitert. Es siegt die liberale Mehrheit, die die Wahl eines Nationalparlaments in Übereinstimmung mit den einzelstaatlichen Regierungen anstrebt. Am 18. Mai 1848 wird schließlich die Ende April gewählte Nationalversammlung in der Frankfurter Paulskirche eröffnet. Noch gibt es keine Parteien im modernen Sinn. Erst in den Debatten entwickeln sich parteiähnliche Gruppierungen. Die liberale Mitte ist in der Mehrheit. Eine bemerkenswerte Bereitschaft zum Kompromiß mit den Regierungen der verschiedenen deutschen Staaten kennzeichnet die Politik der Nationalversammlung von Anfang an.

Sie hat eine doppelte Aufgabe: eine nationale Verfassung und eine zentrale Regierungsgewalt zu schaffen. Schon seit Anfang Juni beschäftigt sie sich mit der Frage einer Reichsexekutive und setzt aus eigener Vollmacht eine provisorische Reichsregierung ein. In deren Zusammensetzung spiegelt sich die Problematik des Verhältnisses eines deutschen Einheitsstaates zu den Einzelstaaten, insbesondere den mächtigsten unter ihnen: während die Wahl des österreichischen Erzherzogs Johann zum Reichsverweser den Weg nach Wien offen halten soll, herrscht im neugeschaffenen Reichsministerium der preußische Einfluß vor. Doch gelingt es der Nationalversammlung, die mit dieser Regierungsbildung von der Fiktion eines schon bestehenden Nationalstaates ausgeht, nicht, der Zentralgewalt Macht und Autorität zu verleihen. Insbesondere verfügt sie über keinen eigenen Beamtenapparat und kein Heer; ein Teil der deutschen Monarchen lehnt es ab, ihre Truppen dem Reichsverweser huldigen zu lassen.

Wichtigstes und am leidenschaftlichsten diskutiertes Thema der Parlamentsdebatten von Juni bis September sind die »Grundrechte des deutschen Volkes«, die erst am 27. Dezember 1848 verabschiedet werden. Kostbare Zeit, in der die alten Mächte wieder erstarken, verstreicht über diesen Debatten. Sie zeigen aber die Bedeutung, die der Liberalismus der Sozial- und Rechtsreform innerhalb des zu schaffenden Nationalstaates beimißt. Die Grundrechte sind Ausdruck des Bemühens, die ständisch gestufte Hierarchie der alten Sozialordnung und mit ihr die Privilegien des Adels und die Reste feudaler Verhältnisse zu beseitigen. Sie sollen abgelöst werden durch die gesetzliche Verankerung der Rechts- und Chancengleichheit aller Staatsbürger nach dem Vorbild der amerikanischen und französischen Revolution.

Während die Abgeordneten zur Beratung der Reichsverfassung übergehen, kommt es im Spätsommer des Jahres zu der entscheidenden Krise der Nationalversammlung. An der schleswig-holsteinischen Frage offenbart sich die Ohnmacht der Zentralregierung. Einer nationaldeutschen Erhebung in Schleswig, das von Dänemark annektiert zu werden droht, sind der Deutsche Bund und die Nationalversammlung mit preußischen Truppen zu Hilfe gekommen. Doch Preußen gibt schließlich im Waffenstillstand von Malmö dem russischen und englischen Druck nach. Die Bundestruppen werden zurückgezogen. Nachdem die Nationalversammlung den Waffenstillstand zunächst abgelehnt hat, sieht sie sich schließlich gezwungen, ihn doch zu akzeptieren. Für eine eigene Politik fehlt ihr jede reale Macht. Auf der anderen Seite verstärken die radikaldemokratischen Kräfte ihre Agitation: in Lörrach ruft Struve am 21. September die »deutsche soziale Republik« aus. Diese Erhebung scheitert ebenso wie die Heckers vom April 1848. In Frankfurt wird die Nationalversammlung von einem Aufstand der Gegner des Waffenstillstands und der sich darin ausdrückenden Kompromißpolitik der liberalen Mehrheit unmittelbar bedroht. Sie kann sich nur mit Hilfe österreichischer und preußischer Truppen retten.

Im September 1848 beginnt in der Paulskirche die Arbeit an einer deutschen Verfassung. Auch in ihr schlägt sich die Kompromißbereitschaft der Versammlung nieder: unitarische und föderative, demokratische und monarchische Elemente werden miteinander verbunden. Hauptgegenstand der Beratungen ist die Frage nach der territorialen Abgrenzung des deutschen Nationalstaates. Anfänglich neigt die Mehrheit der Abgeordneten einer großdeutschen Lösung zu, die Deutsch-Österreich einbeziehen und damit staatsrechtlich von den übrigen Gebieten des Habsburgerreiches trennen soll. Diese Lösung wird durch den österreichischen Ministerpräsidenten Fürst Felix Schwarzenberg vereitelt, der nach der Niederschlagung der nichtdeutschen Nationalbewegungen eine zentralistische Verfassung für Gesamtösterreich einführt. Damit ist einem großdeutschen Einheitsstaat der Boden entzogen, und die Versammlung beschließt, dem preußischen König die erbliche Kaiserwürde eines kleindeutschen Nationalstaats anzutragen. Doch Friedrich Wilhelm IV., der einer romantisch-legitimistischen Nationalidee anhängt, lehnt 1849 diesen Beschluß der auf revolutionärem Wege zustande gekommenen Volksvertretung ab und spricht sich gegen die inzwischen von 28 Regierungen anerkannte Reichsverfassung aus. Im Frühjahr 1849 kommt es erneut zu Aufständen mit dem Ziel, die Reichsverfassung durch Druck von unten dennoch durchzusetzen. Diese

Erhebungen werden jedoch blutig niedergeschlagen. Nach dem
Auszug eines großen Teils der Liberalen wird die Nationalversammlung von den republikanischen Linken beherrscht und
schließlich in Stuttgart, wo das Rumpfparlament weitertagt, von
württembergischem Militär auseinandergejagt. Damit ist das
Werk der Paulskirche gescheitert. Nachdem schon 1848 – im
Oktober in Wien, im November in Berlin – die reaktionären
Kräfte erneute Aufstände abgewehrt hatten, werden die Märzer-
rungenschaften in allen deutschen Staaten mit Hilfe des wieder-
eingesetzten Deutschen Bundes rückgängig gemacht. Auch die
Grundrechte werden 1851 fast überall wieder beseitigt.
Die deutsche Revolution von 1848/49, der Versuch, einen den
politischen und sozialen Forderungen der Zeit entsprechenden
nationalen Verfassungsstaat auf freiheitlichem und demokrati-
schem Wege von unten her durchzusetzen, scheitert in ihrer
Endphase insbesondere an dem Problem der deutschen Einheit. Die nationale Frage wird zu einer reinen Machtfrage zwischen dem wiedererstarkten Preußen und Österreich. Während
mit der beginnenden Reaktion der Weg für soziale Reformen
vorläufig abgeschnitten ist – erst die »Neue Ära« in Preußen
eröffnet für sie wieder eine Chance –, bleibt die Frage eines
einheitlichen deutschen Nationalstaates weiterhin im Mittelpunkt des preußisch-österreichischen Dualismus, der die Politik
der folgenden Jahrzehnte bestimmt. Im Zuge einer um sich
greifenden Skepsis gegenüber den Idealen der vorausgegange-
nen Jahre kommt es zu einer »realpolitischen« Orientierung an
praktikablen Lösungen innerhalb der bestehenden Verhältnisse. So schreibt einer der einstigen Anhänger der Revolution im
Jahre 1852: »Neben dieser Einheitsfrage betrachte ich das
Mehr oder Weniger von Despotismus oder Konstitutionalismus,
Junker- oder Demokratentum in den einzelnen deutschen Ländern als sehr gleichgültig« (D. F. Strauß). Der nationale Gedanke beginnt sich von den sozialreformerischen Bestrebungen zu
lösen.

Die Märzrevolution von 1848 (Tafel 1 – 16)

1847/48 verschärfen sich, vor dem Hintergrund einer gesamteuropäischen Wirtschaftskrise, die sozialen und politischen Spannungen und führen in allen europäischen Ländern, mit Ausnahme Rußlands und Englands, zu Erhebungen gegen die bestehende Ordnung: in Frankreich gegen die einseitige Interessen-
herrschaft des Großbürgertums, in Italien und Deutschland gegen die staatliche Zersplitterung, gegen die Überreste der alten
Feudalordnung und die absolutistische Staatsverfassung; in
den osteuropäischen Gebieten gegen Fremdherrschaft und soziale Ungerechtigkeit. Die Erhebung in Deutschland wird vorangetrieben von einer starken nationalen Bewegung, in der die
Forderungen nach nationaler Einheit und politischen und sozialen Reformen zusammentreffen und ihren Ausdruck finden in
dem von allen Schichten des Volkes getragenen Wunsch nach
einem deutschen Parlament und einer Verfassung. In der ersten
Phase der Revolution gelingt es den revolutionären Kräften, die
Regierungen zu Konzessionen zu bewegen – ein Erfolg, der im
weiteren Verlauf der Entwicklung durch die Gegenrevolution
weitgehend zunichte gemacht wird.

Tafel 1 – 3   Der Aufstand in Paris gibt das Signal für die Revolution und den
Umsturz der alten politischen Ordnung in Europa.

Tafel 6   Die Wirtschaftskrise von 1846/47 hat Frankreich eine Hungersnot gebracht. Das neue städtische Proletariat und die Landbevölkerung radikalisieren sich. Vertreter des Kleinbürgertums
und Arbeiter fordern – geführt von Louis Blanc – staatliche
Arbeitssicherung in Nationalwerkstätten. Politische Reformversuche des demokratischen Bürgertums scheitern. So kommt es
schließlich zur Februarrevolution. Arbeiter, Bürger und National-
garde kämpfen gemeinsam, erzwingen die Abdankung des
»Bürgerkönigs« Louis Philippe, der Palais Royal wird gestürmt
und die Republik ausgerufen (Kat. Abb. 62). Der wachsende
Widerspruch zwischen der bürgerlichen Mehrheit und den radikalen Sozialisten über die Ziele der Revolution endet im Bündnis von Bürgertum und Militär: der Juniaufstand der Arbeiter
wird blutig niedergeschlagen.

Tafel 7   Alle Phasen der französischen Revolution haben in Deutschland tiefgreifende Auswirkungen. Auch hier führt die Wirtschaftskrise des Jahres 1846, verstärkt durch eine Mißernte, zu
Teuerung und Lohnverfall. Das Jahr 1848 beginnt mit Hunger-
unruhen (Kat. Abb. 66) und einer Bauernerhebung in Süd- und

III/62   Sturm auf das Palais Royal am 24. Februar 1848

III/63   Zerstörung der Mariahilfer Linie in Wien am 13. März 1848

III/64   Angriff der Kavallerie auf das Volk vor dem Schloß in Berlin am 18. März 1848

III/65   Sturm auf das Berliner Zeughaus am 14. Juni 1848

III/66 Hungerkrawall in Stettin, 1847

III/67 Der Brand des Schlosses Waldenburg am 5. April 1848

Beschlüsse
des
Arbeiter-Kongresses.

Erster Theil.
Statut für die Organisation der Arbeiter.
I. Die Lokal-Komites für Arbeiter.

§. 1. Es bilden die verschiedenen Gewerke und Arbeitergemeinschaften im weitesten Sinne des Worts Vereinigungen und wählen, je nach dem Verhältniß ihrer Zahl, Vertreter zu einem Lokal-Komite für Arbeiter. Für Gewerke, welche vereinzelt dastehen, dürfte der Kreis Vereinigungen bieten.

§. 2. Diejenigen Arbeiter, welche noch keine Gemeinschaften bilden, haben sich ebenfalls zu vereinigen und Vertreter zu wählen, z. B. die Eisenbahnarbeiter ꝛc.

§. 3. Das Lokal-Komite hat die Verpflichtung, a) regelmäßige Versammlungen der Arbeiter zu veranlassen; b) die Bedürfnisse und Uebelstände der Arbeiter in ihren Orten oder Kreisen genau zu erforschen und auf Abhülfe derselben hinzuwirken; c) aus sich einen Ausschuß zu wählen, der die Geschäfte leitet, bestehend aus 1 Vorsitzenden, 1 Beisitzer, 2 Schreibern, 1 Kassirer und 2 Kassenaufsehern.

§. 4. Die Lokal-Komites verschiedener Orte stehen mit einander in Verbindung und zwar a) indem sie sich in kleinere oder größere Bezirke ordnen und für alle ein Bezirks-Komite bilden; b) durch briefliche Mittheilungen, welche sie an das Bezirks-Komite zur Beförderung an die einzelnen Lokal-Komites und an das Central-Komite machen; c) durch Absendung von Abgeordneten zu den Bezirksversammlungen und der vom Central-Komite ausgeschriebenen Generalversammlung für ganz Deutschland.

II. Die Bezirks-Komites

§. 5 haben vorläufig ihren Sitz in folgenden Städten: Danzig, Königsberg, Stettin, Cöln, Bielefeld, Frankfurt, Hamburg, Stutt-

Mitteldeutschland. Wie in den Tagen des großen Bauernkrieges ziehen rebellierende Bauern gegen die Schlösser und verlangen von den Feudalherren Aufhebung der noch bestehenden Verpflichtungen *(Kat. Abb. 67).* Ganze Dörfer verweigern Steuern und Abgaben.

Tafel 8   Während im Frühjahr 1848 in den Städten und Gemeinden Süddeutschlands Volksversammlungen stattfinden und in Flugblättern und Petitionen die Forderungen an die Regierungen vorgebracht werden *(Kat. Abb. 70),* spielen sich die entscheidenden Ereignisse zunächst in Wien und Berlin ab, wo es zum bewaffneten Aufstand kommt. Die wirtschaftliche Not der Arbeiter und Bauern, verschärfte Unterdrückung der Presse- und Meinungsfreiheit und der von den Massen begeistert begrüßte Ausbruch der Revolution in Paris fördern die soziale Erhebung in Österreich. Während um die gleiche Zeit die Tschechen, Ungarn und Italiener rebellieren, kommt es am 13. März in Wien zur Errichtung von Barrikaden und zum Kampf zwischen dem Militär und Arbeitern und Studenten *(Kat. Abb. 63).* Der leitende Minister, Staatskanzler Fürst Metternich, wird gestürzt und flieht nach England. Die kaiserliche Regierung muß die Bewaffnung der Bürgergarde zulassen und eine Konstitution versprechen, die im April erlassen wird.

Tafel 9–11   Im Zusammenhang mit der Wirtschaftskrise, die in Deutschland zunächst die Textilindustrie, dann die eisenverarbeitenden Betriebe erfaßt, geht in Berlin der Maschinenbau um 42% zurück. Das Unternehmen Borsig beschäftigt 1200 Arbeiter; Anfang 1848 muß es 400 Arbeiter entlassen. Zusammen mit der allgemeinen Arbeitslosigkeit verschärft das die Spannung in Berlin. Anfang März werden die politischen Zusammenkünfte »In den Zelten«, einer großen Versammlungsstätte im Tiergarten, immer häufiger. Am 13. März nehmen zahlreiche Arbeiter an der Versammlung teil und beschließen eine Petition, die vom König Maßnahmen gegen die Arbeitslosigkeit fordert. Schließlich schlägt eine Demonstration für Bürgerwehr, Pressefreiheit und ein preußisches Parlament am 18. März in den offenen Aufstand um. Barrikaden werden errichtet und von Bürgern, Arbeitern und Studenten verteidigt *(Kat. Abb. IX und 64).* Der König befiehlt schließlich den Abzug der Truppen. Die Revolution hat vorerst gesiegt.

Tafel 12   Mit den Worten »Preußen geht fortan in Deutschland auf« kommt der König am 21. März der Forderung nach nationaler Einheit entgegen. Ein liberales Ministerium wird eingesetzt, eine

Tafel 13—15

preußische Nationalversammlung tritt im Mai zusammen. Preußen soll konstitutionelle Monarchie werden. Damit aber sind die zugleich auf einschneidende soziale Veränderungen drängenden unteren Schichten nicht zufrieden. Arbeiter und Gesellen, die die Koalitionsfreiheit errungen haben, organisieren sich in gewerkschaftlichen und parteiähnlichen Vereinen zum erstenmal als eigene gesellschaftliche Klasse. Sie schaffen sich eigene Zeitungen und formulieren ihre wirtschaftlichen, sozialen und politischen Ziele *(Kat. Abb. 68).* Während der 48er Revolution werden die sozialen Gegensätze der verschiedenen Gruppen immer deutlicher. Die Einheit der Kämpfer der Märztage zerfällt. Das Bürgertum hindert die radikalen Kräfte daran, die Revolution voranzutreiben. Deren erster Elan ist bald gebrochen. Vergeblich versuchen die Arbeiter, sich wieder zu bewaffnen: der Zeughaussturm vom 14. Juni scheitert *(Kat. Abb. 65).* Nach den Kämpfen von Wien und Berlin liegt die Entscheidung nun in der Frankfurter Paulskirche.

Die Entstehung der Nationalversammlung (Tafel 17—26)

Politische Versammlungen, Barrikadenkämpfe und Bauernunruhen bestimmten bisher den Gang der revolutionären Ereignisse. Die von allen angestrebte Nationalversammlung soll nun eine gesamtdeutsche Regierung einsetzen, eine Zentralverwaltung errichten und eine gesamtdeutsche Verfassung ausarbeiten.

Tafel 18

Am 5. März 1848 versammeln sich in Heidelberg führende Liberale und Demokraten Süd- und Westdeutschlands und erklären die Einberufung einer Nationalversammlung für unaufschiebbar. Zwar wenden sie sich mit ihrem Appell an die bestehenden Regierungen, ernennen aber dann selbst einen Siebenerausschuß zur Vorbereitung und Wahl der Nationalversammlung. Damit ist ein erstes revolutionäres Organ geschaffen. Der Siebenerausschuß lädt alle »früheren oder gegenwärtigen Ständemitglieder und Teilnehmer an Gesetzgebenden Versammlungen in allen deutschen Landen« und darüber hinaus eine Anzahl weiterer Persönlichkeiten des öffentlichen Lebens zu einem »Vorparlament« nach Frankfurt. Am 30. März ziehen über 500 Männer in die Paulskirche ein *(Kat. Abb. 69).* In dieser revolutionären Versammlung sind die einzelnen deut-

III/69 Einzug des Vorparlaments in die Paulskirche am 30. März 1848

Forderungen
des deutschen Volkes.

Allgemeine Volksbewaffnung mit freier Wahl der Offiziere.

Ein deutsches Parlament, frei gewählt durch das Volk. Jeder deutsche Mann, sobald er das 21ste Jahr erreicht hat, ist wahlfähig als Urwähler und wählbar zum Wahlmann. Auf je 1000 Seelen wird ein Wahlmann ernannt, auf je 100,000 Seelen ein Abgeordneter zum Parlament. Jeder Deutsche, ohne Rücksicht auf Rang, Stand, Vermögen und Religion kann Mitglied dieses Parlaments werden, sobald er das 25ste Lebensjahr zurückgelegt hat. Das Parlament wird seinen Sitz in Frankfurt haben und seine Geschäfts-Ordnung selbst entwerfen.

Unbedingte Preßfreiheit.

Vollständige Religions-, Gewissens- und Lehrfreiheit.

Volksthümliche Rechtspflege mit Schwurgerichten.

Allgemeines deutsches Staatsbürger-Recht.

Gerechte Besteuerung nach dem Einkommen.

Wohlstand, Bildung und Unterricht für Alle.

Schutz und Gewährleistung der Arbeit.

Ausgleichung des Mißverhältnisses von Kapital und Arbeit.

Volksthümliche und billige Staats-Verwaltung.

Verantwortlichkeit aller Minister und Staatsbeamten.

Abschaffung aller Vorrechte.

III/71   Demokraten-Versammlung in Berlin, 1848

III/72 Wahlversammlung des Berliner Politischen Clubs am 20. April 1848

III/73 Gedenkmünze zur Eröffnung der
Nationalversammlung

III/74 Bayerische Wahlmännerliste 184

schen Staaten unterschiedlich stark vertreten. Ein festes Programm besitzt nur die Minderheit der demokratischen Linken unter der Führung Gustav von Struves. Sie fordert die Errichtung einer föderativen Republik und die sofortige Übernahme der revolutionären Vollzugsgewalt durch das Vorparlament. Von solchen Forderungen ist die Mehrheit weit entfernt: sie will die politische Neuordnung durch eine Vereinbarung mit den Fürsten erreichen. Mit dieser Haltung, die später auch von der Mehrheit der Nationalversammlung vertreten wird, ist die revolutionäre Position im Grunde bereits preisgegeben, an ihre Stelle der Kompromiß mit den alten Gewalten getreten. Als die »Radikalen« dies erkennen, verlassen unter der Führung Heckers 40 Mitglieder die Versammlung.

Hecker beginnt mit Freiwilligenscharen in Baden den Aufstand zur Verwirklichung der sozialen Republik. Er wird von einer Gruppe deutscher Emigranten aus der Schweiz und Frankreich unterstützt, überschätzt aber die Werbekraft der republikanischen Idee. Nach wenigen Tagen unterliegt er den regulären badischen und hessischen Truppen. Hecker flieht in die Schweiz und emigriert später in die USA.

Tafel 19 Das Vorparlament hat Grundsätze zur Wahl und zur künftigen deutschen Verfassung beraten und einen Fünfzigerausschuß für die Wahlvorbereitung eingesetzt. Dieser revolutionäre Ausschuß arbeitet mit dem alten Bundestag und den Regierungen der Einzelstaaten zusammen, die sich beeilen, die Wahl zu legitimieren und Wahlgesetze zu erlassen. Alle »Selbständigen« sollen das Wahlrecht besitzen, was die Einzelstaaten sehr unterschiedlich interpretieren. Teilweise werden Arbeiter und Dienstboten von der Wahl ausgeschlossen. Eine direkte Wahl gestatten nur sechs Staaten, während in allen anderen indirekt über Wahlmänner gewählt wird *(Kat. Abb. 74)*. Vergeblich fordern in Berlin die Mitglieder des Politischen Clubs auf einer Wahlversammlung »In den Zelten« für Preußen das direkte Wahlrecht *(Kat. Abb. 72)*. Politische Parteien existieren noch nicht. Die örtlichen Kandidaten werden von den überall entstehenden politischen Klubs oder von schnell organisierten Wahlkomitees aufgestellt. Gewählt werden fast überall bürgerliche Liberale.

Tafel 20–22 Am 18. Mai tritt die Nationalversammlung in der Paulskirche zusammen *(Kat. Abb. 73, 75)*. Der Enthusiasmus und die Erwartungen sind groß. In der ersten Ansprache nach seiner Wahl zum Präsidenten der Nationalversammlung beruft sich Heinrich

v. Gagern auf die »Souveränität der Nation« und ihr Recht, sich eine neue Verfassung zu geben. Gleichzeitig betont er aber die Notwendigkeit der Mitwirkung der Regierungen.

Tafel 23   Einschließlich der Stellvertreter werden in die Paulskirche 831 Abgeordnete gewählt, von denen zu Beginn 330, später durchschnittlich 400−500 anwesend sind. Die Nationalversammlung spiegelt nicht die soziale Zusammensetzung der Nation. Das gehobene Bildungsbürgertum überwiegt. Beamte und Akademiker – darunter vor allem Juristen – bestimmen das Bild; Handel, Gewerbe und Großgrundbesitz entstammen nur 13% der Abgeordneten. Ohne direkte Vertretung in der Nationalversammlung bleiben Bauern und Arbeiter.

Tafel 24   Unter den Abgeordneten sind hervorragende Persönlichkeiten, aber es fehlt der Honoratiorenversammlung an politisch-parlamentarischer Erfahrung. Der Prozeß der politischen Gruppenbildung steht erst am Anfang, es gibt zunächst weder innerhalb noch außerhalb des Parlaments fest umrissene Fraktionen und Parteien. Die Folge sind Hunderte von Petitionen, Anträgen und Wortmeldungen zu den einzelnen Verhandlungspunkten, die den zügigen Fortgang der Beratungen blockieren.

Tafel 25/26   Obgleich sich bald parteiähnliche Gruppierungen im Parlament abzeichnen, bleiben während der gesamten Verhandlungsdauer der Nationalversammlung die Grenzen zwischen ihnen fließend. Die meisten Abgeordneten gehören politischen Klubs an, die sich regelmäßig in Frankfurter Gasthäusern treffen und sich nach diesen benennen. Die Klubs wählen Vorstände, legen Mitgliederlisten an und beschließen Programme. Sie übernehmen bald die Vorberatungen für das Plenum und werden von manchen schon »Parteien« genannt.

Am schnellsten organisiert sich die in der Minderheit befindliche demokratische Linke, die in den demokratischen Volksvereinen auch außerhalb des Parlaments eine feste organisatorische Basis besitzt (Kat. Abb. 71, 77). Unter der Führung Robert Blums sammelt sie sich im »Deutschen Hof«, schon bald aber spalten sich die entschiedenen Republikaner als Fraktion »Donnersberg« ab und bilden damit die äußerste Linke im Parlament. Ungeachtet der politischen Gegensätze schließt sich der größte Teil der Linken im Februar 1849, als sich die kleindeutsch-preußische Lösung abzeichnet, in der nationalen Frage mit dem »Pariser Hof« der Rechten zur großdeutschen Koalition zusammen. Die Rechte der Paulskirche ist eine liberal-konservative Gruppe, die sich – zuerst katholisch und österreichisch orientiert

III/75 Einführung des Erzherzogs Johann von Österreich, Reichsverweser
von Deutschland, in der verfassunggebenden Versammlung am
12. Juli 1848 in der Paulskirche

III/76 Die Casino-Partei in der Frankfurter Nationalversammlung

MITGLIEDER DER LINKEN DES ERSTEN DEUTSCHEN REICHSTAGS IN FRANKFURT A.M.

III/77 Die Linke in der Nationalversammlung

– im »Steinernen Haus«, dann unter der Leitung des preußischen
Freiherrn von Vincke im »Café Milani« organisiert. Im Gegensatz
zur Linken will diese Gruppe die Aufgabe der Nationalversamm-
lung auf die Ausarbeitung der Verfassung beschränken und die
Konstitution auf eine Vereinbarung mit den Fürsten stützen.
Der größte Teil der Abgeordneten rechnet sich der liberalen Mitte
zu, die ihrerseits in zwei Flügel zerfällt: den »Württemberger
Hof« (linkes Zentrum) und die »Casinopartei« (rechtes Zentrum)
(Kat. Abb. 76). Der »Württemberger Hof« lehnt wie die Linke die
Vereinbarung mit den Fürsten ab. Die zahlenmäßig und intellek-
tuell stärkste Gruppe ist die »Casinopartei«, die weitgehend das
Geschehen im Parlament bestimmt und mit Heinrich von Gagern
auch den Präsidenten stellt. Zum »Casino« gehören viele der
Professoren, wie die Historiker Dahlmann, Droysen, Waitz und
Giesebrecht. Die meisten Mitglieder der Fraktion erstreben eine
konstitutionelle Monarchie mit beschränktem Wahlrecht und
treten später für die kleindeutsche Lösung ein. Sie fürchten die
Anarchie mehr als die wiedererstarkende Macht der Fürsten.

Bildung der provisorischen Zentralgewalt: der Reichsverweser (Tafel 28–32)

Die Reichsverweserwahl, erster demonstrativer Höhepunkt der
Nationalversammlung, entsteht aus einem Kompromiß zwischen
den Vorstellungen der verschiedenen Fraktionen über eine provisorische Zentralgewalt. Die Linke will einen einzigen Mann als
Träger der Exekutive, die Rechte ein Kollegium, die Linke einen
Abgeordneten, der durch die Nationalversammlung selbst gewählt und ihr verantwortlich sein soll, die Rechte die Ernennung
durch die Fürsten ohne Verpflichtung zur parlamentarischen
Verantwortung.

Tafel 29   Um die Versammlung trotz ihrer Gegensätze zu einer Entscheidung zu zwingen, macht ihr Präsident Heinrich von Gagern einen
»kühnen Griff«: er schlägt der Nationalversammlung die Wahl
eines Reichsverwesers vor. Gewählt wird Erzherzog Johann,
»nicht weil, sondern obgleich er ein Fürst ist«. Er ist der Nationalversammlung nicht verantwortlich und wird nach seiner Wahl von
den Fürsten der Einzelstaaten anerkannt. Er ist damit »legitimer«
Nachfolger der Bundesversammlung, die ihre Kompetenzen auf
den Reichsverweser überträgt.
Dieser Kompromiß mit den alten Mächten schafft für die National-

versammlung zusätzliche Probleme. An der Spitze steht jetzt ein Mitglied des österreichischen Herrscherhauses. Damit wird die Entscheidung über die Zugehörigkeit des österreichischen Vielvölkerstaates zum künftigen deutschen Nationalstaat noch schwieriger.

Zunächst richten sich jedoch große Erwartungen auf den Reichsverweser *(Kat. Abb. 78)*. In einem Aufruf »An das deutsche Volk« verspricht er »nach Jahren des Drucks ... die Freiheit voll und unverkürzt« und die Vollendung des Verfassungswerks für Deutschland *(Kat. Abb. 79)*. Demokratische Vereine appellieren an den Reichsverweser, die Volkssouveränität zu achten und für die Verantwortlichkeit eines künftigen Reichsoberhaupts einzutreten. Bald jedoch enthüllt sich

Tafel 30–32   die Schwäche der Zentralgewalt. Nach der Berufung des Reichsministeriums unter Leiningen, einem hohen Aristokraten und Verwandten des englischen Königshauses, zeigt sich, daß die Handlungsfähigkeit der Zentralgewalt durch organisatorische Mängel und Kompetenzstreitigkeiten mit den deutschen Einzelstaaten stark begrenzt ist. Ohne Armee, Polizei und Beamte ist sie bei der Durchführung ihrer Beschlüsse von der Mitarbeit der politischen Machtträger in den Einzelstaaten abhängig, mit deren Bevollmächtigten sie in Frankfurt verhandelt. Bei diesen Verhandlungen ist die völkerrechtliche Vertretung kontrovers. Die Einzelstaaten weigern sich zum Teil, ihre Truppenkontingente einem zentralen Oberbefehl zu unterstellen.

Am 6. August ergeht an die Truppen aller Staaten ein Appell, dem Reichsverweser zu huldigen. Preußen und Österreich folgen nur mit Vorbehalten.

Die Grundrechte des deutschen Volkes (Tafel 34–38)

Tafel 34   Die Ausarbeitung eines verbindlichen Katalogs von Menschen- und Bürgerrechten nach dem Vorbild der amerikanischen und der Französischen Revolution ist für die verfassunggebende Versammlung in der Paulskirche das erste Ziel ihrer Bemühungen. Am 3. Juli 1848, nach der Konstituierung der provisorischen Zentralgewalt, beschließt die Nationalversammlung, »mit der Feststellung der allgemeinen Rechte, welche die Gesamtverfassung dem deutschen Volke gewähren sollte, den Anfang zu machen ... Das Verfassungswerk, welches jetzt unternom-

III/78 Einzug des Reichsverwesers Erzherzog Johann in Frankfurt am Main am 11. Juli 1848

An das deutsche Volk.

Deutsche! Eure in Frankfurt versammelten Vertreter haben mich zum deutschen Reichsverweser erwählt.

Unter dem Zurufe des Vertrauens, unter den Grüßen voll Herzlichkeit, die mich überall empfingen, und die mich rührten, übernahm ich die Leitung der provisorischen Centralgewalt für unser Vaterland.

Deutsche! nach Jahren des Druckes wird Euch die Freiheit voll und unverkürzt. Ihr verdient sie, denn Ihr habt sie muthig und beharrlich erstrebt. Sie wird Euch nimmer entzogen, denn Ihr werdet wissen sie zu wahren.

Eure Vertreter werden das Verfassungswerk für Deutschland vollenden. Erwartet es mit Vertrauen. Der Bau will mit Ernst, mit Besonnenheit, mit ächter Vaterlandsliebe geführt werden. Dann aber wird er dauern, fest wie Eure Berge.

Deutsche! Unser Vaterland hat ernste Prüfungen zu bestehen. Sie werden überwunden werden. Eure Straßen, Eure Ströme werden sich wieder beleben, Euer Fleiß wird Arbeit finden, Euer Wohlstand wird sich heben, wenn Ihr vertrauet Euren Vertretern, wenn Ihr mir vertraut, den Ihr gewählt, um mit Euch Deutschland einig, frei und mächtig zu machen.

Aber vergeßt nicht, daß die Freiheit nur unter dem Schirme der Ordnung und Gesetzlichkeit wurzelt. Wirkt mit mir dahin, daß diese zurückkehren, wo sie gestört wurden. Dem verbrecherischen Treiben und der Zügellosigkeit werde ich mit dem vollen Gewichte der Gesetze entgegentreten. Der deutsche Bürger muß geschützt seyn gegen jede strafbare That.

Deutsche! Laßt mich hoffen, daß sich Deutschland eines ungestörten Friedens erfreuen werde. Ihn zu erhalten ist meine heiligste Pflicht.

Sollte aber die deutsche Ehre, das deutsche Recht gefährdet werden, dann wird das tapfere deutsche Heer für das Vaterland zu kämpfen und zu siegen wissen.

Frankfurt am Main, den 15. Juli 1848.

Der Reichsverweser

Erzherzog Johann.

Die Reichsminister

Schmerling. Peucker. Heckscher.

Druck von Benjamin Krebs

men ist, soll ja die Einheit und Freiheit Deutschlands, das Wohl des Volkes auf Dauer begründen«.

Das liberale Bürgertum debattiert monatelang über die Inhalte der endlich errungenen Freiheiten. Es geht um eine neue soziale Ordnung und um die Bildung eines deutschen Nationalstaates mit demokratischer Verfassung.

Ganz Deutschland verfolgt die Debatten in der Paulskirche mit großer Aufmerksamkeit. Viele Deutsche versuchen mit Flugschriften, Petitionen und Änderungsvorschlägen Einfluß auf die Formulierung der fundamentalen Rechte der Bürger zu nehmen.

Tafel 35/36   Der Beschluß der Nationalversammlung, mit der Diskussion der Grundrechte zu beginnen und die übrigen Verfassungsprobleme zurückzustellen, ist die unmittelbare Folge der Erfahrungen der Abgeordneten mit dem vormärzlichen Polizeisystem. Sie haben vor allem den Willen, die Rechte des einzelnen dem Staat gegenüber zu sichern: »Wir wollen jetzt aus dem herauskommen, was uns der Polizeistaat der letzten Jahrhunderte gebracht hat. Wir wollen den Rechtsstaat auch für Deutschland begründen ... Es soll die Bevormundung entfernt werden, die von oben her auf Deutschland lastet«.

Tafel 37   Die Grundrechte *(Kat. Abb. X)* garantieren den bürgerlichen Rechtsstaat. Zum erstenmal in der deutschen Geschichte wird zugleich ein einheitliches »Reichsbürgerrecht« (§ 2) geschaffen. Ständische Vorrechte sollen durch die allgemeine Gleichheit vor dem Gesetz abgelöst werden: »Der Adel als Stand ist aufgehoben ... Die Deutschen sind vor dem Gesetze gleich« (§ 7).

Rechtsgleichheit, einheitliches Staatsbürgerrecht und Gleichheit der Bürger vor dem Gesetz bilden das Kernstück der Grundrechte. Vor allem geht es der Paulskirchenversammlung darum, die Rechte des Individuums gegenüber dem Staat zu garantieren: »Die Freiheit der Person ist unverletzlich« (§ 8). Jeder Staatsbürger erhält die Meinungs- und Glaubensfreiheit: »Jeder Deutsche hat das Recht, durch Wort, Schrift, Druck und Bild seine Meinung frei zu äußern« (§ 13). Die Vereins- und Versammlungsfreiheit wird gesichert (§§ 29, 30), besonders die Freiheit der Wissenschaft und der Lehre (§§ 22, 23). Die Unabhängigkeit der Kirche vom Staat wird in den Debatten leidenschaftlich diskutiert. Schließlich sichern die Grundrechte die freie Verfügungsgewalt des Bürgers über sein Eigentum: »Das Eigentum ist unverletzlich« (§ 32). Alle noch bestehenden Adelsprivilegien werden beseitigt. Einerseits werden alle noch

auf Grund und Boden lastenden Abgaben und Leistungen für
ablösbar erklärt, andererseits erhalten die besitzlosen Abhängigen freie Verfügungsgewalt über ihre Arbeitskraft: »Jeder Un-
tertänigkeits- und Hörigkeitsverband hört für immer auf« (§ 34).
Die Grundrechte zielen auf die freie, durch die Sicherung des
Eigentums gewährleistete Entfaltung des Individuums, also auf
die Freisetzung aller Kräfte des einzelnen unter allgemein verbindlichen gesetzlichen Regeln. Dagegen werden alle über die
rechtliche Sicherung des Individuums hinausgehenden sozialreformerischen Maßnahmen von der Mehrheit der Abgeordneten nicht gebilligt. Obwohl die »soziale Frage« durch das Elend
breiter Volksschichten schon ins allgemeine Bewußtsein ge-
drungen ist, findet sich in den Grundrechten nichts über eine
soziale Verpflichtung des Eigentums und über einen Anspruch
auf soziale Sicherheit. Hier setzt die Kritik der Arbeiter- und
Gesellenvereine und der entschiedenen Demokraten an. Die
sozialen Interessengegensätze, die das Werk der Paulskirche
schließlich so sehr belasten sollten, zeichnen sich bereits ab.

Die Krise der Nationalversammlung und die zweite Welle der Revolution (Tafel 40–51)

Tafel 40–42   Der Waffenstillstand von Malmö

Noch während der Diskussion über die Grundrechte kommt es zu einer für das Schicksal der Nationalversammlung entscheidenden Krise. Die Herzogtümer Schleswig und Holstein haben sich der deutschen Revolution angeschlossen und sich gegen ihren Herrscher, den dänischen König, erhoben, weil er das im Unterschied zu Holstein nicht zum Deutschen Bund gehörende Schleswig dem dänischen Nationalstaat einverleiben wollte. Die revolutionäre provisorische Regierung der Herzogtümer ersucht den Bundestag um militärische Hilfe, die sie unter preußischem

Tafel 41   Oberkommando erhält. Die deutsche Nationalbewegung nimmt sich des Kampfes der Schleswig-Holsteiner mit einem Enthusiasmus ohnegleichen an. Er wird zu einem Kristallisationspunkt der deutschen Einheitsbestrebungen und zur Prestigefrage für die Nationalversammlung. Die Bundestruppen kämpfen unter preußischem Kommando erfolgreich. Trotzdem zwingt ausländischer Druck, vor allem von England und Rußland, Preußen zur Annahme des Waffenstillstandsvertrages von Malmö, dessen Bestimmungen weitgehend zu Lasten der Schleswig-Holsteiner gehen. Die Frankfurter provisorische Zentralgewalt, Rechtsnachfolgerin des Bundestages, in dessen Namen der Krieg geführt worden ist, wird bei den Waffenstillstandsverhandlungen von Preußen übergangen. Preußen verwirft damit den nationalen Gedanken zugunsten seiner Interessen als europäische Macht.

Diese erste außenpolitische Krise zeigt die Probleme, vor denen die Nationalversammlung steht und die sie zum Teil selbst geschaffen hat. Die Wahl des Reichsverwesers hatte für kurze Zeit den Eindruck geschaffen, als liege die Macht tatsächlich bei der neuen Zentralgewalt. Nun kommt es im Verlauf der Auseinandersetzungen um Schleswig-Holstein zu einer Konfrontation mit den realen Machtverhältnissen. Die gemäßigten und die radikalen Abgeordneten der Paulskirche reagieren unterschiedlich. Die tiefgreifenden Differenzen zwischen den verschiedenen politischen Gruppen treten deutlicher als je zuvor zutage.

Die Nationalversammlung muß eine Entscheidung über das eigenmächtige Vorgehen Preußens fällen. Denn von Annahme

oder Ablehnung des Waffenstillstands durch die Nationalversammlung hängt nicht nur das Schicksal Schleswig-Holsteins,
sondern das ganz Deutschlands ab. Die Annahme bedeutet den
Sieg Preußens über die deutsche Nationalbewegung, den Sieg
eines Monarchen über das gesamtdeutsche Parlament. Die
Ablehnung würde bedeuten, daß die Nationalversammlung entschlossen ist, sich gegen Preußen und auch gegen die europäischen Mächte durchzusetzen und damit den Weg der Vereinbarung mit den Fürsten zu verlassen.

Tafel 42
Am 5. September lehnt die Nationalversammlung mit 238 gegen
221 Stimmen nach der turbulentesten Debatte seit ihrem Bestehen *(Kat. Abb. 80)* den Waffenstillstand ab. Es ist der erste Sieg
der Linken in der Paulskirche. Viele Liberale stimmen für diese
Entscheidung. Darunter der Hauptredner der Schleswig-Holsteiner, Dahlmann, der in seiner Rede sagt, daß das Parlament
sein ehemals stolzes Haupt nie wieder erheben werde, falls es
sich hier ausländischem Druck beuge und die Einheit Deutschlands in Schleswig-Holstein verrate. Das Ministerium Leiningen
tritt nach der Abstimmung zurück. Dahlmann gelingt allerdings
weder die Bildung eines neuen Ministeriums noch kann er sich
dazu entschließen, die Forderung der Linken zu übernehmen
und zum Kampf gegen Preußen aufzurufen.

Die Nationalversammlung verharrt in ohnmächtiger Passivität.
Am 16. September schließlich akzeptiert sie mit 257 gegen 236
Stimmen doch noch den Waffenstillstand. Viele Liberale, die
sich vorher wie Dahlmann leidenschaftlich dagegen ausgespro-
chen hatten, stimmen nun dafür. Damit opfert die Nationalversammlung ihr Ansehen, indem sie jetzt für die Politik Preußens
eintritt. Die Paulskirche begibt sich endgültig in die Abhängigkeit
der Fürsten. In dieser Entscheidung sehen Karikaturisten schon
die Beerdigung des »Siebenmonatskindes« der deutschen Einheit *(Kat. Abb. 81)*.

Das Unvermögen der Nationalversammlung, die preußische Regierung zur Ablehnung des Waffenstillstandsvertrages von Malmö zu bewegen, dokumentiert ihre Ohnmacht vor den bestehenden Gewalten. Für die Republikaner ist dies der Beweis für die
Aussichtslosigkeit der gemäßigt-liberalen Konzeption, die Fürsten auf dem Wege von Verhandlungen zu freiwilligem Verzicht
auf einige Souveränitätsrechte zugunsten eines deutschen Nationalstaates und eines parlamentarischen Systems zu bewegen.

III/80 Stürmische Debatte in der Frankfurter Nationalversammlung am 5. September 1848

III/81 Karikatur auf die Annahme des Waffenstillstands von Malmö

Politisches Wochenblatt.

№ 7.

Gera, Mittwoch, den 23. August 1848.

Die Republik.

Der Kampf zwischen Aristokratie und Demokratie ist besonders seit Kurzem seinem Endpunkte bedeutend nahe gerückt. Das Parlament in Frankfurt a. M. hat sich des Vertrauens der deutschen Nation in seiner Mehrheit unwürdig gezeigt, indem es dem Volke einen unverantwortlichen Reichsverweser gab und die Militärmacht um Hunderttausende vermehrte. Das Parlament in Frankfurt hat die Rechte des Volkes verletzt, indem es bei den Mannheimer und Mainzer Vorfällen die Partei der Regierung ergriff. Das Parlament in Frankfurt hat endlich die Ehre Deutschlands nicht gewahrt, indem es Oesterreich die Hand zur Unterdrückung eines freiheitliebenden Volkes bot. Bricht daher das Gebäude, das das deutsche Volk in Frankfurt errichtete, zusammen, so wird sich Deutschland nicht wundern, denn der Grund, auf dem es ruhte, ist verschwunden.

Als das deutsche Volk seine Vertreter nach Frankfurt sandte, da übertrug es die den Fürsten „angestammte" Majestät auf seine Abgeordneten, da hoffte es, daß sie in Wort und That im Sinne der Nation handelten, daß die Versammlung der Auserwählten ihre Sendung pünktlich erfüllen, und, auf der Hochwacht sitzend, die blutig errungenen Freiheiten wahren werde. Aber die Männer in der Paulskirche sie wollten den Zweck ihrer Sendung nicht erkennen, sie verließen ihre Posten und übertrugen die ihnen vom Volke anvertrauten Rechte einer Centralgewalt, an deren Spitze sie einen sogenannten unverantwortlichen Reichsverweser stellten.

Und als das Volk darüber murrte, da vermehrte die Nationalversammlung die Zahl der Soldateska von 400 auf 900,000 Mann, vermehrte sie, sich und den Fürsten Deutschla[nds] zum Schutze, gegen die Souveränität des de[ut]schen Volkes.

Aber das Volk weiß seine Souveränität [zu] wahren, es wacht, wenn auch seine Vertr[eter] schlafen, und es ist entschlossen, wenn es d[arauf] auf ankömmt, mit den Waffen in der H[and] seine Majestät aufrecht zu erhalten. Als in [den] Jahren 1790—93 der Absolutismus Frankr[eich] den Untergang geschworen hatte, da tönte [der] Ruf: „Das Vaterland ist in Gefahr" d[urch] Frankreichs Gefilden, und Frankreich — sie[gte]. Auch bei uns wird einst dieser Ruf ertönen [und] Deutschlands Söhne sie werden Gut und [Blut] der Freiheit zum Opfer bringen und — sie [wer]den siegen. Der in Frankfurt neu, wenn a[uch] unter einem andern Namen errichtete Bundes[tag] mag beschließen was er will, das deutsche [Volk] wird sich nicht zum zweiten Male täuschen laß[en].

Als die deutsche Nation im März sich erh[ob] da mußten ihr die Fürsten die so lange vor[ent]haltenen Constitutionen geben; aber die Für[sten] achteten die damit errungenen Rechte nicht [und] ein großer Theil unsers Volkes verlangt[e] eine neue Constitution, und diese Constituti[on] nennt sich „Republik." Hätten die Fürsten [den] Bitten des gutmüthigen Volkes, Gehör gegeb[en] wahrlich, der Ruf nach Republik wäre lä[ngst] im Keime erstickt, aber die Geschichte unse[res] Vaterlandes zeigt deutlich, daß viele Fürs[ten] Deutschlands eher ihr Volk zu Grunde ric[hten] lassen, als daß sie einige ihrer Privilegien, [die] sie von Gottes Gnaden besitzen wollen, abtre[ten].

Wenn oben die Centralgewalt moderne[r Bun]destag genannt wurde, so beruht dies auf [...]

Tafel 43—45   Aufstände gegen die Nationalversammlung

Republikaner und Demokraten finden jetzt in der Frankfurter Bevölkerung immer mehr Anhänger. Die Befürworter des Waffenstillstandes werden als Verräter bezeichnet, die Republikaner dagegen zunehmend als die Sachwalter der revolutionären Nationalbewegung angesehen. Stark besuchte Versammlungen der Arbeiter- und Demokratenvereine, bei denen bereits die roten Fahnen die schwarz-rot-goldenen zu verdrängen beginnen, verlangen den geschlossenen Auszug der gesamten Linken aus der Paulskirche oder die Auflösung der Nationalversammlung *(Kat. Abb. 82).* Die provisorische Zentralgewalt fordert gleichzeitig zum Schutz der Nationalversammlung preußisches und österreichisches Militär an. Die Lage verschärft sich.

Tafel 43/44   Die Erbitterung richtet sich vor allem gegen die preußischen Truppen, die nun gegen die Revolutionäre auf der Straße einge-

Tafel 45   setzt werden. Während in der Paulskirche über die Freiheit der Wissenschaft debattiert wird, tobt draußen der Straßenkampf *(Kat. Abb. XI).* Nach dem Mord an zwei Abgeordneten der Rechten, Lichnowsky und Auerswald, wird über die Stadt der Belagerungszustand verhängt. Der Aufstand wird niedergeschlagen *(Kat. Abb. 83).*
Nach diesem militärischen Sieg fühlt sich die Zentralgewalt gestärkt. Sie verbündet sich zunehmend mit den alten Dynastien und leitet jetzt ihrerseits gegenrevolutionäre Maßnahmen ein. Sie plant die Ahndung von »Pressvergehen« gegen Beamte und Behörden und fordert die Einzelstaaten zur Einsendung einer genauen »Statistik der in Deutschland bestehenden demokratischen Volksvereine und deren Verzweigungen« auf. Doch der Sieg kommt schließlich nicht der Zentralgewalt, sondern den alten Mächten zugute.

Tafel 46/47   Die Republik wird ausgerufen

Die Unruhen in Frankfurt greifen auf die mittel- und südwestdeutschen Staaten über. Überall werden jetzt sozialrevolutionäre und republikanische Forderungen erhoben, die über die Ziele der Mehrheit in der Nationalversammlung hinausgehen.
In Baden, wo neue Finanzgesetze und Gerichtsverfahren gegen die Aufständischen des Frühjahres in den unteren Schichten große Unruhe verbreitet haben, versucht Gustav von Struve

einen Putsch. Seine Flugblätter nach der Annahme des Malmö-
er Waffenstillstands durch die Nationalversammlung geben die
Stimmung wieder: »Triumph! Das Frankfurter Parlament ist
entlarvt! Es gibt kein deutsches Parlament mehr – nur noch ein
erzürntes Volk, ihm gegenüber eine Handvoll Schurken...
Ganz Deutschland erhebt sich im Augenblick gegen die Für-
stenherrschaft und für die Erringung der Volksfreiheit«. Unter
der Losung »Wohlstand, Bildung, Freiheit für alle« ruft er am 21.
September vom Lörracher Rathaus die »deutsche soziale Republik« aus *(Kat. Abb. 84)*. Zu ihrer Finanzierung wird gegen
Schuldscheine Geld aus der Bevölkerung aufgenommen. Die
Anhänger der Monarchie sollen verhaftet, das Vermögen des
Staates, der Kirche und der Monarchisten eingezogen und den
Gemeinden übergeben werden *(Kat. Abb. 85)*. Der Aufstand
breitet sich rasch über das badische Oberland aus, wird aber am
26. September von der Übermacht badischer Truppen bei Stauf-
fen niedergeschlagen.

Tafel 48/49   Sieg der Reaktion in Wien

Auch in den nichtdeutschen Teilen der Habsburger Monarchie,
vor allem in Ungarn und Italien, kommt es zu neuen Unruhen.
Der ungarische Landesverteidigungsausschuß unter Lajos Kos-
suth plant eine Offensive zur Erringung der Unabhängigkeit. Als
die in Wien stationierten deutschen und italienischen Truppen
am 5. Oktober den kaiserlichen Kontingenten gegen die Ungarn
eingegliedert werden sollen, bricht in der österreichischen
Hauptstadt der offene Aufstand aus. Studenten der »Akademischen Legion« verbünden sich mit der Bürgerwehr und Arbeitern und verhindern den Abmarsch der Truppen. Die Minister
und der Kaiser fliehen aus der Stadt. Wien ist in den Händen der
Revolutionäre.
Die provisorische Zentralgewalt in Frankfurt entsendet den liberalen Abgeordneten Welcker und Oberst Mosle als »Reichs-
kommissare« nach Österreich, um »alle zur Beendigung des
Bürgerkrieges, zur Herstellung des Ansehens der Gesetze und
des öffentlichen Friedens erforderlichen Vorkehrungen zu treffen«. Sie wagen jedoch nicht, Wien zu betreten, und kehren aus
dem kaiserlichen Hauptquartier ohne Ergebnis zurück. Robert
Blum dagegen, linker Abgeordneter der Paulskirche, kämpft mit
den Aufständischen auf den Barrikaden.

III/83 Österreichische und preußische Truppen werfen den Frankfurter Septemberaufstand nieder

III/84 Gustav von Struve ruft vom Lörracher Rathaus die Deutsche Republik aus

Deutsche Republik!

Wohlstand, Bildung, Freiheit für Alle.

Im Namen des deutschen Volkes verfügt die provisorische Regierung Deutschlands wie

Art. 1. Sämmtliche auf dem Grund und Boden haftende mittelalterliche Lasten, so wie säm
mittelalterliche persönliche Dienste, Zehnten, Gülten, Frohnden, und welchen Nam
sonst tragen, sind ohne alle Entschädigung sofort abgeschafft. Alle Ablösungsschuldi
für solche Lasten werden ebenfalls getilgt.

Art. 2. Sämmtliche bisher an den Staat, die Kirche und die adeligen Grundherren be
Abgaben hören von diesem Tage auf; eine das Einkommen des Unbemittelten
berührende progressive Einkommensteuer tritt an die Stellen sämmtlicher bisherige
gaben; nur die an den Grenzen Deutschlands erhobenen Zölle bleiben für's
bestehen.

Art. 3. Sämmtliches Grundeigenthum des Staats, der Kirche und der auf Seite der
kämpfenden Staatsbürger geht provisorisch, unter Vorbehalt späterer Ausgleichung
die Gemeinden über, in deren Gemarkung es liegt.

Art. 4. Um alle in den vorstehenden Artikeln enthaltenen Erleichterungen zu sichern, wird ei
gemeine Erhebung des Volkes angeordnet.

Alle waffenfähigen Männer von vollendetem achzehntem bis zum vollendeten vierzigsten
ergreifen die Waffen zur Rettung des bedrohten Vaterlandes.

Von heute an herrscht das Kriegsgesetz, bis das deutsche Volk seine Freiheit errungen
wird.

Im Namen der provisorischen Regierung Deutschlands

G. Struve.

Der Schriftfüh
Karl Bli

Hauptquartier Lörrach am ersten Tag der deutschen Republik, am einundzwanzigsten
tember 1848.

III/86　Erschießung Robert Blums in der Brigittenau bei Wien am 9. November 1848

III/87　Brand der Wiener Bibliothek nach der Einnahme der Stadt durch die Truppen von Windischgrätz

„Das ist immer das Unglück der Könige gewesen, daß sie die Wahrheit nicht hören wollen!"

Der König hat die mit Ueberreichung der bereits bekannten Adresse von der National-Versammlung beauftragte Deputation empfangen. Nach Verlesung derselben faltete der König die Adresse zusammen und wandte sich mit kurzer Verbeugung zum Fortgehen. Als nun der Präsident Unruh das Wort zu ergreifen zauderte, trat der Abgeordnete Jacobi vor und sprach dem, der Deputation in der Adresse ausdrücklich ertheilten Auftrage zufolge, die Worte:

„Majestät! Wir sind nicht blos hierher gesandt, um eine Adresse „zu überreichen, sondern auch, um Ew. Majestät mündlich über „die wahre Lage des Landes Auskunft zu geben. Gestatten Ew. „Majestät daher —

hier unterbrach der König mit dem Worte:

„Nein!!"

Jacobi entgegnete:

„Das ist immer das Unglück der „Könige gewesen, daß sie die Wahr= „heit nicht hören wollen!"

Der König entfernte sich.

Der Abgeordnete Jacobi hat sich hierdurch den Dank des gesammten Vaterlandes verdient. Möge er und seine Freunde in diesem hochwichtigen Augenblicke nicht nachlassen, die in Wien wie in Berlin bedrohte Sache des Volkes und der Wahrheit zu vertreten, dann werden alle ihm mit Gut und Blut zur Seite stehen, um endlich eine von Fürstenlaune unabhängige Grundlage der Volksfreiheit und des Volksglückes zu erlangen!

Berlin, den 3. November 1848.

Der democratische Club.

Druck von Ferd. Reichardt u. Co., Neue Friedrichs-Straße 24.

III/88   Flugblatt des Demokratischen Clubs in Berlin, November 1848

Feldmarschall Fürst Windischgrätz, der Befehlshaber der kaiserlichen Truppen, verhängt über Wien den Belagerungszustand. Nach fünf Tagen ist die Stadt zurückerobert. Die Aufständischen leisten erbitterten, aber vergeblichen Widerstand. Mehrere tausend Tote und schreckliche Verwüstungen *(Kat. Abb. 87)* sind die Bilanz des Sieges der monarchistischen Reaktion über die Stadt. Robert Blum wird ohne Rücksicht auf seine Immunität als Abgeordneter standrechtlich erschossen *(Kat. Abb. 86)*. Die Nationalversammlung protestiert nur matt.

Fürst Schwarzenberg, ein starrer Verfechter der absoluten Monarchie und des großösterreichischen Machtstaates, wird Ministerpräsident, der Reichstag aufgelöst, eine Verfassung oktroyiert. Die Revolution in Österreich ist gescheitert.

Tafel 50/51   Gegenrevolution in Berlin

Ein anderes Zentrum der zweiten revolutionären Welle ist Berlin. Der äußere Anlaß ist die Ernennung des Generalleutnants Brandenburg, eines Verwandten des Königshauses und reaktionären Mitglieds der »Kamarilla«, zum Ministerpräsidenten. Er soll die »Contrerevolution« einleiten. In der Stadt kommt es zu Unruhen. Auch die Liberalen sind nicht bereit, diesen Affront zu akzeptieren. Fast einstimmig lehnt die preußische Nationalversammlung am 2. November das Ministerium der Krone ab. Sie teilt diesen Beschluß durch eine Deputation dem König mit, der sie jedoch nicht zu Wort kommen läßt *(Kat. Abb. 88)*. Die preußische Nationalversammlung wird gegen ihren Widerstand aus Berlin in die Stadt Brandenburg verlegt. Den demokratischen Abgeordneten und denen des linken Zentrums, die sich weigern, der Verlegung Folge zu leisten, werden die Versammlungslokale gesperrt. Schließlich werden sie mit Waffengewalt auseinandergetrieben *(Kat. Abb. 89)*.

Obgleich die am 10. November in Berlin einziehenden 40 000 Soldaten des Generals von Wrangel auf keinen Widerstand stoßen, wird am 12. November der Belagerungszustand über die Stadt verhängt. Erst jetzt wächst der Widerstand der demokratischen Gruppen in der Stadt. Zur Unterstützung der Linientruppen wird die Landwehr einberufen. So bleibt die Monarchie Herr der Lage. Sie kann es sich schließlich erlauben, die nach Brandenburg verlegte Nationalversammlung endgültig aufzulösen und eine Verfassung zu oktroyieren, die mit einer Reihe von

Konzessionen das liberale Bürgertum besänftigt. Doch schon vorher war das Auseinanderbrechen der im März noch weitgehend geschlossenen revolutionären Gruppen deutlich geworden, nachdem bei den Spandauer Krawallen Bürgerwehr auf republikanische Arbeiter geschossen hatte *(Kat. Abb. 90)*. In Berlin erscheint die Broschüre »Gegen Demokraten helfen nur Soldaten«. Die Mehrheit des liberalen Bürgertums resigniert. Die monarchistische Gegenrevolution hat auch in Preußen gesiegt.

Der Kampf um die Einheit (Tafel 52−62)

Tafel 53/54

Nach der Niederschlagung der »zweiten Revolution« wird die politische Frage der deutschen Einheit zur Machtfrage zwischen Preußen und Österreich. Österreich will seine Großmachtstellung festigen. Nach Schwarzenbergs Idee eines Siebzigmillionenreiches soll Österreich mit seinem gesamten Territorium gemeinsam mit allen deutschen Staaten in einen mitteleuropäischen Staatenbund eintreten.

Dagegen steht die kleindeutsch-preußische Lösung: ein kleindeutscher Bundesstaat unter preußischer Führung, der später eventuell zu einem »Doppelbund« mit Österreich erweitert werden soll.

Die Mehrheit der Nationalversammlung bekennt sich zu Beginn der Einheitsdebatte im Oktober 1848 zum großdeutschen Prinzip, das auch dem ersten Verfassungsentwurf zugrunde liegt. Das Reichsgebiet soll danach das Gebiet des bisherigen Deutschen Bundes umfassen und darüber hinaus das Herzogtum Schleswig und die preußischen Ostprovinzen einbeziehen.

Tafel 55

Immer deutlicher zeichnet sich ab, daß Österreich nicht bereit ist, seine staatliche Einheit für einen deutschen Nationalstaat preiszugeben. So findet Heinrich von Gagern als neuer Ministerpräsident der provisorischen Zentralgewalt schließlich eine Mehrheit für sein kleindeutsches Programm.

Tafel 56

In der Debatte um das Reichsoberhaupt im Januar 1849 tritt die kleindeutsche Partei für ein preußisches Erbkaisertum ein. Die großdeutsche Seite mit ihren politischen Fraktionen bietet dagegen widersprüchliche Konzeptionen an: sie reichen von einem dynastischen Reichsdirektorium bis zu einer unitarischen demokratischen Republik.

III/89   Die gewaltsame Auflösung der preußischen Nationalversammlung am 14. November 1848

III/90 Bürgerwehr schießt auf aufständische Arbeiter am 16. Oktober 1848 in Berlin

III/91 Medaille auf die Wahl Friedrich Wilhelms IV. von Preußen zum »Kaiser der Deutschen«

III/92 Friedrich Wilhelm IV. empfängt die »Kaiserdeputation« der Nationalversammlung, 2. April 1849

III/93 »Wat heulst'n kleener Hampelmann?« — »Ick habe Ihr'n Kleenen 'ne Krone geschnitzt, nu will er se nich!« (Heinrich von Gagern und Germania)

Tafel 57   Die Verabschiedung einer zentralistischen Gesamtstaatsverfassung für das Habsburgerreich im März 1849 zerstört endgültig die großdeutschen Hoffnungen. Viele Großdeutsche treten zur kleindeutschen Fraktion Gagerns über. Die Linke läßt sich durch das Zugeständnis des gleichen, direkten und geheimen Wahlrechts gewinnen.

Tafel 61   Am 27. März wird die Verfassung beschlossen, am 28. der preußische König zum »Kaiser der Deutschen« gewählt *(Kat. Abb. 91).*

Tafel 62   Die »Kaiserdeputation« der Nationalversammlung unter Leitung ihres Präsidenten Eduard von Simson überbringt dem preußischen König das Ergebnis der Wahl *(Kat. Abb. 92).* Aber die Erwartung, die dieser mit seiner Losung »Preußen geht fortan in Deutschland auf« in den Märztagen 1848 geweckt hatte, war trügerisch. Die deutsche Einheit soll nicht das Werk einer vom Volk gewählten, souveränen Nationalversammlung sein, sondern allein auf dem Weg der »Vereinbarung« mit den anderen Fürsten geschaffen werden. In einem Schreiben an Bunsen erklärt der König im Dezember 1848: »Einen solchen imaginären Reif, aus Dreck und Letten gebacken, soll ein legitimer König von Gottes Gnaden, und nun gar der König von Preußen sich geben lassen, der den Segen hat, wenn auch nicht die älteste, doch die edelste Krone, die niemandem gestohlen ist, zu tragen ... Ich sage es Ihnen rund heraus: soll die tausendjährige Krone deutscher Nation, die 42 Jahre geruht, wieder einmal vergeben werden, so bin ich es und meinesgleichen, die sie vergeben werden; und wehe dem, der sich anmaßt, was ihm nicht zukommt.«
Mit der Ablehnung der Kaiserkrone durch den preußischen König ist das Verfassungswerk der Paulskirche gescheitert *(Kat. Abb. 93).*

Die Kampagne für die Reichsverfassung im Frühsommer 1849 (Tafel 64–70)

Tafel 64

»Die Stunde ist gekommen, da es sich entscheiden wird, ob Deutschland frei und stark, oder geknechtet und verachtet sein soll. Die Vertreter der deutschen Nation, von allen Bürgern und von Euch gleichfalls gewählt, haben die Reichsverfassung für ganz Deutschland beschlossen und als unverbrüchliches Gesetz verkündet. Die ganze Nation ist fest entschlossen, die Reichsverfassung durchzuführen . . . Die größeren Fürsten und ihre Kabinette verweigern der Reichsverfassung den Gehorsam. Sie sind Rebellen gegen den Willen und das Gesetz der Nation.«

Mit diesen Worten ruft der Kongreß sämtlicher Märzvereine Deutschlands am 6. Mai 1849 zur Durchsetzung der Reichsverfassung auf, die von den größeren Staaten – insbesondere Preußen, Sachsen, Bayern – abgelehnt worden ist. Überall in Deutschland versuchen Arbeiter-, Volks- und Vaterlandsvereine mit Petitionen, Pressekampagnen und Straßenversammlungen, Druck auf die Regierungen auszuüben. Man beruft sich auf das »heilige Recht der Revolution«. Durch die Ablehnung der monarchistischen Regierungen erscheint in Deutschland alles, was die bürgerlich-demokratische Revolution bisher erreicht hat, in Frage gestellt. Die Resolutionen sprechen immer deutlicher davon, die Verfassung notfalls auch mit Waffengewalt zu sichern. So erklären Heidelberger Bürger am 8. Mai »aus eigenem Antrieb und freiem Willen, öffentlich und feierlichernst, daß wir die von der deutschen verfassungsgebenden National-Versammlung in Frankfurt a. M. geschaffene und bekanntgemachte deutsche Reichsverfassung samt den Grundrechten und dem Wahlgesetz . . . bereit sind, . . . mit Leib und Leben, Gut und Blut zu schützen und zu verteidigen.« In Sachsen, im Rheinland, in der Pfalz und in Baden schlägt die Agitation in den offenen Aufstand um.

Tafel 65

In Dresden ruft der Ausschuß des „Vaterlandsvereins« zur bewaffneten Demonstration auf: »Eilt schleunigst mit Waffen und Munition herzu! Es gilt!« Am Nachmittag des 3. Mai stürmt das Volk das Zeughaus. Der König flieht. Eine provisorische Regierung wird eingesetzt *(Kat. Abb. 95)*. Für kurze Zeit ist die Volkssouveränität Wirklichkeit.

Tafel 66

In der Altstadt werden Barrikaden gegen das sächsische Militär und die anrückenden preußischen Truppen errichtet. Aber der

Mitbürger!

Der König und die Minister sind entflohen. Das Land ist ohne Regierung, sich selbst überlassen ~rden. Die Reichsverfassung ist verleugnet.

Mitbürger! Das Vaterland ist in Gefahr! Es ist nothwendig geworden, eine provisorische ~gierung zu bilden. Der Sicherheitsausschuß zu Dresden und die Abgeordneten des Volks haben ~n unterzeichnete Mitbürger zur provisorischen Regierung ernannt.

Die Stadt Dresden ist dem Vaterlande mit dem rühmlichsten Beispiele vorangegangen und hat ~chworen, mit der Reichsverfassung zu leben und zu sterben.

Wir stellen Sachsen unter den Schutz der Regierungen Deutschlands, welche die Reichsverfassung ~rkannt haben.

Zuzug von allen Ortschaften des Vaterlandes ist angeordnet und wird hiermit angeordnet.

Wir fordern den strengsten Gehorsam für die Befehle der provisorischen Regierung und des Ober= ~amandanten Oberstleutnant Heinze!

Wir werden Parlamentäre an die Truppen senden und sie auffordern, den Befehlen der proviso= ~hen Regierung gleichfalls Gehorsam zu leisten. Auch sie bindet keine andere Pflicht, als die für die ~tehende Regierung, für die Einheit und Freiheit des deutschen Vaterlandes!

Mitbürger, die große Stunde der Entscheidung ist gekommen! Jetzt oder nie! Freiheit oder ~laverei! Wählt!

Wir stehen zu Euch, steht Ihr zu uns!

Dresden, den 4. Mai 1849.

Die provisorische Regierung.

Tzschirner.   Heubner.   Todt.

III/94   Aufruf der provisorischen sächsischen Regierung

III/95   Die provisorische sächsische Regierung im Dresdener Rathaus, Mai 1849

Die Landesversammlung in Offenburg

erklärt:

Deutschland befindet sich fortwährend im Zustand voller Revolution, auf neue hervorgerufen durch die Angriffe der größeren deutschen Fürsten auf die von der deutschen Nationalversammlung endgültig beschlossene Reichsverfassung und die Freiheit überhaupt. — Die deutschen Fürsten haben sich zur Unterdrückung der Freiheit verschworen; der Hochverrat zur That des Vaterland liegt offen zu Tage; es ist klar, daß sie sogar Rußlands sämmtliche Armeen zur Unterdrückung der Freiheit zu Hülfe rufen. — Die Deutschen befinden sich also im Stande der Nothwehr, sie müssen sich verbinden, um die Freiheit zu retten; sie müssen dem Angriff der fürstlichen Rebellen den bewaffneten Widerstand entgegensetzen.

Die deutschen Stämme haben die Verpflichtung, sich gegenseitig die Freiheit zu gewährleisten, um den Grundsatz der Volkssouveränität vollkommen durchzuführen; sie müssen daher unterstützen überall, wo sie angegriffen werden. — Das badische Volk wird daher die Volksbewegung in der Pfalz mit allen ihm zu Gebote stehenden Mitteln unterstützen.

Die Landesversammlung des badischen Volkes in Offenburg hat nach vorhergegangener Berathung die gestellten Anträge in dem Landeskongreß der Volksvereine, nach ferner stattgefundener öffentlicher Berathung, wobei Abgeordnete aus allen Landestheilen vertreten waren, nach fernerer ausführlicher Diskussion in der Versammlung des Volkes

beschlossen:

1) Die Regierung muß die Reichsverfassung, wie sie nun nach der durch die Ereignisse beseitigten Oberhauptsfrage feststeht, unbedingt anerkennen und mit der ganzen bewaffneten Macht, deren Durchführung in andern deutschen Staaten zunächst in der bayerischen Pfalz unterstützen.

2) Das gegenwärtige Ministerium ist sofort zu entlassen, und Bürger Brentano, Obergerichtsadvokat zu Mannheim, und Bürger Peter, Reichstagsabgeordneter von Konstanz mit der Bildung eines neuen Ministeriums zu beauftragen.

3) Es muß alsbald unter sofortiger Auflösung der jetzigen Ständekammern eine verfassunggebende Landesversammlung berufen werden, welche in sich die gesammte Rechts- und Machtvollkommenheit des badischen Volkes vereinigt; — diese Landesversammlung soll gewählt werden von und aus den sämmtlichen volljährigen Staatsbürgern des Landes und zwar unter Beibehaltung der für die bisherige II. Kammer beanspruchten Wahlbezirke.

4) Es muß ohne allen Verzug und auf Staatskosten in's Leben gerufen werden, und es sind alle ledigen Männer von 18—30 Jahren als erstes Aufgebot sofort mobil zu machen. — Alle diejenigen Gemeindebehörden, welche nicht alsbald die Bewaffnung ihrer Bürger anordnen, sind augenblicklich abzusetzen.

5) Die politischen Flüchtlinge sind sofort zurück zu rufen, die politischen Militär- und Civilgefangenen zu entlassen und alle politischen Prozesse nieder zu schlagen; — namentlich verlangen wir auch die Auslassung denjenigen Militärpersonen, welche in Folge der politischen Bewegungen wegen sogenannter Disciplinar- und Insubordinationsvergehen bestraft wurden.

6) Die Militärgerichtsbarkeit muß aufgehoben werden.

7) Bei dem Heere soll eine freie Wahl der Offiziere stattfinden.

8) Wir verlangen alsbaldige Verschmelzung des stehenden Heeres mit der Volkswehr.

9) Es müssen sämmtliche Grundlasten unentgeldlich aufgehoben werden.

10) Es müssen die Gemeinden unbedingt selbständig erklärt werden, sowohl was die Verwaltung des Gemeindevermögens, als die Wahl der Gemeindevertreter betrifft; es müssen alsbald im ganzen Lande neue Wahlen für die Gemeindevertretung stattfinden.

11) Es werden sämmtliche von den k. g. Kammern in Karlsruhe seit dem 17. Januar d. J. gefaßten Beschlüsse für null und nichtig erklärt und darunter namentlich das k. g. Wahlgesetz vom 10. v. M., welches einen förmlichen Angriff auf die in den Reichsgesetzen gegebenen Bestimmungen enthält.

12) Die Geschwornengerichte sind augenblicklich einzuführen und kein einziger Criminal-Prozeß darf mehr von Staatsrichtern entschieden werden.

13) Die alte Verwaltungsbürokratie muß abgeschafft werden und an der Stelle die freie Verwaltung der Gemeinden oder andern Körperschaften treten.

14) Errichtung einer Nationalbank für Gewerbe, Handel und Ackerbau zum Schutze gegen das Uebergewicht der großen Kapitalisten.

15) Abschaffung der alten Steuerwesens, hierfür Einführung einer progressiven Einkommensteuer und Beibehaltung der Zölle.

16) Errichtung eines großen Landespensionsfonds, aus dem jeder arbeitsunfähig gewordene Bürger unterstützt werden kann. — Hierdurch fällt der besondere Pensionsfond für die Staatsdiener von selbst weg. — Der Landesausschuß des Volksvereins besteht aus folgenden Mitgliedern:

L. Brentano von Mannheim.
J. Fickler von Konstanz.
H. Goeg von Mannheim.
Peter von Konstanz.
Werner von Oberkirch.
Rehmann von Offenburg.
Stay von Heidelberg.
Willmann von Pforzheim.
L. Steinmetz von Durlach.
Werrwag von Kenzingen.
Richter von Karlsruhe.
L. Ritter von Kartau,
J. Stark von Rottstetten.

} Soldaten aus der Garnison in Rastatt.

Als Ersatzmänner wurden gewählt:
L. Brentano von Mannheim.
Lorrent von Freiburg.
L. Rotteck von Freiburg.
Happel von Mannheim.
Junghans von Mosbach.
Kiefer von Offenburg.

Ersatzmänner für die Soldaten:
Aurelius Gerbel aus Philippsburg.
Sebastian Bammerd aus Bleichheim, Amts Kenzingen.
Derselbe wird beauftragt, die nöthigen Anordnungen zur Durchführung dieser Beschlüsse mit allen ihm zu Gebote stehenden Mittel zu treffen, und von dem Ergebniß der heutigen Volksversammlung den Landesausschuß in Rheinbaiern, sowie den Landesausschüssen der übrigen Nachbarstaaten sofort Nachricht zu geben.

Offenburg, den 13. Mai 1849.
Im Namen der Landes-Volksversammlung.
Goeg.

* Der Landes-Ausschuß hat sich in zahlreicher Begleitung von Offenburg nach der Festung Rastatt begeben, wo er vorerst inmitten der Bürgerschaft und der braven 6000 Mann starken Besatzung in Permanenz berathet. — Heute (14. Mai) Nacht 3 Uhr trafen die befreiten Bürger Struve, Blind, Vornstedt nebst den gleichfalls vom Volke aus den Bruchsaler Kerkern befreiten Soldaten in Rastatt ein.

III/96 Beschlüsse der Offenburger Landesversammlung

III/97 Der Ausbruch des Rastatter Aufstandes am 13. Mai 1849

IX   Barrikade an der Neuen Königsstraße in Berlin am 19. März 1848

X   Die Grundrechte des Deutschen Volkes, Lithographie von Adolf Schroedter, Mainz 1848

Wüthender Angriff der Republikaner

das in der Paulskirche zu Frankfurt versammelte

deutsche National=Parlament, am 18. September 1848.

Was woget und brauset so dumpf heran,	Warum woget und brauf't es so dumpf heran,	Wer hat sie getrieben so toll heran,
Erfüllt mit Gebrülle die Straßen?	Erfüllt mit Morden die Straßen?	Zu erfüllen mit Morden die Straßen?
Es ist der Pöbel im tollen Wahn,	Er will sie morden Mann für Mann,	Die Republikaner im irren Wahn,
Er wüthet über die Maßen.	Die vom Recht sich nicht abbringen lassen.	Sie können die Ruhe nur hassen.

Abgeordneten Preußens für die deutsche National=Versammlung hatten sich ermannt, hatten für ... mit Dänemark, für Ruhe und Frieden in ihrem Lande und in ganz Deutschland, für ... gesprochen und der Fürst Lichnowsky und General v. Auerswald sich besonders ... und der größte Theil der Versammlung war auf ihre Seite getreten. Das hatte nun die Re... Dichten und Trachten nur darauf geht, durch eine allgemeine Revolution alles von Unterst ... alles Bestehende zu vernichten und sich selbst zur Herrschaft zu bringen, aufs Höchste ... das Volk in großen Volksversammlungen auf, machten Verschwörungen und beschlossen ... angeworbenen Haufen die National=Versammlung in der Paulskirche aus einander zu jagen ... Haufen umlagerten die Paulskirche und wollten hineindringen, wurden aber durch das Mili...

...takt vertrieben. Nun vertheilten sie sich in die Straßen, bauen Barrikaden und schießen aus den Fenstern der Häuser. Das Militäir wird nun kommandirt, die Barrikaden zu nehmen, die Anführer zu vertreiben. Und sie rücken vor, die Oesterreicher treu, die Hessendarmstädter muthig und gewandt und die Preußen sicher, rasch und ohne Besinnen. Die Barrikaden werden überwältigt, das Feuer aus den Häusern gedämpft. Es war eine Freude, Offiziere und Mannschaft so vieler Stämme wie eine lebendige, muthvolle Mauer für die National=Versammlung des deutschen Reichs in den Tod geben zu sehen. Das Gefecht entschied sich unaufhörlich zu Gunsten der Truppen. Aus der Umgegend waren schnell 6 — 7000 Mann versammelt. 12 Geschütze mit Kartätschen und Kavallerieangriffe bereiteten dem frevelhaften Aufruhr raschen Untergang. Abends 8 Uhr war der Sieg entschieden.

...genthum No. 2108.   Neu=Ruppin, zu haben bei Gustav Kühn.

XI   Straßenkampf vor der Paulskirche am 18. September 1848

Kampf bleibt auf Dresden beschränkt, der Aufruf der provisorischen Regierung an die Bürger Sachsens ohne Echo *(Kat. Abb. 94)*. Angesichts der Überlegenheit des Gegners bricht die Front der Aufständischen in der belagerten Stadt auseinander: Die Bürgerwehr zieht sich von den Barrikaden zurück, diejenigen, die den Kampf weiterführen – unter ihnen der russische Anarchist Michail Bakunin und Richard Wagner – unterliegen nach sechstägigem Kampf den aus Preußen herbeigerufenen Truppen.

Tafel 67 Trotz der Niederlage in Sachsen bricht der Aufstand nun in der Pfalz und in Baden aus. Die Pfälzer kämpfen zugleich für die Loslösung ihres Landes von Bayern. Demokratisch-republikanische Ideen prägen diesen Volkskrieg. Am 17. Mai trennt sich die Pfalz von Bayern.

In Baden beschließt am 13. Mai eine Landesvolksversammlung in Offenburg, an der etwa 35 000 Menschen teilnehmen: »Die deutschen Fürsten haben sich zur Unterdrückung der Freiheit verschworen und verbunden; der Hochverrath an Volk und Vaterland liegt offen zutage ... Das badische Volk wird daher die Volksbewegung in der Pfalz mit allen ihm zu Gebote stehenden Mitteln unterstützen.« Zwar hat die badische Regierung die Verfassung akzeptiert; doch die badischen Republikaner wollen mehr; anstelle der monarchisch-konstitutionellen Lösung fordern sie die Republik und demokratische und soziale Reformen, freie Wahl der Offiziere, unentgeltliche Aufhebung sämtlicher Grundlasten, Schutz gegen das Übergewicht der Kapitalisten und staatliche Arbeitslosenunterstützung *(Kat. Abb. 96)*.

Tafel 68/69 Zwischen dem 10. und 12. Mai meutert das badische Militär in den wichtigsten Festungen des Landes *(Kat. Abb. 99)*. Die Rebellion der Truppen gegen ihre Offiziere ermuntert die demokratische Volksbewegung zum offenen Aufstand. Die Chancen der Revolution sind günstig. Sie wird zur letzten Hoffnung aller Demokraten in Deutschland. Turner- und Schützenkompanien, Arbeiterbataillone, polnische und ungarische Legionen ziehen zur Unterstützung nach Baden. Preußisches Militär und Truppen des Reichsverwesers unter dem Oberbefehl des Prinzen von Preußen, des späteren Kaisers Wilhelm I., marschieren ein. In nahezu zweimonatigem Kampf wird die badisch-pfälzische Erhebung besiegt *(Kat. Abb. XII)*.

**XII (Abb. links)
Gefecht
bei Waghäusel
am 22. Juni 1849
zwischen
Aufständischen
und preußischen
Truppen** Ausdauer, Zähigkeit und der Mut der Volksarmee konnten die wachsende militärische Desorganisation nicht aufwiegen. Die provisorische Regierung in Baden selbst, unter Leitung des

zaudernden Lorenz Brentano, verhindert ein energisches Vorgehen: zunächst versagt sie den nur schlecht bewaffneten Pfäl-
zern ernsthafte militärische Unterstützung, in Baden verbietet
sie die radikal-demokratische Opposition, die sich im »Klub des
entschiedenen Fortschritts« zusammengefunden hat; vor allem
wendet sie sich gegen eine Ausweitung des Kampfes auf andere deutsche Länder.
Auch die Linke in der Frankfurter Paulskirche vermag nicht, sich
an die Spitze der Bewegung zu stellen, nachdem die liberalen
und konservativen Abgeordneten ausgezogen waren und die
Durchsetzung der Reichsverfassung der »selbstthätigen Fortbildung der Nation« überlassen hatten.

Tafel 70   Rastatt, die letzte Festung der Aufständischen und Ausgangs-
punkt der Revolution, fällt am 23. Juli 1849.
Bis Ende Oktober 1849 arbeiten in Baden die preußischen
Militärtribunale: standrechtliche Erschießungen, Zuchthaus und
Gefängnis für die Aufständischen sind das Ende *(Kat. Abb. 98)*.
80000 Verfolgte, 6 Prozent der badischen Bevölkerung, wan-
dern aus.
Im Herbst 1849 ist die liberale und demokratische Bewegung in
Frankreich, Italien, Ungarn und Deutschland besiegt.

Die Reaktion (Tafel 72−78)

Die Revolution ist gescheitert. Sie ist gescheitert am Widerstand
der alten Dynastien, der königstreuen Heere und der Bürokratie,
aber auch an wachsenden Gegensätzen im eigenen Lager. Die
bürgerlichen Liberalen scheuten vor den radikalen politischen
Forderungen der Republikaner und entschiedenen Demokraten
zurück. Hinzu kommt der Interessenkonflikt zwischen Besitzenden und Besitzlosen, der sich im Zeitalter der beginnenden
industriellen Revolution ständig verschärft.

Tafel 73   In der nun einsetzenden Reaktion werden die liberalen Ministerien in allen deutschen Ländern durch konservative ersetzt.
Viele Parlamente werden aufgelöst, die Verfassungen revidiert.
Die Monarchen regieren wieder ohne wirkliche Kontrolle durch
das Volk.

Tafel 74   Die preußische Regierung führt das Dreiklassenwahlrecht ein.
Die Wähler werden darin je nach der Höhe des von ihnen
entrichteten Steuerbetrages in drei Klassen eingeteilt: die kleine
Zahl der Großverdiener der ersten Klasse (4% der Bevölkerung)

III/98 »Begnadigt zu Pulver und Blei«

III/99 Der Sieg der Reaktion in Europa 1849,
Zeichnung von F. Schroeder in den »Düsseldorfer Monatsheften«

kann ebensoviele Wahlmänner und Abgeordnete stellen, wie die zahlenmäßig stärkste Klasse der Kleinverdiener (80% der Bevölkerung). Durch die Öffentlichkeit der Wahl soll darüber hinaus eine Kontrolle der abhängigen Wähler gesichert werden.

Tafel 75/76   Meinungs- und Pressefreiheit werden durch Zensur und Polizeispitzel eingeschränkt, 1851 hebt der Deutsche Bund die »Grundrechte des deutschen Volkes« wieder auf. Er ist von Österreich und Preußen, den Hauptmächten der Reaktion, wieder eingesetzt worden als Instrument der Unterdrückung *(Kat. Abb. 99)*.

Tafel 77   Während im Vielvölkerstaat Österreich die letzten nationalen Aufstände niedergeschlagen werden, triumphiert unter Leitung des Deutschen Bundes überall die Reaktion. Liberale, Demokraten und Sozialrevolutionäre werden verhaftet und zu langjährigen Freiheitsstrafen verurteilt *(Kat. Abb. 100)*. Alle »verdächtigen« politischen Vereine werden verboten.

Tafel 78   Die Folgen der Unterdrückung sind Massenauswanderungen in die Schweiz, nach England und in die Vereinigten Staaten von Amerika *(Kat. Abb. 101)*. Der Versuch einer demokratischen Reichsgründung durch das deutsche Volk ist gescheitert.

III/100   Der Geschworenenprozeß gegen Johann Jacoby im Dezember 1850

III/101   Auswandererschiff, 1850

R.Ä. - Reuß ältere Linie
R.J. - Reuß jüngere Linie
S.A. - Sachsen-Altenburg
S.K.G. - Sachsen Koburg-Gotha
S.M. - Sachsen-Meiningen
S.W. - Sachsen-Weimar
S.L. - Schaumburg-Lippe
S.R. - Schwarzburg-Rudolstadt
S.S. - Schwarzburg-Sondershausen

Raum IV

Industrielle Revolution und Reichsgründung –

Das kaiserliche Deutschland

Industrielle Revolution und Reichsgründung

In den fünfziger Jahren, der Zeit der politischen Reaktion, schafft die wirtschaftliche Entwicklung eine völlig neue politische und soziale Situation: auch in Mitteleuropa setzt sich jetzt die industrielle Revolution durch. Die Schwerindustrie wächst sprunghaft; industrielle Ballungsräume entstehen vor allem im Ruhr- und im Saargebiet und in Oberschlesien. Neue Finanzierungsmethoden über Aktiengesellschaften und Wirtschaftsbanken erlauben den Einsatz moderner Produktionsverfahren im großen Stil und die rasche Erweiterung der Märkte. Deutschland ist auf dem Wege zu einem modernen Industrieland.

Mit der Industrialisierung verändert sich die soziale Landschaft von Grund auf. Neben einem wohlhabenden und selbstbewußten Industriebürgertum entsteht ein ständig wachsendes Industrieproletariat, das sich vor allem aus ehemals selbständigen Handwerkern und aus den in die großen Städte strömenden Landarbeitern rekrutiert. Mit sinkenden Reallöhnen verschlechtert sich dessen Situation zunehmend. Die Arbeiter wohnen in oft menschenunwürdigen Behausungen. Ihr Verdienst liegt meist an der Grenze des Existenzminimums. Selbsthilfeorganisationen wie Konsumgenossenschaften, Krankenversicherungen und Darlehenskassen versuchen, die ärgste Not zu lindern. In die gleiche Richtung zielen karitative Institutionen wie Kolpings Gesellenvereine. Alle diese Einrichtungen stellen die bestehende wirtschaftliche und soziale Ordnung nicht in Frage. Der Sozialismus dagegen zieht radikale Konsequenzen und ruft zum Umsturz des kapitalistischen Systems durch die Arbeiter selbst auf. In Karl Marx findet er seinen führenden Theoretiker.

Das Kernland der industriellen Entwicklung ist Preußen, das – noch dazu als Führungsmacht des Zollvereins – ein immer stärkeres wirtschaftliches Gewicht innerhalb Deutschlands gewinnt. Damit wird zugleich auch seine politische Stellung gegenüber Österreich gestärkt. Bedeutsam für die weitere politische Entwicklung ist außerdem, daß bereits in den Jahren der Reaktion die Wirtschaftspolitik Preußens den Interessen weiter Kreise des Bürgertums entspricht.

Seit 1858 scheint sich noch einmal die Chance zu bieten, daß der preußische Staat auch den politischen Wünschen des liberalen Bürgertums entgegenkommt. In dem Regierungsantritt des Prinzregenten Wilhelm, der ein liberal-konservatives Ministerium beruft und in einer programmatischen Ansprache an das

Staatsministerium weitreichende Reformen ankündigt, sehen viele Zeitgenossen den Beginn einer »Neuen Ära« in Preußen. Sie gibt überall in Deutschland dem politischen Liberalismus großen Auftrieb. Man hofft auf die Einlösung der Reformzusagen und darüber hinaus auf eine nationale Einigung unter Führung des liberalen Preußen.

Ermutigt von der Entwicklung in Preußen, angespornt überdies von der italienischen Einigung, gründen jetzt Liberale und Demokraten den Nationalverein. Er nimmt das 1849 gescheiterte kleindeutsche Konzept einer nationalen Einigung auf parlamentarischer Grundlage unter preußischer Führung wieder auf. 1861 entsteht mit der Deutschen Fortschrittspartei die »Exekutive des Nationalvereins in Preußen«: ein Parteibündnis ebenfalls aus entschiedenen Liberalen und Demokraten, deren führende Männer dem Nationalverein angehören. Die Fortschrittspartei hat innerhalb Preußens die gleiche Zielsetzung wie der Nationalverein. Statt zur Zusammenarbeit mit den Liberalen wie in anderen deutschen Staaten kommt es hier jedoch über die Frage der Heeresform bald zu einer grundsätzlichen Auseinandersetzung zwischen der Exekutive und dem Parlament, die sich mehr und mehr zu einem Verfassungskonflikt entwickelt. Die Fortschrittspartei sieht in ihm die entscheidende Machtprobe mit dem monarchisch-konservativen Staat und dem »mit absolutistischen Tendenzen verbündeten Junkertum«. Doch sie kann diese Machtprobe nicht für sich entscheiden. Mit Bismarck, der im September 1862 zum preußischen Ministerpräsidenten berufen wird, betritt jetzt der große Gegenspieler der liberalen Bewegung die politische Bühne. Schon 1848 als ultrakonservativer Junker bekannt geworden, steuert er nun einen schroff antiparlamentarischen Kurs und regiert ohne einen von der Volksvertretung verabschiedeten Haushalt praktisch außerhalb der Verfassung. Die Fortschrittspartei steht dem letztlich ohnmächtig gegenüber. Die konservative Haltung der Landbevölkerung und die Interessenbindung weiter Kreise des besitzenden Bürgertums an den preußischen Staat lassen sie vor einem revolutionären Vorgehen zurückschrecken. Sie opponiert deshalb in dem Rahmen, »wo sich die besitzenden Schichten noch nicht von uns trennen«.

Diese Haltung ist einer der Gründe dafür, daß sich die Arbeiterschaft von der Fortschrittspartei abwendet. Mit der Gründung des Allgemeinen Deutschen Arbeitervereins durch Lassalle im Jahre 1863 bleibt der Fortschrittspartei, die sich ursprünglich als

Sammelbecken aller liberalen und demokratischen Reformkräfte verstanden hatte, nur noch das Wählerreservoir des Bürgertums. Bürgerliche und proletarische Demokratie gehen von nun an eigene Wege.

Während so die Front der Opposition zerfällt, gelingen Bismarck auf außenpolitischem Gebiet ständig neue Erfolge. Im Konflikt um Schleswig-Holstein, in dem sich alle nationalen Kräfte – ob großdeutsch oder kleindeutsch – leidenschaftlich engagieren, übernimmt Preußen die Führung und zwingt Österreich an seine Seite. Nach dem Sieg über Dänemark werden die Herzogtümer unter die Verwaltung der beiden kriegführenden Mächte gestellt. Preußen aber dringt schließlich auf eine Annexion der Herzogtümer und treibt damit den Konflikt mit Österreich bis zum Kriege. Mit Preußens Sieg ist der Kampf um die Vormachtstellung in Deutschland endgültig zu seinen Gunsten entschieden. Der Deutsche Bund wird aufgelöst, der Weg zur kleindeutschen Lösung der nationalen Frage unter Führung des konservativen Preußen zeichnet sich ab.

Der außenpolitische Sieg bringt Bismarck auch einen innenpolitischen Erfolg. Ein Teil der Liberalen unterstützt fortan seine Machtpolitik, weil er sich von ihr – obgleich sie allen liberalen Traditionen widerspricht – den deutschen Nationalstaat erhofft.

Während der linke Flügel der Fortschrittspartei am Primat der Freiheit festhält und den nationalen Führungsanspruch Preußens ablehnt, »solange Preußen nicht innerlich zur Freiheit gelangt ist« (Waldeck), glauben andere Liberale, daß die Verhältnisse in Preußen erst dann im liberalen Sinne geändert werden können, wenn Deutschland geeint ist. »Ohne eine andere Gestaltung der deutschen Verhältnisse . . . ist für die Dauer auch die Existenz einer vernünftigen und freien Verfassung Preußens eine Unmöglichkeit« (Forckenbeck).

Der Norddeutsche Bund – die erste Stufe der Einigung Deutschlands – dehnt den Machtbereich Preußens bis zur Mainlinie aus. Die Abgeordneten des Reichstags sind zwar nach dem allgemeinen, geheimen, gleichen und direkten Wahlrecht gewählt, doch bleiben die Rechte des Parlaments begrenzt. Bismarck als Bundeskanzler ist allein vom König von Preußen als dem »Inhaber« des Bundespräsidiums, nicht aber vom Parlament abhängig.

Die Verfassung des Norddeutschen Bundes ist bereits auf den möglichen Beitritt der süddeutschen Staaten hin angelegt. Überdies sind die süddeutschen Staaten durch Schutz- und

Trutzbündnisse mit dem Norddeutschen Bund verbunden. Eine weitere Klammer bildet das neugeschaffene Zollparlament des deutschen Zollvereins, zu dem Abgeordnete aus allen deutschen Staaten gewählt werden. Doch folgt Bismarck aus außenpolitischen Gründen dem Drängen der Nationalliberalen, die politische Einigung voranzutreiben, zunächst nicht. Vor allem befürchtet er eine Intervention Frankreichs, das seit dem preußischen Sieg über Österreich seine europäische Vormachtstellung in Gefahr sieht. Die wachsenden Spannungen zwischen Preußen und Frankreich führen über die Verwicklungen der Hohenzollernschen Thronkandidatur schließlich zur französischen Kriegserklärung. Sie löst in ganz Deutschland eine Welle nationaler Empörung aus. Die militärischen Bündnisverträge zwischen den deutschen Staaten treten in Kraft und werden im Verlauf des Krieges nach diplomatischen Verhandlungen durch völkerrechtsähnliche Verträge zwischen den deutschen Monarchen und Regierungen ergänzt. Nach der militärischen Niederlage Frankreichs und dem Sturz des französischen Kaisertums wird am 18. Januar 1871 im Spiegelsaal von Versailles in einem höfisch-militärischen Zeremoniell der Akt der Reichsgründung von oben, durch die konservative preußische Staatsmacht und die Fürsten, vollzogen.

Die industrielle Revolution – ihre sozialen und politischen Folgen (Tafel 1–40)

Tafel 1

Zu Beginn der fünfziger Jahre setzt in Deutschland im Zusammenhang mit einem weltweiten wirtschaftlichen Aufschwung die eigentliche »industrielle Revolution« ein. Eisenbahnbau und Schwerindustrie sind zunächst die Hauptträger dieser Entwicklung *(Kat. Abb. VIII und 102).* Der entscheidende Impuls geht vom Eisenbahnbau aus. Das Schienennetz wächst sprunghaft: um 1845 waren es 3280 km, 1860 sind es schon 11633 km und 1870 schließlich 19575 km. In der Hausse der 60er Jahre schütten die Eisenbahngesellschaften zwischen 10 und 20% Dividende aus. Gleichzeitig setzen sich Dampf- und Werkzeugmaschinen durch *(Kat. Abb. 103).* Billige Arbeitskräfte rekrutieren sich aus den niedergehenden Zweigen des Handwerks, vor allem aber aus dem ostdeutschen Landarbeiterproletariat und strömen in die neuen Industriezentren. Aktiengesellschaften und Großbanken bringen das erforderliche Kapital auf. Mit der »industriellen Revolution« entsteht ein selbstbewußtes, wirtschaftlich mächtiges, aber oft unpolitisches neues Großbürgertum.

Der Prozeß der Reichseinigung begünstigt zusätzlich den wirtschaftlichen Aufschwung. Auf den Boom der »Gründerjahre« folgt jedoch schon wenig später die große Krise von 1873 und damit eine längere Zeit wirtschaftlicher Unsicherheit.

Tafel 2

Für den Eisenbahnbau, den Ausbau der Schwerindustrie und später auch für die Werkzeugmaschinenindustrie werden Arbeitskräfte in bisher unbekanntem Ausmaß benötigt. Sie kommen im weiteren Verlauf vor allem aus den agrarischen Gebieten Ostdeutschlands. Hier war im Zuge der »Bauernbefreiung« und der Kapitalisierung der ländlichen Wirtschaftsbeziehungen mit dem nur saisonweise beschäftigten und notleidenden Landarbeiterproletariat eine Art industrielle Reservearmee entstanden. Sie zieht seit den 60er Jahren in einer großen Wanderung von Osten nach Westen in den Berliner Raum, in die Industriestädte und die neuen Industriereviere des Ruhrgebiets.

Tafel 3

Die zweite Voraussetzung für das wirtschaftliche Wachstum ist die Kapitalbeschaffung im großen Stil. Aktiengesellschaften und Aktienbanken entstehen allein zu dem Zweck, industrielle Unternehmen zu finanzieren *(Kat. Abb. 104, 105).* Während zwischen 1818 und 1849 in Deutschland nur 18 Aktiengesell-

IV/102   Ansicht eines Eisenwalzwerkes in Hagen um 1860

IV/103 Maschinensaal der Hartmannschen Maschinenbaufabrik in Chemnitz

IV/104   Großer Saal der Berliner Börse

IV/105   Das Reichsbankgebäude in Berlin

IV/106 Stahlgewinnung mit der Bessemerbirne

IV/107 Die Riesenkanone von Krupp auf der Pariser Weltausstellung 1867

Verordnung

für die Arbeiter

der

C. Reichenbach'schen Maschinenfabrik.

———

§. 1.

Die Arbeitszeit ist von Morgens 6 bis 12 Uhr und Nachmittags von 1 bis 7 Uhr, mit Ausnahme des Samstags, an welchem um 6 Uhr Feierabend gemacht wird. Der Arbeiter hat sich, nachdem er in die Fabrik eingetreten ist, sogleich an seine Arbeit zu begeben, außerdem eine Strafe von 6 kr. erfolgt. Wer 5 Minuten nach dem Läuten nicht an seiner Arbeit ist, wird um ¼ Stunde gestraft.

§. 2.

Um 8 Uhr wird zum Frühstücke, und um ½ auf 4 Uhr zur Vesper jedesmal eine Viertelstunde Arbeitszeit gestattet, und hiezu mit der Glocke das Zeichen gegeben; der Arbeiter hat jedoch beide in seiner Werkstätte einzunehmen, und darf diese Zeit nicht benützen, in andere Werkstätten zu gehen. Zu diesem Zwecke ist dem Hausmeister gestattet, an den Arbeitstagen Nahrungsmittel an die in der Fabrik Beschäftigten abzugeben. Die hierauf bezughabende Verordnung ist in dem Speisezimmer angeschlagen.

Vergehen gegen die Ordnung werden mit angemessenem Abzuge am Lohne, und auch nach Umständen mit augenblicklicher Entlassung aus der Arbeit bestraft.

§. 13.

Zur Befriedigung der natürlichen Bedürfnisse sollen nur die Abtritte benützt werden; wer andere Orte verunreinigt wird um 6 kr. gestraft.

§. 14.

Jeder Arbeiter ist gehalten dem für die Fabrik bestehenden Kranken-Verein beizutreten, und erhält zu diesem Zwecke einen Abdruck der darauf bezüglichen Gesetze.

§. 15.

Kein Arbeiter darf einen andern Weg zu oder aus der Fabrik betreten, als durch das Hauptthor.

§. 16.

Wer aus der Arbeit treten will, muß 14 Tage vorher die Anzeige davon auf dem Comptoir machen; dagegen erfolgt eine Aufkündigung von Seite der Fabrik auch 14 Tage vorher. Tagwerker sind hiervon ausgenommen.

§. 17.

Diese Verordnung gilt ohne Ausnahme für jeden Arbeiter, der in der Fabrik beschäftigt ist, und wird auf's Strengste gehandhabt werden; wer sich derselben nicht unterziehen will, hat in den ersten 14 Tagen, die nur als Probezeit angesehen werden, seine Entlassung zu nehmen.

Augsburg im September 1846.

IV/108   Die erste und letzte Seite einer Arbeitsordnung aus der Zeit der industriellen Revolution

IV/109   Technisierung der Landwirtschaft: Dampfbetriebene Dreschmaschine

IV/110   Wochenmarkt auf dem Alexanderplatz um 1860

Tafel 11

Tafel 14

schaften gegründet wurden, sind es allein in der Zeit von 1850 bis 1859 251.

Die neuen Geschäfts- und Wirtschaftsmethoden beschleunigen auch die Entwicklung neuer Technologien in der Produktion und ermöglichen so eine rasche Erhöhung der Produktivität: ein Puddelofen benötigt zum »Frischen« von drei Tonnen Roheisen 24 Stunden, eine Bessemerbirne braucht für die gleiche Menge nur noch 20 Minuten *(Kat. Abb. 106)*. Die stark phosphorhaltigen deutschen Erze verhindern allerdings den Großeinsatz der Bessemerbirne in Deutschland. Phosphorarme Erze müssen importiert werden und sind daher teuer. Erst mit dem Siemens-Martin-Ofen und der Thomasbirne, einer Weiterentwicklung der Bessemerbirne, wird die Verhüttung der lothringischen Erze wirtschaftlich und damit eine Massenproduktion von Stahl in Deutschland möglich. Neue Industriezweige entstehen, so die Chemie- und Elektroindustrie. 1863 wird die Badische Anilin- und Sodafabrik gegründet, 1866 entwickelt Werner von Siemens die Dynamomaschine. Die Weltausstellungen werden zum Schauplatz der konkurrierenden Nationen. Selbstbewußt urteilt ein deutscher Zeitgenosse über die Pariser Weltausstellung 1867: »Unser Gußstahl war unerreicht; unser Glas, unser Papier standen auf der höchsten Stufe, in chemischen Produkten schlugen wir die englische und französische Konkurrenz. Unsere mechanischen Webstühle, Werkzeugmaschinen, Lokomotiven, standen englischen und amerikanischen mindestens gleich – und dieses Ziel war in verhältnismäßig sehr kurzer Zeit erreicht worden« *(Kat. Abb. 107)*. Im Zeichen einer gewaltigen Hochkonjunktur entwickelt sich Deutschland innerhalb von wenigen Jahrzehnten zum Industriestaat.

Auch in der Landwirtschaft kann durch eine neue, rationellere Produktionsweise der Ertrag um ein Vielfaches gesteigert werden; denn der großflächige Getreideanbau, vor allem der ostelbischen Grundbesitzer, macht den Einsatz von Maschinen rentabel *(Kat. Abb. 109)*. Die Mineraldüngung, die bahnbrechende Entdeckung Justus von Liebigs, sorgt für eine intensivere Nutzung der Anbauflächen. In großer Zahl entstehen landwirtschaftliche Vereine, die die neuen Produktionsmethoden propagieren und die erforderlichen Maschinenparks anlegen.

Günstig wie nie zuvor sind auch die Absatzchancen für landwirtschaftliche Erzeugnisse. Die Idee des Freihandels vereint zu jener Zeit die politisch meist konservativen Großgrundbesitzer mit dem liberalen Bürgertum. Erst im Laufe der siebziger Jahre führt die wachsende Bedrohung durch billige russische und amerikanische Getreideimporte zu einem grundlegenden Kurswechsel.

Die Gründerjahre

Tafel 18

Die Impulse der Reichseinigung von 1871 und die Milliarden der französischen Kriegsentschädigung führen zum Boom der »Gründerjahre«. In einer völlig überhitzten konjunkturellen Situation schießen Unternehmen wie Pilze aus dem Boden. Diese Welle von Unternehmensgründungen zwingt den Industriestädten ein oft unorganisches Wachstum auf, das häufig irreparable soziale Folgen hat.

Tafel 20/21

1873 bricht die »Epidemie entfesselter Geldgier« (S. v. Waltershausen) zusammen. Der Börsenkrach, der von Wien nach Berlin übergreift, führt zu gewaltigen Kursstürzen am Aktienmarkt und damit erstmals zu einer Wirtschaftskrise, die auf eine industrielle Überproduktion zurückzuführen ist. Konkurse sind an der Tagesordnung. Unternehmen, die weniger auf Solidität als auf einen »Wechsel auf die Zukunft« gegründet wurden, sind dieser Krise nicht gewachsen. Der Zusammenschluß zu Konzernen und Trusts ist die Antwort, Marktbeherrschung, aber auch Sicherheit bei Konjunkturschwankungen das Ziel. Der Umschwung von 1873 und die Verlangsamung des realen Wirtschaftswachstums erschüttern das Selbstvertrauen des Bürgertums. Der Jurist Rudolf von Gneist gab einem allgemeinen Zeitgefühl Ausdruck, wenn er die Jahre nach 1873 eine »Epoche der allgemeinen Unzufriedenheit« nannte, »in welcher die pessimistischen Lebensanschauungen als zusammenfassender Ausdruck der Geistesrichtung der Zeit auftreten«.

Sozialer Strukturwandel und politische Theorien

Tafel 25

Die Jahre der raschen wirtschaftlichen Entwicklung zwischen 1850 und 1870 bedeuten auch den Übergang vom vormärzlichen Landarbeiter- und Handwerker-Proletariat zum Industrie-Proletariat. Gleichzeitig beginnt die Verstädterung: Handwerksgesellen, die nicht mehr hoffen können, sich seßhaft zu machen, kleine Meister, die der Konkurrenz erliegen, und ehemalige Tagelöhner verdingen sich in den Fabriken *(Kat. Abb. 108)*. Das

IV/111   Barackenstadt vor Berlin um 1875

IV/112   Berliner Volksküche

Manifest

der

Kommunistischen Partei.

Ein Gespenst geht um in Europa—das Gespenst des Kommunismus. Alle Mächte des alten Europa haben sich zu einer heiligen Hetzjagd gegen dies Gespenst verbündet, der Papst und der Czar, Metternich und Guizot, französische Radikale und deutsche Polizisten.

Wo ist die Oppositionspartei, die nicht von ihren regierenden Gegnern als kommunistisch verschrieen worden wäre, wo die Oppositionspartei, die den fortgeschritteneren Oppositionsleuten sowohl, wie ihren reaktionären Gegnern den brandmarkenden Vorwurf des Kommunismus nicht zurückgeschleudert hätte?

Zweierlei geht aus dieser Thatsache hervor.

Der Kommunismus wird bereits von allen europäischen Mächten als eine Macht anerkannt.

Es ist hohe Zeit daß die Kommunisten ihre Anschauungsweise, ihre Zwecke, ihre Tendenzen vor der ganzen Welt offen darlegen, und den Mährchen vom Gespenst des Kommunismus ein Manifest der Partei selbst entgegenstellen.

Zu diesem Zweck haben sich Kommunisten der verschiedensten Nationalität in London versammelt und das folgende Manifest entworfen, das in englischer, französischer, deutscher, italienischer, flämmischer und dänischer Sprache veröffentlicht wird.

soziale Elend der Arbeiter ist unbeschreiblich. Es entstehen karitative Vereine, die die unmittelbare Not lindern wollen. Zur gleichen Zeit breiten sich neue sozialistische Theorien aus, die die Befreiung der Arbeiterklasse nur durch den Sturz des Kapitalismus für möglich erklären.

Tafel 26

In den 50er und 60er Jahren ziehen die wachsenden Industriestädte vor allem die Arbeitskräfte der unmittelbaren Umgebung an. Gleichzeitig setzt die große Ost-West-Wanderung ein. Die ostelbischen Landarbeiter werden nun in immer stärkerem Maße zum Arbeitskräftereservoir der rheinisch-westfälischen Industrie. Die Bevölkerungszahl steigt zwischen 1850 und 1870 von 35 auf 41 Millionen; davon leben um 1860 2,6 Millionen in Großstädten mit über 100 000 Einwohnern. Die Werksanlagen verändern die alte Silhouette der Städte. Vor allem im Ruhrgebiet entsteht bereits eine Industrielandschaft. 1873 leben aber noch immer zwei Drittel der deutschen Bevölkerung auf dem Lande.

Die Lage der Industriearbeiter bessert sich durch die günstige Konjunktur der Wirtschaft keineswegs. Vor allem die Wohnverhältnisse der neu in die Städte geströmten Proletarier sind menschenunwürdig. Am Rande Berlins entstehen ausgedehnte Barackensiedlungen (Kat. Abb. 111); zugleich wachsen die Mietskasernen, in denen 1867 im Schnitt auf ein Zimmer 6−7 Personen kommen. 18-Stunden-Tag, Löhne am Rande des Existenzminimums und Kinderarbeit vervollständigen das Elend der Industriearbeiterschaft.

Tafel 27

Die von der industriellen Entwicklung bedrohten sozialen Gruppen schließen sich zu Selbsthilfeorganisationen zusammen: Raiffeisen gründet ländliche Darlehnskassen, Schulze-Delitzsch Kreditvereine für das Kleingewerbe; Konsumvereine und erste Gewerkschaften entstehen. Die katholische und die evangelische Kirche richten karitative Vereine für Gesellen und Arbeiter ein; Kolping und Ketteler, Wichern und Bodelschwingh versuchen, aus dem Geist des Christentums eine Antwort auf die sozialen Probleme der Zeit zu finden. Alle diese Versuche, die sozialen Folgen der Industrialisierung und der kapitalistischen Wirtschaftsordnung für bestimmte Gruppen der Bevölkerung zu mildern, beschränken sich auf Verbesserungsvorschlä-

Tafel 28/29

ge im Rahmen der bestehenden Ordnung (Kat. Abb. 112). Für Marx und Engels dagegen ist die Arbeiterklasse kein Gegenstand der Fürsorge: es gehe nicht um reformistische Verbesserungen, sondern das System der kapitalistischen Ausbeutung selbst müsse in einem Akt der Selbstbefreiung durch diejenigen abgeschafft werden, die seine Opfer seien. Zu Beginn der Revolution von 1848 hatten Marx und Engels in London das »Manifest der Kommunistischen Partei« verfaßt *(Kat. Abb. 113, 114)*. Erst jetzt gewinnt es allgemeine Bedeutung. Es endet mit den Sätzen: »Proletarier haben nichts zu verlieren als ihre Ketten. Sie haben eine Welt zu gewinnen. Proletarier aller Länder, vereinigt euch!« In den 50er und 60er Jahren geht Marx daran, die Bewegungsgesetze und Tendenzen der kapitalistischen Produktionsweise zu erforschen, um nachzuweisen, daß die Revolution des Proletariats nicht nur ein subjektiver Willensakt, sondern zugleich eine objektiv-historische Notwendigkeit sei. Diese grundlegenden Untersuchungen veröffentlicht er in seinem unvollendeten Hauptwerk »Das Kapital«, dessen erster Band 1867 erscheint.

Parteien und Vereine (Tafel 30−40)

Die industrielle Revolution verändert mit der sozialen auch die politische Landschaft grundlegend. Die bisherigen parteiähnlichen Gruppierungen suchen sich den neuen Verhältnissen anzupassen und entwickeln Programme, die von je unterschiedlichem Standpunkt eine Antwort auf die Probleme der werdenden Industriegesellschaft zu geben versuchen. Darüber hinaus bilden sich als Ausdruck der wachsenden sozialen, konfessionellen und nationalpolitischen Spannungen ganz neue Parteien, die in Konkurrenz zu den bereits etablierten treten und das politische Kräftegefüge der folgenden Jahrzehnte bestimmen. Trotz aller Fusionen, Spaltungen und Namensänderungen, vor allem bei den Liberalen, bleibt das Parteiensystem, das sich im Jahrzehnt vor der Reichsgründung herausbildet, bis zum Ende des Kaiserreiches 1918 im wesentlichen unverändert.

Die Entstehung der Sozialdemokratie

Tafel 30

Das mit der voranschreitenden Industrialisierung ständig wachsende Industrieproletariat beginnt sich schon bald in eigenständigen Organisationen zusammenzuschließen und sich auch politisch zu artikulieren.
Die ersten Arbeitervereinigungen aus der 48er Revolution wer-

Statut

des

Allgemeinen Deutschen Arbeitervereins.

~~~~~~

§. 1.

Unter dem Namen

"Allgemeiner Deutscher Arbeiterverein"

begründen die Unterzeichneten für die Deutschen Bundesstaaten einen Verein, welcher, von der Ueberzeugung ausgehend, daß nur durch das allgemeine gleiche und direkte Wahlrecht eine genügende Vertretung der sozialen Interessen des Deutschen Arbeiterstandes und eine wahrhafte Beseitigung der Klassengegensätze in der Gesellschaft herbeigeführt werden kann, den Zweck verfolgt,
auf friedlichem und legalem Wege, insbesondere durch das Gewinnen der öffentlichen Ueberzeugung, für die Herstellung des allgemeinen gleichen und direkten Wahlrechts zu wirken.

§. 2.

Jeder Deutsche Arbeiter wird durch einfache Beitrittserklärung Mitglied des Vereins mit vollem gleichen Stimmrecht und kann jeder Zeit austreten.

IV/115/116   Ferdinand Lassalle und das Statut des Allgemeinen Deutschen Arbeitervereins von 1863

IV/117   Gedenkblatt zum »Vereinigungsparteitag« 1875

den in der darauffolgenden Reaktionszeit wieder unterdrückt. Dennoch geht der Zusammenschluß zu Gewerkschaften und Parteien weiter. Ferdinand Lassalle gründet 1863 den »Allgemeinen Deutschen Arbeiterverein« *(Kat. Abb. 115, 116)*. Er fordert das allgemeine, gleiche Wahlrecht sowie staatlich unterstützte Produktivgenossenschaften.

Tafel 31/32
1869 tritt neben den »Allgemeinen Deutschen Arbeiterverein« eine von August Bebel und Wilhelm Liebknecht geführte, strenger an Marx orientierte Arbeiterpartei: die in Eisenach gegründete »Sozialdemokratische Arbeiterpartei« (SDAP). Beide Richtungen, »Lassalleaner« und »Eisenacher«, vereinigen sich 1875 in Gotha zu einer einheitlichen deutschen Arbeiterpartei *(Kat. Abb. 117)*. Zwar scheint es auf den ersten Blick, als hätten sich die radikaleren »Marxisten« in der neuen Partei durchgesetzt; doch das »Gothaer Programm« zeigt, daß eine Reihe von »lassalleanischen« Vorstellungen erhalten geblieben ist. Marx' Antwort ist daher auch eine scharfe »Kritik des Gothaer Programms«.

Die Konservativen

Tafel 33/34
Unter anderen Vorzeichen kämpfen die Konservativen gegen die sozialen Folgen der industriellen Revolution. Sie fürchten die Auflösung aller Grundlagen der bestehenden politischen und sozialen Ordnung. Ihr Ziel ist daher ein zugleich patriarchalisch wie wohlfahrtsstaatlich bestimmtes politisches System mit einer hierarchischen Gliederung der sozialen Gruppen.
Der Konservativismus bekämpft den »vermeintlichen Fortschritt« als Angriff auf die natürliche, von Gott bestimmte Ordnung des menschlichen Lebens *(Kat. Abb. 121)*. Sein Kampf gegen den Liberalismus ist zugleich ein Kampf um die Bewahrung der alten Ordnung gegen die aufstrebende Macht des industriellen Bürgertums. Gerade jene Männer beschwören allerdings diese angeblich gottgewollte Ordnung, denen sie politische und wirtschaftliche Privilegien garantiert: adlige Großgrundbesitzer und Anhänger der Krone kämpfen gegen die Aufhebung der Standesschranken, gegen gleiches Wahlrecht und für die Wiederherstellung der guts- und standesherrlichen Rechte. Die Karikatur zeigt die »Ritter- der ›Kreuzeitungspartei‹«: Ludwig von Gerlach, der Führer der Partei, als Don Quichote auf dem Esel, flankiert vom ›Jesuitenpater‹ Friedrich

Julius Stahl, dem Theoretiker des Konservativismus, und Bismarck im Krebspanzer der Rückständigkeit.

Der Liberalismus

Tafel 35

Seine politischen, wirtschaftlichen und sozialen Forderungen – Sicherung des Rechtsstaates, parlamentarische Kontrolle der Exekutive, uneingeschränkte Freiheit im Wirtschaftsleben und in den sozialen Beziehungen – zielen auf eine Gesellschaft freier und unabhängiger Bürger. Die gesellschaftlichen und wirtschaftlichen Voraussetzungen für die Verwirklichung eines solchen Bürgerideals sind allerdings noch kaum vorhanden. Die sich daraus ergebende Notwendigkeit einer staatlichen Sozialpolitik gerade im Interesse der eigenen Ziele wird trotzdem nur von wenigen erkannt.

Tafel 36

Die Ablösung des geisteskranken Friedrich Wilhelm IV. durch Prinz Wilhelm, den späteren Kaiser Wilhelm I., leitet eine »Neue Ära« in Preußen ein: das reaktionäre Ministerium wird entlassen, das Abgeordnetenhaus aufgelöst. Bei den diesmal nicht von der Regierung kontrollierten Wahlen gewinnen die Liberalen eine überwältigende Mehrheit. Prinz Wilhelm beruft ein liberal-konservatives Ministerium und weckt mit seiner Regierungserklärung bei den Liberalen nicht nur in Preußen, sondern in ganz Deutschland große Erwartungen.

Der Nationalverein

Tafel 37

Kleindeutsche Liberale und Demokraten gründen 1859 den Nationalverein *(Kat. Abb. 126)*. Der organisierte Bürgerwille soll die Einigung Deutschlands unter preußischer Führung vorantreiben. Der Nationalverein nimmt das Konzept von 1848 wieder auf. Er fordert eine Zentralregierung und die Berufung einer Nationalversammlung. Er ist bereit, mit den Fürsten zusammenzuarbeiten. Nur wenige von ihnen, wie zum Beispiel der badische Großherzog, gehen jedoch darauf ein.

IV/118–121 Führende Vertreter der Konservativen in Preußen: Friedrich Julius Stahl,
Leopold von Gerlach, Otto von Bismarck und die Haustafel für den preußischen Untertan

IV/122   Der Frankfurter Fürstentag von 1863

Der Reformverein

Tafel 38
In Reaktion auf die Enttäuschung weiter Kreise über den anti-parlamentarischen Kurs der preußischen Regierung im Heeres-konflikt gründen Konservative, großdeutsche Liberale und De-mokraten 1862 in Frankfurt den Reformverein. Sein Ziel ist die nationale Einigung durch eine Reform des Deutschen Bundes unter Führung Österreichs. Die sich hierin ausdrückende anti-preußische Strömung sucht Österreich zu nutzen. Sein Versuch einer Bundesreform scheitert jedoch: Preußen weigert sich, an dem Frankfurter Fürstentag von 1863 auch nur teilzunehmen *(Kat. Abb. 122)*.

Der Linksliberalismus in Preußen: die Deutsche Fortschritts-partei

Tafel 39
In Preußen selbst kommt es über die Frage der Heeresreform zu wachsenden Konflikten zwischen Krone und Parlament. Oppo-sitionelle Linksliberale und Demokraten gründen die Deutsche Fortschrittspartei *(Kat. Abb. 123–125)*. Sie ruft zum entschlos-senen Kampf für den parlamentarischen Rechtsstaat und für eine neue soziale Ordnung auf. Erstmals bezieht eine preußi-sche Partei auch die Forderung nach der nationalen Einigung in ihr Programm ein. Die Tendenz nach links im preußischen Bürgertum zeigt sich bei den Wahlen zum Abgeordnetenhaus 1861: Während die konservative Fraktion auf 14 Mandate zu-sammenschrumpft, erhält die Fortschrittspartei 109 Sitze.

Tafel 40
Die Weigerung dieser liberalen Mehrheit im Abgeordnetenhaus, die Mittel zur Reorganisation des Heeres zu bewilligen, läßt den Heereskonflikt zum Verfassungskonflikt werden, da Regierung und Monarch auf ihren Plänen beharren: sie wollen mit der faktischen Beseitigung der durch die Heeresform des preußi-schen Kriegsministers von Boyen geschaffenen Landwehr, dem bei den Liberalen äußerst populären Bürgerheer, und durch die Festschreibung der dreijährigen Wehrpflicht mit anschließen-dem vier- bis fünfjährigen Dienst in der Reserve die Wehrverfas-sung im Sinne absolutistischer Staatstradition umgestalten und damit das Heer zu einem unbedingt ergebenen Instrument der Krone machen. Mit diesem Konflikt schlägt die Stunde Bis-marcks: er wird zum preußischen Ministerpräsidenten ernannt und tritt als der politisch überlegene Verteidiger des monarchi-

schen Obrigkeitsstaates der oppositionellen Fortschrittspartei entgegen. »Das preußische Königtum hat seine Mission noch nicht erfüllt, es ist noch nicht reif dazu, einen rein ornamentalen Schmuck Ihres Verfassungsgebäudes zu bilden, noch nicht reif, als ein toter Maschinenteil dem Mechanismus des parlamentarischen Regiments eingefügt zu werden«, erklärt er dem Abgeordnetenhaus.

Die Reichsgründung (Tafel 41−52)

Tafel 41

Bismarck, innenpolitisch als »Konfliktminister« scheinbar hoffnungslos isoliert, gelingt dank seines überragenden diplomatischen Geschicks eine Reihe eindrucksvoller außenpolitischer Erfolge. Sie führen, da sie auch als Schritte auf dem Wege zur Lösung der nationalen Frage interpretiert werden können, zu einem allmählichen Stimmungsumschwung in der Öffentlichkeit. Im Konflikt um Schleswig-Holstein, in dem sich alle nationalen Kräfte − ob großdeutsch oder kleindeutsch − leidenschaftlich engagieren, übernimmt Preußen die Führung und zwingt Österreich an seine Seite. Nach dem Sieg über Dänemark werden die Herzogtümer unter die Verwaltung der beiden kriegführenden Mächte gestellt. Preußen aber dringt schließlich auf eine Annexion der Herzogtümer und treibt damit den Konflikt mit Österreich bis zum Kriege. Mit Preußens Sieg ist der Kampf um die Vormachtstellung in Deutschland endgültig zu seinen Gunsten entschieden. Der Deutsche Bund wird aufgelöst, der Weg zur kleindeutschen Lösung der nationalen Frage unter Führung des konservativen Preußen zeichnet sich ab.
Der neu gegründete Norddeutsche Bund, dem alle Staaten nördlich der Mainlinie angehören, ist offenkundig nur eine Übergangslösung. Seine Verfassung ist bereits auf den möglichen Beitritt der süddeutschen Staaten hin angelegt. Durch die erfolgreiche expansive Machtpolitik Preußens sieht sich das Frankreich Napoleons III. in seiner Vormachtstellung bedroht. Die ständig wachsenden Spannungen führen schließlich über die Verwicklungen um die Hohenzollernsche Thronkandidatur zum kriegerischen Konflikt. In ihm stellen sich die süddeutschen Staaten sofort auf die Seite Preußens.
Im besiegten Frankreich wird Wilhelm I. am 18. Januar 1871 zum Deutschen Kaiser, zum Oberhaupt des neuen Deutschen Reiches, proklamiert.

123/124/125   Führende Vertreter der Deutschen Fortschrittspartei: Virchow, Schulze-Delitzsch, Mommsen

IV/126   »... oben stoßen wir leider häufig an.« Karikatur auf die Schwierigkeiten des Nationalvereins

IV/127 Das Schlachtfeld von Königgrätz, 3. Juli 1866

IV/128 Feierlicher Empfang für die siegreichen preußischen Armeen am 21. September 1866 in Be

Der deutsch-dänische Krieg

Tafel 42

1864 gelingt dem preußischen Ministerpräsidenten auf der deutschen wie der europäischen Bühne ein diplomatisches Meisterstück: Preußen übernimmt im Kampf gegen Dänemark die Führung. Es zwingt Österreich an seine Seite und trennt es damit von seinen bisherigen Bundesgenossen in Deutschland, den Klein- und Mittelstaaten.
Nach dem Sieg über Dänemark wird im Vertrag von Gastein zunächst Schleswig preußischer und Holstein österreichischer Verwaltung unterstellt. Österreichs geschwächte Position erlaubt es jedoch Preußen, im weiteren Verlauf der Entwicklung immer unverhohlener die Annexion der Herzogtümer zu verlangen. Zur gleichen Zeit bringt Preußen Österreichs Pläne für eine wirtschaftliche Zollunion Mitteleuropas endgültig zum Scheitern.

Das Entscheidungsjahr 1866

Tafel 43

Der österreichisch-preußische Dualismus im Kampf um die politische und wirtschaftliche Vormachtstellung in Deutschland spitzt sich 1866 zur kriegerischen Auseinandersetzung zu *(Kat. Abb. 127, 128)*. Durch den Sieg Preußens bei Königgrätz triumphiert das Bismarcksche Konzept der »nationalen Einigung von oben«, erzwungen mit den Mitteln der Diplomatie und des Krieges.

Tafel 44

Bismarck nutzt den Sieg auch innenpolitisch. Er ersucht jetzt das preußische Abgeordnetenhaus um die nachträgliche Sanktionierung seines Verfassungsbruchs in der Frage der Heeresreform (Indemnitätsvorlage). Unter dem Eindruck der Erfolge Bismarcks beugt sich die Mehrheit des Parlaments. Die Ereignisse von 1866 spalten die Liberalen: Die Mehrheit von ihnen gibt ihre bisherige Opposition gegen die Bismarcksche Machtpolitik auf. Sie erhofft eine Verwirklichung ihrer nationalpolitischen Ziele auf dem Wege einer »Revolution von oben«. Damit aber wird der nationale Gedanke dem liberalen übergeordnet. »Durch Einheit zur Freiheit« wird zu einer Formel der Selbstbeschwichtigung. Noch im Herbst 1866 entsteht die national-liberale Fraktion. Auf sie kann Bismarck seine Politik für mehr als ein Jahrzehnt stützen.

Der Norddeutsche Bund

Tafel 45/46   Mit der Annexion von Schleswig-Holstein, Hannover, Kurhessen, Nassau und Frankfurt beherrscht der preußische Militär-
und Obrigkeitsstaat das Gebiet bis zum Main *(Kat. Abb. 130)*.
Österreich, von diesem »Kleindeutschland« getrennt, wird im
Prager Frieden von 1866 zwar geschont, muß dafür aber den
preußischen Annexionen zustimmen, endgültig auf die Wiederherstellung des Deutschen Bundes verzichten und die Errichtung des Norddeutschen Bundes billigen *(Kat. Abb. 129)*.
Die Verfassung des am 16. April 1867 gegründeten Norddeutschen Bundes ist weitgehend Bismarcks persönliches Werk. Sie
sichert Preußen die Hegemonialstellung und wird 1871 größtenteils als Reichsverfassung übernommen. Das Bundespräsidium
steht erblich dem König von Preußen zu. Der Bundeskanzler ist
nur ihm gegenüber verantwortlich, das heißt nicht vom gewählten Reichstag abhängig. Im Bundesrat verfügt ebenfalls Preußen über das entscheidende Gewicht. In dieser monarchisch-
konstitutionellen Verfassung bedeutet die Einführung des allgemeinen, gleichen, direkten und geheimen Wahlrechts relativ
wenig; denn der Reichstag bleibt in seinen Rechten beschränkt
und kann vor allem auf die Regierungsbildung praktisch keinen
Einfluß nehmen *(Kat. Abb. 131)*.
Nutznießer des einheitlichen norddeutschen Wirtschaftsraumes
ist das nationalliberale Bürgertum, das den Bund trägt. Gegner
des Bundes sind Linksliberale, Sozialisten, Altkonservative und
der politische Katholizismus. Antipreußisch gesinnt bleiben
auch viele Bürger der annektierten deutschen Staaten: vor
allem im welfischen Hannover und in der alten Reichsstadt
Frankfurt. Die süddeutschen Staaten lehnen sich durch Schutz-
und Trutzbündnisse an den Bund an.

Die Hohenzollernsche Thronkandidatur in Spanien und der
deutsch-französische Krieg

Tafel 47/48   Seit dem Sieg Preußens über Österreich fürchtet Frankreich um
seine Vormachtstellung in Europa. Über die Frage der Neube-
setzung des spanischen Thrones durch einen Hohenzollernprin-
zen kommt es schließlich zwischen beiden Ländern zum Krieg,
da weder Frankreich noch Preußen eine diplomatische Niederlage in Kauf nehmen wollen *(Kat. Abb. 132—134)*.

IV/129   Konstituierende Sitzung des Norddeutschen Reichstages am 24. Februar 1867

IV/130   Karikatur zu Preußens Vorherrschaft in Deutschland

Berlin, 13 Juli 1870.   A. 2301.   Cito

1. H. v. Eichmann Dresden
2. Fr. v. Werther München   N. 10
3. Gf Radolinski Stuttgart   N. 17
4. Gf Flemming Carlsruhe   N. 4
5. Frhr. Schäffer Darmstadt   N. 8
6. H. v. Magnus Hamburg   N. 1
7. H. v. Bock Weimar   N. 1

N. 1216.

IV/132   Die von Bismarck redigierte Fassung der »Emser Depesche«

IV/133 Wilhelm I. und der französische Gesandte Benedetti in Bad Ems

IV/134 Kriegsbegeisterung in Paris am 19. Juli 1870

39ste Depesche
vom
Kriegs-Schauplatz.

Der Königin Augusta in Berlin.

Vor Sedan, den 2. September, ½2 Uhr Nachm.

Die Capitulation, wodurch die ganze Armee in Sedan kriegsgefangen, ist soeben mit dem General Wimpfen geschlossen, der an Stelle des verwundeten Marschalls Mac-Mahon das Commando führte. Der Kaiser hat nur sich selbst Mir ergeben, da er das Commando nicht führt und Alles der Regentschaft in Paris überläßt. Seinen Aufenthaltsort werde Ich bestimmen, nachdem Ich ihn gesprochen habe in einem Rendezvous, das sofort stattfindet.

Welch' eine Wendung durch Gottes Führung!

Wilhelm.

Berlin, den 3. September 1870.

Königliches Polizei-Präsidium.
von Wurmb.

Druck v. Ernst Litfaß, Königlichem Hofbuchdrucker. Adlerstr. 6.

IV/136 Wilhelm I. auf dem Schlachtfeld von Sedan am 2. September 1870

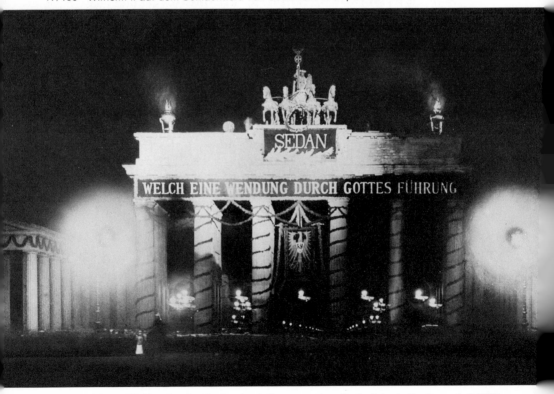

SEDAN

WELCH EINE WENDUNG DURCH GOTTES FÜHRUNG

IV/137 Dieses Bild ist eine Postkartendarstellung von einer Sedanfeier in Berlin am 1. 9.1895

Tafel 49—52   Ganz Deutschland reagiert auf die Kriegserklärung Frankreichs mit nationaler Empörung. Auch die süddeutschen Staaten eilen Preußen zu Hilfe und unterstellen ihre Truppen dem preußischen Oberbefehl. In unerwarteter Schnelligkeit vollzieht sich mit Hilfe der neuen Eisenbahnen der Aufmarsch an der französischen Grenze. In der Schlacht von Sedan wird der entscheidende Sieg über die kaiserliche Armee erfochten (Kat. Abb. 135, 136). Zu den Gefangenen gehört auch Napoleon III. In Deutschland wird der Sieg von Sedan überschwenglich gefeiert. Die Waffenbrüderschaft vor Sedan leitet ein neues Kapitel deutscher Geschichte ein: in maßloser Selbstüberhebung wird der Sieg über die Franzosen als schicksalhaftes Signum für die Berufung der Deutschen zu Größe und Einheit gedeutet (Kat. Abb. 137). Der Krieg tritt nun in eine neue Phase: in Paris wird die Republik ausgerufen. Léon Gambetta organisiert den Volkskrieg.

Obwohl ein annehmbarer Friede nicht ausgeschlossen ist, wird durch den militärischen Erfolg einer deutschen Kriegszielpolitik Auftrieb gegeben, die sich nicht mehr mit Verteidigung begnügt, sondern auf finanziellen Gewinn und Gebietserwerb aus ist.

Die meisten politischen Gruppen in Deutschland fordern nach den großen Siegen im August stürmisch die Einbeziehung des Elsaß und Lothringens in den entstehenden Nationalstaat. Auch Bismarck spricht sich aus machtpolitischen Gründen dafür aus. Nur wenige Stimmen verweisen darauf, daß die Elsässer und Lothringer nicht zu Deutschland wollen, und lehnen die Annexion ab, so die liberaldemokratische »Frankfurter Zeitung« und viele Vertreter der politischen Arbeiterbewegung: die Abtrennung von Frankreich sei eine eklatante Verletzung des für die eigene Nation so oft proklamierten Selbstbestimmungsrechts. »Die Militärkamarilla, Professorschaft, Bürgerschaft und Wirtshauspolitik gibt vor, dies (die Annexion) sei das Mittel, Deutschland auf ewig vor Krieg mit Frankreich zu schützen. (. . .) Es ist das unfehlbarste Mittel, den kommenden Frieden in einen bloßen Waffenstillstand zu verwandeln, bis Frankreich so weit erholt ist, um das verlorene Terrain herauszuverlangen. Es ist das unfehlbare Mittel, Deutschland und Frankreich durch wechselseitige Selbstzerfleischung zu ruinieren« (Manifest der Sozialdemokratischen Arbeiterpartei, 5. Sept. 1870).

Mit der Annexion wird das Verhältnis zu Frankreich in der Tat auf Jahrzehnte hinaus vergiftet. Die Folge ist, daß sich Deutschland außenpolitisch Fesseln anlegt.

Nach den Waffenerfolgen der ersten Kriegsmonate, dem Sturz des französischen Kaisertums und der Einschließung von Paris ist der Weg frei für die Vollendung der deutschen Einheit durch den Zusammenschluß der süddeutschen Staaten mit dem Norddeutschen Bund. Diplomatische Verhandlungen und die militärische Macht Preußens ermöglichen die Reichsgründung »von oben«. Nicht aus den Beschlüssen einer deutschen Nationalversammlung, sondern aus völkerrechtsähnlichen Verträgen zwischen den verschiedenen Monarchen und Regierungen, die dann vom norddeutschen Reichstag und von den süddeutschen Landtagen ratifiziert werden, entsteht das Deutsche Reich.

Am 18. Januar 1871 wird der Akt der Reichsgründung vollzogen: Die Kaiserproklamation vor den deutschen Fürsten im Spiegelsaal von Versailles ist ein preußisch-militärisches Schauspiel, eine Selbstdarstellung des Fürstenstaates *(Kat. Abb. 138).*

Die nationale Begeisterung des Volkes für das neu gewonnene Reich überdeckt nur scheinbar die tiefen inneren Gegensätze im Bündnis Bismarcks mit der liberalen und nationalen Bewegung.

Das kaiserliche Deutschland

Das deutsche Kaiserreich von 1871, gestützt auf ein ungleiches Bündnis zwischen der nationalen und liberalen Bewegung und der konservativen preußischen Staatsführung, entsteht aus vielfältigen Kompromissen und gilt schon der zeitgenössischen Kritik als unvollendet. Zwar wird die nationale Einigung von der großen Mehrheit enthusiastisch begrüßt. Aber gemessen an den großen Zielen der Revolution von 1848/49, die Einheit durch Freiheit zu schaffen und den neuen Staat auf eine neue politische, wirtschaftliche und soziale Grundlage zu stellen, bedeutet die Reichsgründung zugleich eine Niederlage des bürgerlichen Liberalismus. Das Problem der inneren und äußeren Unvollendetheit belastet die weitere Entwicklung des Kaiserreiches von vornherein aufs schwerste.

Linksliberale Kritiker nennen das Kaiserreich einen unvollendeten Verfassungsstaat. Nach den Forderungen der Liberalen sollte es parlamentarisch auf breiter Basis regiert werden. In Wirklichkeit wird es regiert von einem einzigen Mann, der zudem allein vom Vertrauen des Kaisers abhängt. Die überaus komplizierte Reichsverfassung ist auf die Persönlichkeit Bismarcks zugeschnitten, der in der Schlüsselposition als Reichskanzler und preußischer Ministerpräsident den Regierungs- und Verwaltungsapparat beherrscht: die Reichsbehörden, an deren Spitze weisungsgebundene Staatssekretäre und nicht verantwortliche Minister stehen, den Bundesrat, in dem die preußische Führungsmacht den Ausschlag gibt, das preußische Staatsministerium, in dem Bismarck den Vorsitz führt. Der politische Einfluß des Reichstages beschränkt sich auf das Gebiet der Gesetzgebung. Nicht das parlamentarische Prinzip wird verwirklicht, d. h. die Abhängigkeit der Regierung von einem starken souveränen Parlament, sondern die »Regierung über den Parteien«, für die schon damals das Schlagwort von der »Kanzlerdiktatur« aufkommt. Während 1848 ein nationaldemokratischer Verfassungsstaat nach dem Prinzip der Volkssouveränität erstrebt wurde, ist das Reich von 1871 ein nationalmonarchischer Obrigkeitsstaat.

Unvollendet bleibt das Reich auch im Hinblick auf die gesellschaftspolitischen Forderungen der bürgerlichen Emanzipationsbewegung. Ihr Anspruch, den neuen Staat der neuen industriellen Gesellschaft anzupassen und der Nation als Summe der gesellschaftlichen Kräfte einen entscheidenden Anteil an der politischen Willensbildung einzuräumen, wird abgewehrt. Das Reich ist nicht auf Veränderung gerichtet, sondern auf die Bewahrung der altpreußischen Gesellschaftsordnung, die durch die Vorherrschaft des Junkertums geprägt ist. Die oppositionellen Parteien werden als Reichsfeinde bekämpft: die linksliberale Fortschrittspartei, die Sozialdemokratie, das katholische Zentrum. Das erste Jahrzehnt des Kaiserreiches ist erfüllt von tiefen gesellschafts- und parteipolitischen Spannungen.

Im Kulturkampf wird die Autonomie des Staates und der Politik gegen die katholisch-konfessionellen Interessen des Zentrums erbittert verteidigt. Wegen seiner Verbindung zum Papsttum gilt das Zentrum als »ultramontan« und internationalistisch. Außerdem befürchtet Bismarck ein Zusammengehen des Katholizismus mit anderen oppositionellen Gruppen im Reich, vor allem mit der katholischen national-polnischen Minderheit in den preußischen Ostprovinzen. In einem »inneren Präventivkrieg« sucht er unmittelbar nach 1871 dieser Kräfte Herr zu werden. Gleichzeitig verhärtet die weltanschauliche Auseinandersetzung zwischen Liberalismus und Katholizismus die parteipolitischen Fronten. Die Ausnahme- und Verbotsgesetze des Kulturkampfes zerstören den Glauben, daß die nationale Gemeinschaft zu einem friedlichen Ausgleich der Interessen und gegenseitiger Tolerierung führen werde. Mit der Zustimmung zum Verbot und zur Ausweisung des Jesuitenordens gibt die Nationalliberale Partei ihre eigenen rechtsstaatlichen Prinzipien preis.

Stärker noch wird die innere Struktur des Reiches erschüttert durch den Kampf gegen die Sozialdemokratie. Das Sozialistengesetz verhindert die Integration der Arbeiterschaft in den Nationalstaat. Allein wegen ihrer Überzeugung wird eine Partei unter ein Sonderstrafrecht gestellt – eine eklatante Verletzung des liberalen Rechtsdenkens. Dennoch gewinnt Bismarck die Zustimmung der bürgerlichen Schichten, die seit langem die »rote Anarchie« fürchten. Zwei Attentate auf Kaiser Wilhelm I. im Frühjahr 1878 geben den Anlaß zur Auflösung des Reichstages und zu Neuwahlen, obgleich eine Verbindung der Attentäter zur Sozialdemokratie nicht nachgewiesen werden kann. Damit schafft sich Bismarck eine gefügige Parlamentsmehrheit – auch die Nationalliberale Partei stimmt mit Rücksicht auf die Erregung der Öffentlichkeit und die Revolutionsfurcht ihrer

Wähler dem Sozialistengesetz zu. Nur mit Mühe wird allerdings ein Bruch mit dem linken Flügel der Partei vermieden. Zeitgenössische Kritiker vertreten bereits die Ansicht, Bismarck habe das Sozialistengesetz zugleich als Werkzeug gegen die Nationalliberalen benutzt, um die Partei innerlich zu spalten. Auch in der Folgezeit finden die Liberalen kein Konzept zur Lösung der sozialen Frage. Bismarcks staatliche Sozialpolitik – das positive Gegenstück zum Sozialistengesetz – wird von ihnen abgelehnt. Diese Sozialpolitik hat nicht zuletzt das Ziel, durch materielles Entgegenkommen die Arbeiterschaft mit der bestehenden Staats- und Gesellschaftsordnung zu versöhnen. Gerade das gelingt jedoch nicht oder nur sehr begrenzt, obgleich in der wilhelminischen Zeit das System der Sozialversicherung weiter ausgebaut wird. Schroff stehen sich vielmehr nach wie vor die Organisationen der Arbeiterschaft und die in der wirtschaftlichen Krisenzeit nach 1873 entstandenen großen industriellen und agrarischen Interessenverbände gegenüber. Der Nationalstaat nimmt immer mehr Züge eines Klassenstaates an.

Die außenpolitischen Probleme des neuen Reiches sind nicht weniger prekär. Da das neue kleindeutsche Reich nur einen Teil der Deutschen in seinen Grenzen vereint, regt sich vielerorts die Sorge, das Reich werde nun eine Politik der nationalen Eroberungen betreiben. Hinzu kommen die Belastungen durch die nationalen Minderheiten innerhalb des Reiches, die bis 1918 nicht wirklich integriert werden und auch innenpolitisch schwerste Probleme aufwerfen. Nur durch ein überaus kompliziertes Bündnissystem und durch wiederholte Erklärungen, Deutschland sei »saturiert«, gelingt es Bismarck, das Reich zunächst in das überlieferte kontinentaleuropäische Gleichgewichtssystem einzuordnen. Einen Höhepunkt dieses diplomatischen Ringens bildet der Berliner Kongreß von 1878. Die internationalen Krisen der achtziger Jahre beweisen allerdings, daß damit die Gefahr eines Zweifrontenkrieges nicht gebannt ist. Die neuen Bündnisse – der Dreibund zwischen Deutschland, Österreich-Ungarn und Italien und der Rückversicherungsvertrag mit Rußland – stellen nur vorübergehend das Gleichgewicht des europäischen Mächtesystems wieder her, zumal das deutsche Reich mit dem Übergang zur Kolonialpolitik von dem Grundsatz der territorialen »Saturiertheit« abweicht und in eine Frontstellung zu England gerät. So bleibt das Reich als »unvollendeter Nationalstaat« von inneren und äußeren Gefahren bedroht. Um all dieser Schwierigkeiten Herr zu werden, wendet Bismarck immer

wieder dasselbe Mittel an: die Stabilisierung des konservativen Staates und das Festschreiben des Status quo. Darüber zerbricht schließlich auch die Allianz mit dem nationalen Liberalismus, eine Allianz, die allein durch die außenpolitischen Erfolge Bismarcks 1864 und 1866 zustande kam und an deren Anfang bereits ein innenpolitischer Kompromiß stand: die Beendigung des Verfassungskonfliktes durch die Indemnitätsvorlage, die im nachhinein Bismarcks reaktionäre, antiparlamentarische Politik sanktionierte. Die innenpolitische Wende von 1878/79 kommt dann einer zweiten konservativen Reichsgründung gleich, die jede Einflußnahme der Liberalen auf die weitere Entwicklung endgültig ausschaltet. Der Umschwung in der Wirtschaftspolitik, der Übergang vom liberalen Freihandel zum Schutzzoll, der die Schwerindustrie und die Großlandwirtschaft begünstigt, führt zur Spaltung der Nationalliberalen Partei. Die neuen Schutzzölle und die Erhöhung der indirekten Steuern belasten zugunsten der »produktiven Volksklassen« die wirtschaftlich schwachen Bevölkerungsschichten und geben der Sozialdemokratie politischen Auftrieb. Im Interessenkampf zwischen Landwirtschaft und Industrie einerseits und Arbeiterschaft andererseits werden die liberalen bürgerlichen Kräfte aufgerieben. Gleichzeitig befestigt das wirtschaftliche Zweckbündnis zwischen Industriellen und Großagrariern den Einfluß der alten preußischen Führungsschicht, die den konservativen Kurs der Regierung unterstützt. Mit welchen ideologischen Mitteln der Wirtschaftskampf zur Durchsetzung des Schutzzolls und der gleichzeitige Propagandafeldzug für das Sozialistengesetz geführt werden, zeigen extreme Parolen konservativer Agrarier wie: »Der Rechtsstaat hat sich überlebt. Wir werden zu dem sogenannten Patrimonial- und Patriarchalstaat zurückkehren müssen«.
1878/79 geht die liberale Ära zu Ende: Die Beamtenschaft in Regierung und Verwaltung wird weitgehend durch Anhänger des konservativen Kurses ersetzt; die liberalen Minister in Preußen treten zurück. Die Neuorganisation der Reichsbehörden und die Reichsfinanzreform verstärken die Reichsgewalt und damit die Macht des Reichskanzlers. Die Spätbismarckzeit steht im Zeichen der Interesseneinheit von ostelbischer, d. h. von den »Junkern« beherrschter Landwirtschaft, Schwerindustrie und konservativer Staatsführung.
Nach der Entlassung Bismarcks 1890 stürzt das Reich in eine Regierungskrise. Der junge Kaiser Wilhelm II. will »sein eigener Kanzler« sein. Aber der Versuch, ein »persönliches Regiment«

IV/138 Die Kaiserproklamation in Versailles am 18. Januar 1871, Stich nach Anton von Werner

IV/139 Reichstagssitzung 1908

IV/140   Ludwig Windthorst

IV/141   August Bebel

IV/142   Eugen Richter

IV/143   Eduard Lasker

zu errichten, eine Selbstherrschaft, die von den Ministern nur
die gehorsame Erfüllung der kaiserlichen Wünsche verlangt,
schlägt fehl. Für eine verbindliche Direktive in der Innen- und
Außenpolitik fehlen dem Kaiser die Kenntnisse und die Fähigkeit, das komplizierte Nebeneinander der Instanzen – Reichsämter, Bundesrat, preußisches Staatsministerium, Reichstag,
preußischer Landtag – zu überblicken oder es gar wie Bismarck gegeneinander auszuspielen. Zwar wird ein »Neuer
Kurs« propagiert, das Sozialistengesetz aufgehoben und in
den Februarerlassen von 1890 eine umfangreiche Arbeiter-
schutzgesetzgebung angekündigt. Aber es gelingt nicht, die
Arbeiterschaft mit dem »sozialen Kaisertum« zu versöhnen.
Die Sozialdemokratie kann ihre Wählerzahl von 763 000 im
Jahre 1887 auf 1,4 Millionen im Jahre 1890 steigern.
Der Übergang zum Imperialismus bildet dann den letzten Versuch, die innenpolitischen Spannungen durch außenpolitische
Erfolge zu überdecken. Die Hoffnung der liberalen Imperiali-
sten wie Max Weber und Friedrich Naumann, die von einer
dynamischen Außenpolitik zugleich eine dynamischere Entwicklung im Innern erwarten, wird jedoch nicht erfüllt. Die neue
»Weltpolitik« verstärkt eher den Machtanspruch der Konservativen, die mit nationalen Sammlungsparolen, vor allem in den
Propagandafeldzügen für eine starke deutsche Flotte, eine
breite Anhängerschaft für sich gewinnen können. Das Wort
Kaiser Wilhelms II., das deutsche Reich sei ein »Weltreich«
geworden, wird jubelnd begrüßt. In Wirklichkeit sind die Erfolge
gering, und der Preis, der für die Prestigepolitik gezahlt wird,
ist die selbstverschuldete Isolierung Deutschlands und der Zusammenschluß der weltpolitischen Konkurrenten England,
Frankreich und Rußland. Das Mißlingen der Weltpolitik führt
schließlich zu einer blinden Flucht nach vorn: in die Katastrophe des Ersten Weltkrieges.
Der »Burgfriede« der Parteien – auch die Sozialdemokratie
bewilligt die Kriegskredite – und die allgemeine Kriegsbegeisterung im August 1914 sind jedoch nicht von langer Dauer. Der
Krieg verschärft die innenpolitischen Gegensätze, die sich nun
mit außenpolitischen Zielen – hier Verständigungsfriede, dort
Siegfrieden und Annexionen – verquicken. Die Radikalisierung
links und rechts zeigt sich 1917 in der Gründung der Deutschen Vaterlandspartei auf der einen und des Spartakusbundes auf der anderen Seite.
Dennoch gibt der politische und militärische Zusammenbruch

des deutschen Kaiserreiches die Chance zu einem Neubeginn und zu einer Rückbesinnung auf die liberalen und demokratischen Ideale, die den nationalen Gedanken des frühen 19. Jahrhunderts geprägt haben.

Der kleindeutsche Nationalstaat: Institutionen, Parteien, Probleme (Tafel 53–87)

Tafel 53

Das Kaiserreich von 1871 bringt die langersehnte nationale Einheit, wenn auch nur eine »Einheit von oben«. Die Souveränität liegt nicht beim Volk, sondern bei den 22 Fürsten und drei freien Städten, die sich zu einem Bundesstaat zusammengeschlossen haben. Das Übergewicht Preußens ist erdrückend. Viele Wünsche der liberalen und der demokratischen Bewegung in Deutschland bleiben offen. Der Reichskanzler ist politisch dem Kaiser, nicht dem Parlament verantwortlich. Die Rechte des aus demokratischen Wahlen hervorgegangenen Reichstags beschränken sich im wesentlichen auf die Mitwirkung bei der Gesetzgebung. Der Kampf um den Ausbau seiner Befugnisse und um die Parlamentarisierung des Reiches bleibt ein zentrales innenpolitisches Problem.

Dieser unvollendete Verfassungsstaat ist aber auch ein unvollendeter Nationalstaat, da er große deutschsprachige Bevölkerungsgruppen außerhalb seiner Grenzen läßt. Auf der anderen Seite schaffen nationale Minderheiten im Reich erhebliche Integrationsprobleme.

Der Reichstag

Tafel 54

Der Reichstag geht aus allgemeinen, gleichen, direkten und geheimen Wahlen hervor *(Kat. Abb. 139)*. Er ist neben dem Kaiser die wichtigste Institution der Verfassung. Sein politischer Einfluß beschränkt sich jedoch im wesentlichen auf das Gebiet der Gesetzgebung. Auf Regierungsbildung und Regierungspolitik hat er nur einen sehr begrenzten Einfluß. Charakteristisch für das Reich ist die »Regierung über den Parteien« und die Zurückdrängung der Volksvertretung auf eine Position, in der sie bei entscheidenen politischen Fragen bloß zur unverbindlichen Meinungsäußerung aufgerufen ist. Für dieses System kommt schon damals das Schlagwort von der »Kanzlerdiktatur« auf.

Der Reichskanzler

Tafel 55

Die Verfassung von 1871, entscheidend von Fürst Otto von Bismarck geprägt *(Kat. Abb. XIV)*, garantiert dem Reichskanzler eine Machtfülle, die vom Parlament und von den Parteien weder kontrolliert noch eingeschränkt werden kann. Nicht ihnen, sondern nur dem Kaiser ist der Kanzler politisch verantwortlich. Das Loyalitäts- und Vertrauensverhältnis zwischen beiden ist daher Voraussetzung für dieses Amt. Sein Inhaber hat über die Richtlinien der Politik zu bestimmen. Er schlägt dem Kaiser die Ernennung und Entlassung der mit der Verwaltung der Reichsämter betrauten Staatssekretäre vor, er führt den Vorsitz im Bundesrat, formell dem obersten Regierungsorgan des Reiches, und ist gewohnheitsmäßig fast während des gesamten Kaiserreiches Leiter des preußischen Staatsministeriums.

Die Sonderstellung des Militärs

Tafel 56/57   Der Leitung der zivilen Reichspolitik durch den Kanzler steht in allen militärischen »Kommandosachen« die Generalität gegenüber. Sie steht unter dem Oberbefehl des Kaisers. Die Verfassung kennt keinen Primat der Politik über das Militär. So können später vor allem im Vorfeld des Ersten Weltkrieges Generale und Admirale einen verhängnisvollen Einfluß auf die Politik insgesamt ausüben.

Der Föderalismus

Tafel 58   Das Deutsche Reich ist ein Bundesstaat, in dem Preußen ein erdrückendes Übergewicht besitzt. Mehr als die Hälfte der Bevölkerung lebt in seinen Grenzen. Nahezu zwei Drittel des Reichsgebietes sind preußisch. Im Bundesrat, dem Gesetzgebungsorgan der Bundesstaaten, verfügt Preußen über eine Sperrminorität. Die entscheidende Frage des deutschen Föderalismus aber ist die finanzielle Abhängigkeit des Reichs von den sogenannten Matrikularbeiträgen, den Zuwendungen der Bundesstaaten. Die Reichsfinanzreform wird daher zu einem weiteren großen Verfassungsproblem des Kaiserreiches.

Nationalitätenprobleme

Tafel 59   Die Grenzen des Reiches schließen 1871 große nationale Minderheiten ein. Anstatt diese Minderheiten auf politischem Wege

an das Reich heranzuführen, versucht man, sie mit bloß büro-
kratischen Mitteln zu integrieren. 1872/73 wird Deutsch alleinige
Unterrichtssprache in den polnisch sprechenden Gebieten,
1876 alleinige Geschäftssprache. Von 1878 an darf auch in
Nordschleswig nur noch auf deutsch unterrichtet werden.
Aber auch die in ihrer Mehrheit deutschsprachigen Elsässer und
die Lothringer werden zu einem Problem. Sie kennen die Vortei-
le der französischen Verfassung und sind nicht gewillt, von einer
Reichsland-Verwaltung als Deutsche »zweiter Wahl« behandelt
zu werden.

Der innere Ausbau des Reiches

Tafel 60

Mit der Reichsgründung wird ein einheitlicher Wirtschafts- und
Zollraum geschaffen, der in Verbindung mit den bereits bestehenden technischen Möglichkeiten industrieller Produktion zu
einem rapiden wirtschaftlichen Aufschwung führt. Auch auf den
Gebieten des Verkehrswesens, der Post, des Münz-, Maß- und
Gewichtswesens sowie der Rechtsvereinheitlichung wird der
innere Ausbau des Reiches vorangetrieben: 1872 wird ein einheitliches Strafgesetzbuch (StGB), 1900 ein Bürgerliches Ge-
setzbuch (BGB) eingeführt. Beide sind noch heute, nur teilweise
geändert oder ergänzt, in Kraft.

Die Parteien des Reichstages

**Tafel 61/62,
65, 68, 71/72**

Vor allem als Folge des allgemeinen Wahlrechts werden aus
den losen Fraktionsverbindungen und Wählervereinen Massen-
parteien mit fester Organisation, breiter Basis und differenzier-
ten Programmen.
Die Reichsverfassung von 1871 läßt den Parteien jedoch nur die
Wahl zwischen gouvernementaler, also kanzlertreuer Rolle oder
der Opposition *(Kat. Abb. 140–143)*. Eine wirkliche Beteiligung
an der Macht gibt es für sie kaum. So kommt es schon bald zu
der problematischen Unterscheidung zwischen bloßem Par-
teien-Interesse und dem übergeordneten, angeblich allein
durch die Regierung wahrgenommenen Staatsinteresse.

Die Nationalliberalen

Tafel 63

Das protestantische Bildungsbürgertum und das industrielle Großbürgertum sind die Hauptträger der Nationalliberalen Partei. Ihre Ziele: Nationaler Machtstaat und liberaler Rechtsstaat. Die Praxis wird jedoch von der Konsolidierung des Machtstaates bestimmt. Bis 1878 ist die Nationalliberale Partei der wichtigste parlamentarische Bundesgenosse Bismarcks.

Der Linksliberalismus

Tafel 64

Konsequenter Ausbau des Rechtsstaates und parlamentarische Monarchie sind die Ziele des Linksliberalismus, Handwerk und freie Berufe seine soziale Basis. Bis 1910 bleibt der Linksliberalismus in die Deutsche Fortschrittspartei und die Deutsche Volkspartei gespalten. Erst durch den Zusammenschluß in der Fortschrittlichen Volkspartei wird eine gemeinsame Organisation geschaffen.
Der Einfluß Leopold Sonnemanns öffnet den süddeutschen Liberalismus für den Gedanken einer staatlichen Sozialpolitik. Langfristig wird damit die Voraussetzung für eine Zusammenarbeit mit der Sozialdemokratie geschaffen. Friedrich Naumann und Theodor Barth werden zu Vorkämpfern einer Öffnung nach links.

Die Konservativen

Tafel 66

XIII (Abb. rechts)
Innenansicht eines
Eisenwalzwerks
in Königshütte
(Oberschlesien),
Gemälde
von Adolf Menzel

Historische Überlieferung und legitimistisches Denken binden die Konservativen an die einzelstaatlichen Dynastien. Der Reichseinigung wie auch einer »deutschen Politik« stehen sie skeptisch gegenüber. Erst 1876 findet sich die Mehrheit der preußisch-konservativen Partei mit der Reichsgründung ab. »Altkonservative« Gegner Bismarcks und »Neukonservative« schließen sich in der Deutsch-Konservativen Partei zusammen. Die agrarischen Interessen der Großgrundbesitzer geben ihr das Profil. Die Landbevölkerung Ostdeutschlands ist ihre Wählerschaft.

IV (Abb. links)
Fürst
Otto von Bismarck,
Gemälde von
Franz von Lenbach

V (Abb. rechts)
Reichstagssitzung
1905,
Gemälde von
Georg Waltenberger

Die Reichspartei

Tafel 67

Konservative Industrielle und Gutsbesitzer, die der Politik Bismarcks zustimmen, finden ihre politische Heimat als »Freikonservative« in der Reichspartei. Sie bejahen die Bismarcksche Verfassung und ihre unitarischen Elemente, lehnen aber jeden Schritt in Richtung auf eine Parlamentarisierung des Reiches ab.

Das Zentrum

Tafel 69

Der politische Katholizismus sieht sich durch die Reichsgründung bedroht. Protestantisches Übergewicht im kleindeutschen Nationalstaat und der Einfluß liberaler Ideen drängen ihn in die Opposition. Im Kulturkampf erklärt Bismarck ihn zum »Reichsfeind«.
Der süddeutsche und der rheinische politische Katholizismus sind allerdings mehr als eine rein konfessionelle Interessenvertretung. Starke sozialreformerische Kräfte machen ihn zu einem nicht-sozialistischen Sammelbecken der sozialen Unterschichten.

Die Sozialdemokratie

Tafel 70

1875 schließen sich in Gotha die »Lassalleaner« des Allgemeinen Deutschen Arbeitervereins von 1863 und die stark von Karl Marx beeinflußte Sozialdemokratische Arbeiterpartei von 1869 zur Sozialistischen Arbeiterpartei Deutschlands (SAPD) zusammen.
Von 1891 an (Erfurter Programm) trägt die Partei den Namen »Sozialdemokratische Partei Deutschlands«.
Arbeiterproduktionsgenossenschaften, radikal-demokratische Ziele und gewerkschaftliche Forderungen sind zentrale Punkte des Gothaer Programms der SAPD, das auf Veränderung des deutschen Nationalstaats im Sinne einer inneren Reform zielt.
Karl Marx unterzieht das Gothaer Programm und seine reformistische Tendenz einer scharfen Kritik. Er selbst propagiert eine radikale Veränderung des deutschen Nationalstaats im Sinne einer revolutionären Umgestaltung.

XVI (Abb. links)
Die Kruppsche
Gußstahlfabrik
1912 (Ausschnitt)

Das Reich unter Bismarck (Tafel 73−91)

Tafel 73/74

Schwere Krisen, die nicht nur durch die Folgen des ungehemmten wirtschaftlichen Aufschwungs nach 1871 bestimmt sind, kennzeichnen die innere Entwicklung des Reiches im ersten Jahrzehnt nach seiner Gründung. Die innenpolitische Wende der Jahre 1878/79, der Übergang vom Freihandel zum Schutzzoll, markiert das Ende eines, wenn auch erst in Ansätzen verwirklichten, liberalen Zeitabschnitts. In den Jahren 1878/79 werden aufgrund einer zeitweiligen Interessenidentität von Schwerindustrie und Großgrundbesitzern soziale und politische Positionen verfestigt und abgesichert, die einer Weiterentwicklung der Reichsverfassung im liberalen und parlamentarisch-demokratischen Sinne im Wege stehen. Mit Recht sprechen Kritiker daher von einem Reich, das unvollendet nicht nur als Verfassungsstaat, sondern auch im Hinblick auf die gesellschaftspolitischen Forderungen der bürgerlichen Emanzipationsbewegungen sei. Ihr Anspruch, den neuen Staat der neuen industriellen Gesellschaft anzupassen und der Nation als Summe der gesellschaftlichen Kräfte eine Mitwirkung bei der politischen Willensbildung einzuräumen, wird abgewehrt. Das Reich ist nicht auf Veränderung gerichtet, sondern auf die Bewahrung der altpreußischen Gesellschaftsordnung, die durch die Vorherrschaft des Junkertums geprägt ist.

Tafel 75/76

Die gesellschafts- und parteipolitischen Auseinandersetzungen gipfeln in der Bekämpfung der »Reichsfeinde«: des Zentrums und der Sozialdemokratie. Dieser »innere Präventivkrieg« beginnt mit dem Konflikt mit der katholischen Kirche und der katholischen Bewegung über die Schulaufsicht und die Zivilehe *(Kat. Abb. 144)*.

Der Kanzelparagraph, der den Geistlichen die Behandlung staatlicher Angelegenheiten »in einer den öffentlichen Frieden gefährdenden Weise« verbietet, die Mai-Gesetze von 1873 und das Verbot des Jesuitenordens unterstellen Kirche und Klerus staatlicher Aufsicht. Damit beginnt eine verhängnisvolle Praxis der Ausnahmegesetzgebung gegen »Reichsfeinde«. Diese werden »internationaler Verbindungen« und der Konspiration mit nationalen Minderheiten verdächtigt.

Die Ausnahme- und Verbotsgesetze des Kulturkampfes zerstören den Glauben, daß die nationale Gemeinschaft zu einem friedlichen Ausgleich der Interessen und zu gegenseitiger Tolerierung führen werde. Auch nach dem Abbau der Ausnahmege-

IV/144   »Kladderadatsch«-Karikatur aus dem Jahre 1875 zum Kulturkampf

IV/145 Hödels Attentat auf Kaiser Wilhelm I. in Berlin am 11. Mai 1878

Reichs-Gesetzblatt.

№ 34.

(Nr. 1271.) Gesetz gegen die gemeingefährlichen Bestrebungen der Sozialdemokratie. Vom 21. Oktober 1878.

Wir Wilhelm, von Gottes Gnaden Deutscher Kaiser, König von Preußen ꝛc.

verordnen im Namen des Reichs, nach erfolgter Zustimmung des Bundesraths und des Reichstags, was folgt:

§. 1.

Vereine, welche durch sozialdemokratische, sozialistische oder kommunistische Bestrebungen den Umsturz der bestehenden Staats- oder Gesellschaftsordnung bezwecken, sind zu verbieten.

Dasselbe gilt von Vereinen, in welchen sozialdemokratische, sozialistische oder kommunistische auf den Umsturz der bestehenden Staats- oder Gesellschaftsordnung gerichtete Bestrebungen in einer den öffentlichen Frieden, insbesondere die Eintracht der Bevölkerungsklassen gefährdenden Weise zu Tage treten.

Den Vereinen stehen gleich Verbindungen jeder Art.

§. 2.

Auf eingetragene Genossenschaften findet im Falle des §. 1 Abs. 2 der §. 35 des Gesetzes vom 4. Juli 1868, betreffend die privatrechtliche Stellung der Erwerbs- und Wirthschaftsgenossenschaften, (Bundes-Gesetzbl. S. 415 ff.) Anwendung.

Auf eingeschriebene Hülfskassen findet im gleichen Falle der §. 29 des Gesetzes über die eingeschriebenen Hülfskassen vom 7. April 1876 (Reichs-Gesetzbl. S. 125 ff.) Anwendung.

§. 3.

Selbständige Kassenvereine (nicht eingeschriebene), welche nach ihren Statuten die gegenseitige Unterstützung ihrer Mitglieder bezwecken, sind im Falle des

Ausgegeben zu Berlin den 22. Oktober 1878.

IV/146 Das »Gesetz gegen die gemeingefährlichen Bestrebungen der Sozialdemokratie«, das 1878 vom Reichstag beschlossen wurde.

IV/147 Polizei löst eine Arbeiterversammlung auf

IV/148 Hausdurchsuchung bei einem politisch Verdächtigen

setze bleibt der politische Katholizismus gegenüber dem Reich mißtrauisch.

Tafel 77   Auf dem Höhepunkt der Auseinandersetzung mit dem Zentrum läßt Bismarck den Reichstag seine politische Macht spüren. Er legt 1874 den Entwurf eines Reichsmilitärgesetzes vor, nach dem die Präsenzstärke des deutschen Heeres in Friedenszeiten ständig auf 402000 Mann festgelegt werden soll. Dieses »Äternat« aber hätte dem Reichstag die Beschlußfassung über vier Fünftel des Staatshaushalts entzogen. Das »Septennat« wird der Kompromiß: Angesichts der starken französischen Aufrüstung billigt der Reichstag eine Festlegung des Militärhaushalts für jeweils sieben Jahre. Damit besitzt nur noch jeder zweite Reichstag das volle Budgetrecht, die schärfste Waffe des Parlaments gegenüber dem Kanzler und der Regierung.

Tafel 78/79   Stärker noch wird die innere Struktur des Reiches erschüttert durch den Kampf gegen die Sozialdemokratie, den Bismarck aus Sorge vor einer sozialen und politischen Revolution und »roter Anarchie« im Frühjahr 1878 beginnt, als er zwei von Einzelgängern auf den Kaiser verübte Attentate der Sozialdemokratie in die Schuhe schiebt *(Kat. Abb. 145)*. Der Reichstag wird aufgelöst. Eine gefügige Parlamentsmehrheit beschließt das Sozialistengesetz *(Kat. Abb. 146)*. Auch die meisten Nationalliberalen verraten den Rechtsstaat. Alle sozialistischen und kommunistischen Vereine und Versammlungen werden aufgelöst, ihre Druckschriften verboten *(Kat. Abb. 147, 148)*. Sozialistische »Agitatoren« werden von den Polizeibehörden ausgewiesen. Doch die Arbeiterschaft steht hinter ihren politischen Führern. Erst 1890 wird das Scheitern dieser Unterdrückungspolitik zugegeben. Das Sozialistengesetz wird zwar nicht mehr verlängert, die Verketzerung der Sozialdemokratie als Reichsfeind aber wirkt weiter.

Tafel 80   Gegenstück zu dem Sozialistengesetz ist die staatliche Sozialpolitik *(Kat. Abb. 149)*. Mit ihrer Hilfe, das heißt durch soziale Sicherung sollen die Arbeiter für den monarchischen Obrigkeitsstaat gewonnen werden. Der »Staatssozialismus« der Versicherungsgesetzgebung (Kranken-, Invaliden- und Altersversicherung) – sachlich ohne Frage ein großer und beispielhaft wirkender sozialer Fortschritt – wird allerdings vom Reichskanzler nicht als Sozialreform im Sinne des Arbeiterschutzes und der Humanisierung der industriellen Arbeitswelt konzipiert, sondern mit dem erklärten Ziel, »in der großen Masse der Besitzlosen die konservative Gesinnung zu erzeugen, welche das Gefühl der

Pensionierung mit sich bringt«. »Wer eine Pension hat für sein Alter«, so erläutert Bismarck einmal seine »Zähmungspolitik«, »der ist weit zufriedener und leichter zu behandeln, als wer darauf keine Aussicht hat«. Doch die mit der Sozialpolitik verbundene Absicht, die Entfremdung der Arbeiterschaft von der Sozialdemokratie, schlägt fehl.

Tafel 81   In der wirtschaftlichen Krisenzeit nach 1873 radikalisiert sich die Arbeiterbewegung. Zugleich entstehen die ersten großen industriellen und agrarischen Interessenverbände. Sie fordern eine Abkehr vom liberalen Freihandel und treten für ein Schutzzollsystem ein. Die Abwehr billiger Importe soll überhöhte Inlandpreise erhalten, die ihrerseits wiederum besonders niedrig kalkulierte Exportpreise ermöglichen. 1876 wird als Dachorganisation für die Interessenverbände der Industrie der »Centralverband deutscher Industrieller« (CVdI) gegründet.

Tafel 82   Die Agrarkrise der 70er Jahre führt auch bei den ostdeutschen Großgrundbesitzern zu einer Abkehr vom Freihandel. Die »Vereinigung der Steuer- und Wirtschaftsreformer« (gegründet 1876) wird ihr Interessenverband für die Durchsetzung der Schutzzölle. Die Deutsch-Konservative Partei, die im gleichen Jahr gegründet wird, übernimmt ihre wirtschaftspolitischen Forderungen. Damit haben Schwerindustrie und Landwirtschaft in der Forderung nach Schutzzöllen eine gemeinsame Basis gefunden. Ihr Kampf gilt den wirtschaftspolitischen Vorstellungen des Liberalismus.

Tafel 83   Bismarcks Pläne gehen jedoch weit über einen bloßen Kurswechsel in der Zollpolitik hinaus. Ein deutlicher Trennungsstrich zu den Liberalen, seinen einstigen Bundesgenossen während des Kulturkampfes, soll das politische Zweckbündnis mit den konservativen Parteien erleichtern. Die »Junker« haben nach Bismarcks Worten »den Vorzug, eine geduldige und staatlich treue, konservativ erhaltend gesinnte Bevölkerung zu sein«; sie geben »dem Staate die Steuerkraft«, sie sind erprobt als »zuverlässige Quelle, auf welche der Staat zurückgreifen muß« in jeder inneren und äußeren Krisensituation.

Eine Steuer- und Finanzreform soll überdies die Reichsgewalt stärken. Die Mehreinnahmen aus Zöllen und indirekten Steuern (Tabak, Branntwein, Kaffee) hätten das Reich von den Matrikularbeiträgen der Bundesstaaten unabhängig gemacht. Dieser Plan scheitert jedoch vor allem am Widerstand des föderalistischen Zentrums.

IV/149 Zeitgenössische Darstellung der Sozialgesetzgebung Bismarcks

IV/151 *Der Lotse verläßt das Schiff*, Karikatur von Sir John Teniel aus dem »Punch«, März 1890

IV/152   Wilhelm II., Gemälde von Max Koner, 1890

Tafel 84–87   An der Schutzzollvorlage bricht die nationalliberale Fraktion auseinander. Nur eine Minderheit bleibt im Lager Bismarcks. Damit haben die konservativen Führungsschichten des Reiches einen großen Erfolg errungen. Die Hoffnung auf Parlamentarisierung, das heißt eine wirkliche Kontrollfunktion des Reichstags gegenüber der Exekutive, ist zerschlagen. Das Reich gewinnt in mancher Beziehung den Charakter eines Klassenstaates. Zu Recht nennt man diese innenpolitische Wende 1878/79 auch eine »zweite Reichsgründung«.

Das Wilhelminische Deutschland (Tafel 92–112)

Tafel 92/93   Kampf gegen die Sozialdemokratie, schroffe Nationalitätenpolitik, preußisches Dreiklassenwahlrecht und Fehlschläge auf dem Weg zu einer parlamentarisch verantwortlichen Regierung, das sind die großen innenpolitischen Krisenherde der »Wilhelminischen Ära«. Der offene Ausbruch der schwelenden Spannungen wird nur durch die dynamische Entwicklung Deutschlands zum größten Industriestaat Europas verhindert beziehungsweise überlagert. Eine Bürokratisierung und Militarisierung des öffentlichen Lebens sowie eine emotional bestimmte, imperialistische Außenpolitik verbinden in Deutschland Nationalismus und Militarismus mit dem monarchischen Obrigkeitsstaat.

Die Entlassung Bismarcks

Tafel 94   Kaiser Wilhelm II. will den politischen Einfluß Bismarcks zurückdrängen. Er strebt nach einem »persönlichen Regiment«. Ein »neuer Kurs« soll eingeschlagen werden: im Inneren Aussöhnung mit der Sozialdemokratie, in der Außenpolitik die Erringung einer Weltmachtstellung. Darüber kommt es zum Konflikt mit dem Kanzler. Bismarck sieht seine Politik der Eindämmung des Sozialismus, aber auch des Nationalismus ebenso gefährdet wie sein Konzept der Friedenssicherung. 1890 wird Bismarck entlassen (Kat. Abb. 150, 151).

Bismarcks Nachfolger

Tafel 95/96   Caprivis und dann Hohenlohes Konzept einer »Regierung über
den Parteien« ist ebenso erfolglos wie das Bemühen Bülows,
die Regierung auf einen »Block« bürgerlicher und konservativer
Fraktionen zu stützen. Auch der vorsichtige Versuch Bethmann
Hollwegs scheitert, durch eine Zusammenarbeit mit der linksli-
beralen Fortschrittlichen Volkspartei und der Sozialdemokratie
das Reich aus seiner politischen Erstarrung zu lösen. Die konservativen Kräfte im Beamtentum und im Offizierskorps bestimmen auch weiterhin die Richtung der deutschen Innenpolitik.

Die Hochkonjunktur

Tafel 97   1895 beginnt für die deutsche Industrie erneut eine Phase der
Hochkonjunktur und der stürmischen technischen Entwicklung
(Kat. Abb. 153, 154). Die Expansion vor allem der chemischen
und der Elektro-Industrie leitet eine zweite Industrialisierungs-
welle ein. Mächtige Konzerne wie Krupp, Siemens und die
Farbwerke vorm. Meister Lucius & Brüning beherrschen den
Markt *(Kat. Abb. XVI)*. Während Deutschland zur größten Indu-
strienation Europas wird, beginnen sich die innenpolitischen
Auseinandersetzungen wieder zu verschärfen.

Der Kampf gegen die Sozialdemokratie

Tafel 98   Die Aufhebung des Sozialistengesetzes und die Arbeiterschutz-
gesetze von 1890/91 sollen die Sozialdemokratie mit dem Reich
aussöhnen. Doch die SPD unter August Bebel beharrt auf ihrer
oppositionellen Haltung. Enttäuscht läßt der Kaiser die »vater-
landslosen Gesellen« fallen. Reichskanzler Caprivi lehnt jedoch
eine neuerliche Politik der Unterdrückung gegen die von nun an
ständig wachsende Partei ab *(Kat. Abb. 155)*. Sein Nachfolger,
Fürst zu Hohenlohe-Schillingsfürst, hingegen versucht, diese
Politik wieder aufzunehmen; er schlägt vor, das politische Straf-
recht zu verschärfen und Koalitionszwang bei Streiks mit Zuchthaus zu ahnden. Doch »Umsturz«-Vorlage (1894) und »Zuchthaus«-Vorlage (1899) scheitern im Reichstag.

IV/153 Automobil aus dem Jahre 1897

IV/154 Landung des ersten »Parseval«-Luftschiffes in München am 14. Oktober 1909

Der Sozialdemokrat

Organ der Sozialdemokratie deutscher Zunge.

Abonnements.
Außer dem Verlag und dessen bekannten Agenturen entgegengenommen, auch ganz zum voraus zahlbaren
Vierteljährlich: Mk. 4,40 für Deutschland direkt (per Post-Convent), zusl. 2.75 für Oesterreich (direkt oder per Kreuzband), Frcs. 2.— für alle übrigen Länder des Weltpostvereins (Kreuzband).

Inserate:
die dreigespaltene Petitzeile 8 Pence — 25 Pfg. — 30 Cts.

Erscheint wöchentlich einmal in London.
Verlag der German Cooperative Publishing Co., E. Bernstein & Co., London N. W. 114 Kentish Town Road.

Zusendungen franco gegen franco. Sendungen aller Briefe nach England kosten Doppelporto.

№. 10.   8. März 1890.

Briefe an die Redaktion und Expedition des in Deutschland und Oesterreich verbotenen „Sozialdemokrat" wolle man unter Beobachtung äußerster Vorsicht abgehen lassen. In der Regel schicke man sie die Briefe nicht direkt, sondern an die bekannten Deckadressen. In zweifelhaften Fällen eingeschrieben.

20 Mandate im ersten Wahlgang, 16 in der Stichwahl.
1,341,587 sozialdemokratische Wähler — 567,405 Zuwachs

Im ersten Wahlgang gewählt:

Glauchau-Meerane:
J. Auer, Sattler (Schriftsteller) in München.

Hamburg I:
A. Bebel, Drechslermeister (Schriftsteller) in Dresden.

Hamburg II.:
J. H. W. Dietz, Buchdrucker in Stuttgart.

Greiz:
C. Förster, Zigarrenarbeiter in Hamburg.

Altona:
Karl Frohme, Schlosser (Schriftsteller) in Hannover.

Leipzig-Land:
F. Geyer, Zigarrenarbeiter in Großenhain.

Nürnberg:
K. Grillenberger, Schlosser (Korrektor) in Nürnberg.

Barmen-Elberfeld:
F. Harm, Weber (Gastwirth) in Barmen.

Mülhausen i./Elsaß:
F. Hickel, Schreiner in Mühlhausen.

Berlin VI.:
W. Liebknecht, Schriftsteller in Borsdorf.

Hamburg III.:
Wilhelm Metzger, Spengler (Journalist) in Hamburg.

Chemnitz:
Max Schippel, Schriftsteller in Berlin.

Mittweida-Limbach:
A. Schmidt, Buchdrucker in Berlin.

Solingen:
Gg. Schumacher, Gerber in Solingen.

Schneeberg-Stollberg:
J. Seifert, Schuhmacher in Zwickau.

Berlin IV.:
P. Singer, Kaufmann in Dresden.

Zwickau-Crimmitschau:
W. Stolle, Gärtner (Gastwirth) in Gesau.

München II und Magdeburg:
C. Vollmar, Schriftsteller in München.

Gera:
E. Wurm, Schriftsteller in Dresden.

In der Stichwahl wurden gewählt:

München I:
J. Birk, Gastwirth in München.

Braunschweig:
W. Blos, Schriftsteller in Stuttgart.

Bremen:
H. Bruhns, Zigarrenarbeiter in Bremen.

Mannheim:
A. Dreesbach, Tischler (kaufm.) Mannheim.

Calbe-Aschersleben:
Aug. Heine, Huffabrikant in Halberstadt.

Mainz:
Franz Josß, Tischler in Mainz.

Halle a. Saale:
Frih. Kunert, Lehrer (Redakteur) in Breslau.

Hannover:
H. Meister, Zigarren-Arbeiter in Hannover.

Ottensen-Pinneberg:
H. Molkenbuhr, Zig.-Arbeiter in Kellinghusen.

Frankfurt a. M.:
Wilh. Schmidt, Lithograph in Frankfurt.

Sonneberg:
P. Reißhaus, Schneider in Erfurt.

Königsberg i. Pr.:
Carl Schulze, Zigarrenarbeiter in Königsberg.

Lübeck:
Th. Schwartz, Koch (Gastwirth) in Lübeck.

Nieder-Barnim:
Arth. Stadthagen, Rechtsanwalt in Berlin.

Breslau-Ost:
Franz Luxauer, Tischler in Berlin.

Offenbach-Dieburg:
Carl Ulrich, Schlosser (Redakteur) in Offenbach.

Siegreiche Stichwahlen:

	1890	1887	Stichwahl
München I	7,570	4,563	10,423
Braunschweig	13,621	10,656	15,060
Bremen	14,843	7,743	16,404
Mannheim	8,701	5,128	12,601
Calbe-Aschersleben	12,514	4,527	16,573
Mainz	8,000	5,526	19,000
Halle a./S	12,618	6,500	14,500
Hannover	16,570	12,210	19,900
Ottensen	10,820	6,620	13,010
Königsberg	12,327	7,987	18,138
Frankfurt a. M.	17,654	8,640	18,000
Lübeck	6,069	4,254	7,316
Nieder-Barnim	18,628	5,680	15,400
Breslau-Ost	9,996	7,781	12,337
Offenbach	10,384	8,024	15,000
Sonneberg	7,215	4,659	10,000

IV/155 Das in London erscheinende Organ der deutschen Sozialdemokratie meldet den Wahlsieg bei den Reichstagswahlen 1890

»Revisionisten« und »Orthodoxe« in der SPD

Tafel 99

Die Frage: Revolution oder Reform? ist innerhalb der Sozialdemokratie umstritten. Vollbeschäftigung und steigende Reallöhne lassen Zweifel an der Marxschen Verelendungs- und Revolutionstheorie aufkommen. Georg von Vollmar und Eduard Bernstein sind die Wortführer der Reformer gegen das marxistische Partei-»Zentrum« unter Karl Kautsky. Den stärksten Rückhalt erhalten die Reformer in den Gewerkschaften.

Die Gewerkschaften

Tafel 100

Bereits in den 60er Jahren waren Gewerkschaften zur wirtschaftlichen und sozialen Interessenvertretung der Arbeiter entstanden. Aber erst nach der Aufhebung des Sozialistengesetzes können sie sich zu Massenorganisationen entwickeln. Die Freien Sozialistischen Gewerkschaften, in Industrieverbänden organisiert, zählen 1890: 50 000, 1900: 680 000 und 1913: mehr als 2,5 Millionen Mitglieder. Ihr Dachverband, die »Generalkommission«, wird unter Carl Legien die größte Arbeitnehmerorganisation Europas. Von geringerer Bedeutung bleiben demgegenüber der liberale Hirsch-Dunckersche Gewerkverein und die Christlichen Gewerkschaften.

Interessenverbände von Industrie und Landwirtschaft

Tafel 101

Auch die Arbeitgeber bilden große und einflußreiche Organisationen. Als Antwort auf den großen Streik der Textilarbeiter in Crimmitschau (1904) schließen sich die Arbeitgebervereine zu zwei Dachorganisationen zusammen: die »Hauptstelle Deutscher Arbeitgeberverbände« und der »Verein Deutscher Arbeitgeberverbände«; beide sind auf das engste mit dem »Centralverband deutscher Industrieller« verbunden. Vom schutzzöllnerischen, konservativen CVdI hat sich der »Bund der Industriellen« (BdI) abgespalten. Er vertritt vor allem die aufkommende chemische sowie die exportorientierte mittelständische Industrie und lehnt sich an die Nationalliberalen an. Gegen die Senkung der Getreidezölle kämpft seit 1893 der »Bund der Landwirte« (BdL). Zu seinen »Kampfmitteln« gehört auch eine scharf antisemitische Agitation.

Die »Sammlung der bürgerlichen Kräfte«

Tafel 102   Das liberale Bürgertum, das im Interessenkampf zwischen
Landwirtschaft und Industrie einerseits und der Arbeiterschaft
andererseits aufgerieben zu werden droht, wird von Johannes
Miquel, dem neuen Führer der Nationalliberalen, zu einer
»Sammlungsbewegung« aufgerufen, die das weitere Erstarken
der Sozialdemokratie verhindern soll. Innenpolitisch in der Defensive, engagiert es sich dafür um so mehr für eine offensive,
imperialistische Machtpolitik. Der »Alldeutsche Verband«, der
»Flottenverein« und die Kolonialvereine verbreiten nationalistische, aber auch antisemitische Thesen. Interessenverbände
und Agitationsvereine beherrschen nicht nur den vorparlamen-
tarischen Raum; angesichts der Schwäche des Reichstags gewinnen sie einen gefährlichen unmittelbaren Einfluß auf die
deutsche Politik.

Die Idee des »sozialen Kaisertums«: Friedrich Naumann

Tafel 103   Führende Linksliberale wie Max Weber und Friedrich Naumann
versprechen sich von einer dynamischen Außenpolitik ein Auf-
brechen der verhärteten Strukturen in der Innenpolitik. Ein Kaisertum der sozialen Reformen soll die Arbeiterschaft mit dem
Staat versöhnen. Doch Naumann und sein 1896 gegründeter
Nationalsozialer Verein scheitern an den vorherrschenden konservativen Interessen.
Aber auch auf anderen Gebieten bleiben Reformversuche in
Ansätzen stecken: der wachsende Machtanspruch des Kaisers
und des Militärs, die Zersplitterung der Parteien, die zudem
aufgrund der Wahlrechtsbestimmungen in Preußen und im
Reich nur bedingt die wahren politischen Kräfteverhältnisse im
Lande widerspiegeln, sowie der überwältigende Einfluß der In-
teressenverbände stehen ihnen entgegen.

Die »Daily Telegraph«-Affäre

Tafel 104   Im Oktober 1908 erscheint ein die deutschen Außenbeziehun-
gen stark belastendes Interview des Kaisers mit dem »Daily
Telegraph«. Alle Parteien sind über diese kaiserliche Eigen-
mächtigkeit empört. Reichskanzler von Bülow ist nicht gewillt,

vor dem Parlament dafür die Verantwortung zu übernehmen.
Vor der einhelligen Kritik weicht Wilhelm II. zurück. Er erklärt
öffentlich, künftig nur seine »verfassungsmäßige Verantwortlichkeit« wahrnehmen zu wollen. Der Reichstag geht aus dieser Affäre gestärkt hervor. Die Chance einer Parlamentarisierung aber wird vertan. Nur Sozialdemokratie, Zentrum und
Linksliberale fordern eine Verfassungsänderung.

Das Dreiklassenwahlrecht in Preußen und die Wahlkreispolitik
im Reich

Tafel 105   Vergeblich kämpfen Sozialdemokraten und Liberale um eine
Änderung des Dreiklassenwahlrechts in Preußen, das die
stimmberechtigten Bürger nach ihrem Steueraufkommen in
drei Klassen teilt. Aber nicht nur bei den Wahlen zum Preußischen Landtag, sondern auch bei den Reichstagswahlen gibt
es Ungerechtigkeiten. 1871 werden die Wahlkreise im Reich
so aufgeteilt, daß auf etwa 100 000 Einwohner ein Abgeordneter entfällt. Die Verstädterung der industriellen Ballungszen-
tren führt jedoch zu erheblichen Verzerrungen, die vor allem
zu Lasten der Arbeiterpartei gehen. Dennoch gelingt es der
SPD 1912, stärkste Fraktion im Reichstag zu werden.

Die Nationalitätenpolitik

Tafel 106   Im Osten wird mit dem Enteignungsgesetz von 1908 die Möglichkeit geschaffen, im Zuge der preußischen Germanisie-
rungspolitik polnische Güter zu enteignen. Auf ihnen werden
Deutsche angesiedelt. In der Öffentlichkeit propagiert der Ost-
markenverein einen »Kampf gegen das Polentum«. In Elsaß-
Lothringen finden die Auseinandersetzungen mit dem Zwi-
schenfall von Zabern 1913 ihren Höhepunkt. Preußisches Militär löst dort eine Volksversammlung auf und nimmt 28 Demonstranten fest. Der verantwortliche Kommandeur maßt sich
dabei Gerichtsbefugnisse an. Trotzdem spricht ihn ein Militär-
gericht frei. Vergeblich versucht der Reichstag zu interve-
nieren.
Tafel 108–112 In diesen Krisen und den darauffolgenden Parlamentsdebatten der Vorkriegszeit wird deutlich, daß der Reichstag nicht in
der Lage ist, eine wirkliche Kraftprobe mit den »staatserhal-

tenden« traditionellen Kräften am kaiserlichen Hof, in Landwirtschaft, Industrie, Bürokratie und Militär zu wagen.

Die deutsche Außenpolitik 1871–1914 (Tafel 113–127)

Tafel 113 Mit der Reichsgründung entsteht 1871 in Mitteleuropa ein wirtschaftliches und militärisches Machtzentrum, das die anderen Großmächte als latente Bedrohung des europäischen Gleichgewichts ansehen. Die Annexion Elsaß-Lothringens belastet das Reich mit der Feindschaft Frankreichs. Nur durch ein überaus kompliziertes Bündnissystem und durch wiederholte Erklärungen, Deutschland sei saturiert, gelingt es Bismarck, das Reich in das überlieferte kontinentaleuropäische Gleichgewichtssystem einzuordnen und damit seine Sicherheit zu gewährleisten. Wilhelm II. stellt die Weichen neu. Seine »Weltpolitik« soll Deutschland einen »Platz an der Sonne« sichern. Die Außenpolitik des Reiches wird damit zu einer unberechenbaren Größe. Nach dem Bruch mit Rußland führt die Flottenbaupolitik und das fortwährende Pochen auf die eigene Stärke auch zu einer Verschlechterung des Verhältnisses zu Großbritannien. Am Ende dieser Entwicklung steht die selbstverschuldete Isolierung des Reiches.

Tafel 114 Bismarck hat die Richtlinien seiner Außenpolitik 1877 in dem sogenannten »Kissinger Diktat« niedergelegt *(Kat. Abb. 156)*. Danach soll Deutschland seine »freie Mittlerstellung« ausnutzen, indem es die Gegensätze der imperialistischen Großmächte in der Kolonialpolitik zu steuern sucht und die Spannungen von der Mitte Europas an die Peripherie dirigiert. Er entwirft das Idealbild »einer politischen Gesamtsituation, in welcher alle Mächte außer Frankreich unser bedürfen und von Koalitionen gegen uns durch ihre Beziehungen zueinander nach Möglichkeit abgehalten werden«. Das Reich soll zur »Bleigarnitur am Stehaufmännchen Europa« werden.

Tafel 115/116 Bestimmendes Moment dieses Konzepts ist der Alptraum, die anderen europäischen Mächte könnten übermächtige Koalitionen gegen Deutschland bilden (»cauchemar des coalitions«). Ausgelöst wird diese Furcht durch eine diplomatische Intervention Großbritanniens und Rußlands zugunsten Frankreichs, als die deutsche Presse und der Generalstab 1875 angesichts der französischen Heeresreorganisation Präventivkriegspläne dis-

Wenn ich arbeitsfähig
wäre, könnte ich das Bild vervollständigen und feiner aus-
beiten, welches mir vorschwebt:
nicht das irgend einer Ländererwer-
bung, sondern das einer politischen
Gesammtsituation, in welcher alle
Mächte außer Frankreich unserer
bedürfen, und von Coalitionen
gegen uns durch ihre Beziehungen
zu einander nach Möglichkeit abgehalten werden.

IV/157   Bismarck auf dem Berliner Kongreß 1878, Holzstich nach einem Gemälde von Anton von W kutieren. »Ist Krieg in Sicht?«, fragt die freikonservative Zeitung »Die Post« am 8. April 1875. Aber Bismarck dementiert.

Tafel 117 Die außenpolitische Konzeption der freiwilligen Begrenzung des deutschen Führungsanspruchs im Rahmen des europäischen Gleichgewichts wird auf dem Berliner Kongreß (1878) in praktische Politik umgesetzt. Bismarck bietet zur Beilegung des Streites zwischen England, Österreich-Ungarn und Rußland über die Abgrenzung ihrer Einflußbereiche auf dem Balkan die Vermittlung des Deutschen Reiches an. Er wird zum »ehrlichen Makler« europäischer Interessen (Kat. Abb. 157). Das Reich ist die Garantiemacht der Stabilität in Europa.

Tafel 118–120 Die Kolonialpolitik wird von Bismarck dem Ziel untergeordnet, Spannungen des europäischen Konfliktherdes an die »Peripherie« zu verlagern. Nur zögernd und geleitet von innereuropäischen Gleichgewichtsüberlegungen gibt er dem Drängen des Kolonialvereins und der Gesellschaft für deutsche Kolonisation (Carl Peters) nach: In den Jahren 1884/85 werden Teile Südwestafrikas, Kamerun, Togo, einige Südsee-Inseln und ein Gebiet in Ostafrika deutsche Kolonien.

Tafel 121 Nach der Entlassung Bismarcks schlägt Wilhelm II. einen »Neuen Kurs« ein: »Weltpolitik als Aufgabe, Weltmacht als Ziel, Flotte als Instrument« lautet seine Devise (Kat. Abb. 152, 158). Der Flottenbau ist für ihn und die hinter ihm stehenden Kreise eine Prestigesache, wobei der Kollisionskurs gegenüber Großbritannien in Kauf genommen wird. Auch Bismarcks »Draht nach Petersburg« wird unterbrochen: Der »Rückversicherungsvertrag« von 1887 wird 1890 nicht mehr verlängert. Die Folge dieser Politik ist die französisch-russische Annäherung. Das Reich überschätzt seine Stärke.

Tafel 122/123 Im Wettlauf der imperialistischen Staaten um die Aufteilung der Welt fordert Wilhelm II. für Deutschland einen »Platz an der Sonne«. Die Versuche, das deutsche Kolonialreich zu erweitern, haben jedoch nur geringen Erfolg: zwischen 1897 und 1899 kommen Tsingtau, die Karolinen-Marianen-Palau-Inseln und Teile der Samoa-Inseln als Kolonien hinzu.
Die markigen Reden des Kaisers und die Brutalität der »Expeditionscorps« und »Schutztruppen« bei der Niederschlagung von Aufständen in den Kolonien schaden dem deutschen Ansehen in der Welt.

Tafel 124 Auch die Chance der Annäherung an Großbritannien, als sich die britisch-französische Rivalität um den Sudan im Faschoda-Konflikt 1898 zuspitzt, läßt das Reich ungenutzt. Zusätzlich verletzen der Bau der Schlachtflotte und der Bagdad-Bahn britische Interessen. 1904 räumen England und Frankreich ihre Differenzen in der Kolonialpolitik endgültig aus: Sie schließen die Entente Cordiale. Am gemeinsamen Widerstand beider Staaten scheitert das deutsche Bemühen um Marokko. 1907 kommt es schließlich zur russisch-englischen Konvention über die Interessensphären in Asien: das Reich fühlt sich »eingekreist«.

Tafel 125   Das Streben der Balkanvölker, ihre Einigung zu Nationalstaaten durch Aufteilung des europäischen Besitzes der 1912 gemeinsam geschlagenen Türkei und auf Kosten Österreich-Ungarns zu vollenden, kollidiert mit den wirtschaftlichen und bündnispolitischen Interessen der europäischen Großmächte. Diese politischen und militärischen Verwicklungen drohen, zur Zündschnur am »Pulverfaß Europas« zu werden *(Kat. Abb. 159).*

Tafel 126/127   Am 28. Juni 1914 wird der österreichische Thronfolger Erzherzog Franz Ferdinand mit seiner Gemahlin von einem serbischen Nationalisten in Sarajewo ermordet. Nun will Wien die serbische Frage endgültig im eigenen Sinne lösen. Voraussetzung dafür ist die Rückendeckung durch den deutschen Bundesgenossen. Die deutsche Diplomatie möchte anders als das Militär einen großen Krieg nach Möglichkeit vermeiden. Auch England will vermitteln, Frankreich ist dagegen durch das Abkommen Poincarés aus dem Jahre 1912 bei Konflikten auf dem Balkan an Rußland gebunden. Es unterstützt daher eine Politik der harten Zurückweisung aller österreichischen Annexionspläne. Mit der russischen Generalmobilmachung am 31. Juli 1914 fallen in Berlin die Würfel für eine militärische Lösung. Der Automatismus der Mobilmachungen hat den Spielraum, den Konflikt mit politischen Mitteln beizulegen, zunichte gemacht *(Kat. Abb. 160).*

Der Erste Weltkrieg (Tafel 144–155)

Tafel 144   Das deutsch-französische Wettrüsten und die Flottenrivalität mit England sind ebenso Ursachen des Ersten Weltkrieges wie die offensive Balkanpolitik Rußlands und die enge Verknüpfung des Deutschen Reiches mit dem ungewissen Schicksal des österreichischen Vielvölkerstaates. Nicht zuletzt verführt das blinde Vertrauen in die eigene militärische Überlegenheit zu einer Flucht nach vorn. 1917 treten die USA in den Krieg ein. Im

Die Marine=Tabellen
Seiner Majestät des Kaisers Wilhelm.

Verkleinerte Facsimile-Nachbildung der Kaiserlichen Originale.

Deutschland's Neubauten

in und seit 1893 bewilligt.

Panzerschiffe	Panzerkreuzer	Geschützte Kreuzer
Kurfürst Friedrich Wilhelm	Ersatz Leipzig	Ersatz Freya

fertig 1894   10000 Tons I Classe   1899   10600 Tons I Classe   1898   5600 Tons II Classe

1894   Weissenburg   10000 Tons   I Classe

1895   Hagen   3490 Tons   IV Classe   1897   K   5600 Ts   II Cl.

1895   Heimdall   3490 Tons   IV Classe   1897   L   5600 Ts   II Cl

1896   Odin   3530 Tons   IV Classe   1898   M   5600 Ts   II Cl.

1896   Aegir   3530 Tons   IV Classe   1898   N   5600 Ts   II Cl.

1893 — 1897 inclusive.

1898   Kaiser Friedrich III   11000 Ts.   I Classe

1899   Ers Friedrich d. Grosse   11000 Ts.

Anmerkungen

In derselben Zeitperiode hat Frankreich gebaut oder im Bau:
10 Panzerschiffe I Classe 4 Panzerschiffe II Classe 8 Panzerkreuzer I Classe
19 Panzerdecks kreuzer I-III Classe : Summe 41 Schiffe = 10 Divisionen à 4 Schiffe
In derselben Zeitperiode hat Russland gebaut oder im Bau (im in der Ostsee)
7 Panzerschiffe I Classe 2 Panzerschiffe III Classe 4 Panzerkreuzer I Classe,
3 Panzerdeckskreuzer II Classe = 16 Schiffe = 4 Divisionen à 4 Schiffe
Mithin werden Frankreich und Russland Ende 1899 an neuen Schiffen im Dienst haben:
Summe 17 Panzerschiffe I Classe 6 Panzer II Classe, 12 Panzerkreuzer I Cl, 22 Panzdeckkreuzer II Cl
im ganzen 57 neue Schiffe = 14 Divisionen à 4 Schiffe

Deutschland 4 Panzerschiffe I Classe, 4 Panzerschiffe II Classe, 1 Panzerkreuzer I Cl, 5 Rahlkreuz.

Summe 14 Schiffe = 3 Divisionen à 4 Schiffe

Mithin 43 Schiffe Uebermacht über Deutschland im Neubau begriffen.
= 13 Divisionen à 4 Schiffe

W. I. R 7/II 97

IV/159   »Der kochende Kessel«, »Punch«-Karikatur aus dem Jahre 1908 zur Balkankrise

Ich bestimme hiermit: Das Deutsche Heer und die Kaiserliche Marine sind nach Maßgabe des Mobilmachungsplans
für das Deutsche Heer und die Kaiserliche Marine kriegs-
bereit aufzustellen.

Der 2. August 1914 wird als erster Mobilmachungstag
festgesetzt. – Berlin, den 1. August 1914

Wilhelm
7. R.

Bethmann Hollweg

den Reichskanzler (Reichs Marineamt) und der Reichsminister.

IV/160   Mobilmachungsbefehl vom 1. August 1914

IV/161   Allgemeine Kriegsbegeisterung Anfang August in Berlin

IV/162   Deutsche Reservisten auf dem Weg zur Westfront, August 1914

gleichen Jahr siegt in Rußland die bolschewistische Revolution. Damit ist zugleich auch das Ende einer Epoche bürgerlichen Selbstbewußtseins und europäischer Weltherrschaft markiert. Die Niederlage des Deutschen Reiches ist zugleich eine Niederlage seiner konservativen Führungsschicht. Der Kampf um eine innere Neugestaltung im Sinne einer sozialen Demokratie beginnt unter der Bürde des Friedensdiktats von Versailles.

Tafel 145/146 Die Kriegserklärung ruft zunächst überall Begeisterung hervor *(Kat. Abb. 161, 162)*. Nur wenige mahnen. Die Parteien schließen einen »Burgfrieden«. Scheinbar geeint steht die Nation hinter der Devise eines gerechten Verteidigungskrieges. Auch die Sozialdemokratie bewilligt die Kriegskredite.

Tafel 147 Mit dem Überfall auf Belgien wird im Westen der Bewegungskrieg eröffnet. Doch schon im Herbst kommt der deutsche Vormarsch in der Schlacht an der Marne zum Stehen. Der jahrelange Stellungskrieg vor Verdun, in Nordfrankreich und in Flandern fordert den furchtbaren Blutzoll von Millionen Soldaten. Der 8. August 1918 wird zum »schwarzen Tag« des deutschen Heeres: alliierte Panzer durchbrechen die Front bei Amiens. Der Rückzug in die Verteidigungslinien der »Siegfriedstellung« beginnt. Die Hoffnung auf einen Sieg im Westen ist längst von der Gefahr eines totalen Zusammenbruchs der Front abgelöst worden.

Tafel 148 Im Osten ist das Reich zunächst militärisch in der Defensive. Im August 1914 wird Ostpreußen von der »russischen Dampfwalze« bedroht. Diese Gefahr wird jedoch von General von Hindenburg in den Kesselschlachten von Tannenberg und an den Masurischen Seen gebannt. Nach anfänglichen Erfolgen scheitern auch die russischen Offensiven in den Karpaten unter hohen Verlusten. Deutsch-österreichische Gegenoffensiven unter General von Mackensen bringen das Zarenreich an den Rand des Zusammenbruchs. Im russischen Heer fällt die Agitation der Revolutionäre auf fruchtbaren Boden. 1917 gestattet die Oberste Heeresleitung Lenin, dem Führer der Bolschewiki, die Durchreise durch Deutschland in einem Eisenbahnwagen.

Tafel 149 Im März 1918 müssen sich die in der Oktoberrevolution erfolgreichen Bolschewiken dem Friedensdiktat von Brest-Litowsk beugen. Rußland verliert seine westlichen Provinzen; die Ukraine wird selbständig. Reparationen werden durch den deutschen »Eisenbahn-Vormarsch« erpreßt, obwohl im Westen Truppen dringend gebraucht werden. Die dritte Oberste Heeresleitung unter Hindenburg und Ludendorff hat mit der »großen Ostlösung« einen fragwürdigen Sieg über die politische Führung davongetragen.

Tafel 150   Im Dezember 1916 sucht das Reich erstmals um Friedensver-handlungen nach. Die Alliierten lehnen jedoch ab. Dadurch erhalten jene Kräfte Auftrieb, die einen Sieg um jeden Preis anstreben und sich gleichzeitig im Innern die Abwehr demokrati-scher »Aufweichung« zum Ziel gesetzt haben. Reichskanzler von Bethmann Hollweg wird entlassen. Sein Nachfolger Michaelis steht ganz unter dem Einfluß der Obersten Heeresleitung (OHL). Hindenburg und Ludendorff haben jetzt nicht nur die militärische, sondern de facto auch die politische Führung inne.

Tafel 152   1917 bilden SPD, Zentrum und Fortschrittliche Volkspartei den »Interfraktionellen Ausschuß« des Reichstages. Sein Ziel: die Einführung der parlamentarischen Monarchie und ein Verstän-digungsfrieden ohne Sieger und Besiegte. Dieses Programm wird zur Grundlage der Friedensresolution des Reichstages vom Juli 1917.

Tafel 153–155 Einem Teil der SPD-Abgeordneten gehen die Vorstellungen des Interfraktionellen Ausschusses nicht weit genug. Sie verweigern als entschiedene Kriegsgegner weiteren Kriegskrediten ihre Zu-stimmung und spalten sich 1917 als »Unabhängige Sozialde-mokratische Partei« (USPD) von der SPD ab. Formell schließt sich der USPD die »Gruppe Internationale« an, die unter ihren Führern Karl Liebknecht und Rosa Luxemburg seit 1915 unter der Parole »Nieder mit dem Krieg« aktiv gegen die Kriegszielpo-litik der Reichstagsmehrheit eintrat. Als »Spartakus-Gruppe« bildet die »Gruppe Internationale« die Keimzelle der späteren Kommunistischen Partei Deutschlands.

Die militärischen und innenpolitischen Spannungen des Jahres 1917 veranlassen Wilhelm II., eine Reform des Dreiklassen-wahlrechts in Preußen in Aussicht zu stellen. Zu wirklichen Zugeständnissen im Innern aber ist die Reichsführung unter dem Einfluß der OHL erst bereit, als die militärische Lage aussichtslos geworden ist: In den sogenannten Oktober-Refor-men von 1918 wird unter Reichskanzler Prinz Max von Baden der entscheidende Schritt zu einem parlamentarischen Regie-rungssystem getan – zu spät, wie sich schon bald zeigt.

Das Deutsche Reich nach 1918

Nordschleswig
an Dänemark

durch
Volksabstimmung
bei Deutschland
verblieben

Memelland
an Litauen

Freie
Stadt
Danzig

durch Volksabstimmung
bei Deutschland
verblieben

Ruhrbesetzung

Posen und West-
preußen an
Polen

Eupen-
Malmedy
an
Belgien

besetzte
Rheinlande

durch Volksabstimmung bei
Deutschland verblieben

Saarland
unter
Völker-
bunds-
verwaltg.
und franz.
Besetzung

Ost-Oberschlesien
an Polen

Elsaß-
Lothringen an
Frankreich

Hultschiner
Ländchen an die
Tschechoslowakei

Raum V

Die Weimarer
Republik

Im Herbst 1918, nach vier Jahren Krieg, ist die nationale Begeisterung, die im August 1914 die Deutschen über alle traditionellen Schranken hinweg zu einen schien, der vollständigen Ernüchterung und Erschöpfung gewichen. Die Gewißheit der bevorstehenden militärischen Niederlage reißt alte Gegensätze
verstärkt wieder auf. Sie führen schließlich Anfang November zu
einem spontanen revolutionären Aufbegehren in weiten Gebieten des Reiches.
Mit der Abdankung Kaiser Wilhelms II. am 9. November 1918
bricht der monarchische Obrigkeitsstaat zusammen. Damit beginnt zugleich die Auseinandersetzung um die Form, in der das
Deutsche Reich, 1871 auf der Basis eines gewonnenen Krieges
gegründet, nun nach dem verlorenen Krieg weiterbestehen soll.
Aufgrund der weitgehenden Diskreditierung der bisherigen militärischen und politischen Führungsschicht sind jetzt die Sozialdemokraten die politisch führende Kraft in Deutschland. Sie
streben grundlegende Reformen in Wirtschaft und Gesellschaft
an, wollen jedoch gleichzeitig eine Radikalisierung der Revolution nach russischem Vorbild unter allen Umständen verhindern.
Zur Abwehr von Angriffen aus dem radikalen revolutionären
Lager arbeiten sie mit dem alten Militärapparat und der kaiserlichen Verwaltung zusammen.
Mitten in revolutionären Unruhen finden die Wahlen zu einer
verfassunggebenden Nationalversammlung statt. Das Ergebnis
bestätigt der Sozialdemokratie ihre führende politische Rolle.
Mit Friedrich Ebert stellt sie auch den ersten Reichspräsidenten.
Die Verfassung vom 11. August 1919 beendet die fast einjährige
Übergangsperiode seit dem Rücktritt Wilhelms II. und legt das
Fundament der Weimarer Republik. Sie erfüllt die alte liberale
Forderung nach einer Demokratie auf parlamentarischer Basis
und garantiert damit zugleich den direkten Einfluß der Bevölkerung auf den politischen Entscheidungsprozeß. Vor der Verabschiedung der Verfassung sind jedoch schon bedeutende Entscheidungen gefallen, die die weitere Entwicklung in Deutschland nachhaltig beeinflussen und die politische Atmosphäre
zunehmend vergiften. Die Siegermächte diktieren Deutschland
im Vertrag von Versailles Gebietsabtretungen zu, die die Wirtschaftskraft des Reiches erheblich schwächen. Wiedergutmachungsforderungen bringen finanzielle Belastungen, die um so
schwerer wiegen, als die deutsche Währung infolge der Verschuldung durch den Krieg stark an Wert eingebüßt hat. Vor
allem aber wegen des Kriegsschuldartikels wird der Vertrag in

Deutschland einhellig abgelehnt. Den verantwortlichen Politi-
kern jedoch bleibt keine andere Wahl als die Unterzeichnung.
Die nationalistische Rechte, die sich schon mit der Niederlage
und der Revolution nicht abgefunden hatte, verbreitet nun die
»Dolchstoßlegende« und bezichtigt die Parteien, die 1917 für
den Verständigungsfrieden eingetreten waren und jetzt gemeinsam die Regierungsgewalt ausüben, des Verrats an dem »im
Felde unbesiegten« Heer. Die rechtsradikale Agitation gipfelt in
Putschismus und politischem Mord und provoziert gleichzeitig
linksradikale Gegenaktionen. Die Reichstagswahlen von 1920
spiegeln die antirepublikanischen Strömungen, die zudem
durch die wirtschaftliche Entwicklung verstärkt werden. Das
Reich wälzt die Kosten des verlorenen Krieges auf diejenigen
ab, die diesen Krieg durch Anleihen mitfinanziert haben, und
entfremdet sich dadurch weite Teile des bürgerlichen Mittelstandes, der durch die Entwertung seiner Ersparnisse seine Exi-
stenzgrundlage gefährdet sieht. Reparationen und Ruhrbesetzung treiben die Inflation 1923 auf den Höhepunkt. Bevor mit
der »Rentenmark« eine Stabilisierung der Wirtschaft eingeleitet
wird, hat eine Umverteilung des Volksvermögens stattgefunden,
die das soziale Gefüge der Republik schwer erschüttert.
Die Siegermächte erkennen, daß in Deutschland die wirtschaftlichen Voraussetzungen für eine Erfüllung der alliierten Repara-
tionsforderungen nicht gegeben sind. Eine Welle von Konferenzen und Plänen versucht daher, die Lösung des Reparationsproblems voranzutreiben, das die deutsche Innen- und Außenpolitik jahrelang beherrscht. So schwer die Belastungen aus der
Neuregelung der Reparationsfrage auch sind: die Hereinnahme
ausländischer Investitionskredite ermöglicht die Modernisierung
der deutschen Produktionsstätten und leitet seit 1924 eine Erholung der deutschen Wirtschaft ein, die nicht ohne beruhigen-
de Wirkung auf die soziale und politische Entwicklung bleibt.
Reallöhne, Produktions- und Exportzahlen erreichen um 1926
wieder den Vorkriegsstand oder übertreffen ihn. Die relative
Prosperität führt zu einem Gefühl des noch einmal Davonge-
kommenseins und zu einem wenn auch partiellen und momen-
tanen Zukunftsoptimismus; beides formt das in der Erinnerung
so lebendige, aber trügerische Bild der sogenannten »goldenen
zwanziger Jahre«.
Die Erfolge in der Außenpolitik, der Gustav Stresemann in
seinen sechs Amtsjahren eine für die Verhältnisse der Weimarer Republik einzigartige Kontinuität verleiht, stärken die Stel-

lung des Reiches, mildern die Folgen des verlorenen Krieges und brechen die Isolierung auf, in die Deutschland nach dem Kriege geraten war. Internationale Verträge, die Räumung besetzter Gebiete, erneute Reparationserleichterungen und Fortschritte in Richtung auf die Gleichberechtigung Deutschlands sind Stationen auf dem Wege zur Revision des Versailler Vertrages. Innenpolitisch erinnern der Streit des Reiches mit den Fürsten, das Verhalten der Justiz und die Auseinandersetzungen mit der Reichswehr daran, daß die Kontinuität der obrigkeitsstaatlichen Kräfte noch nicht gebrochen ist. Symbol dieser der Republik eher ablehnend gegenüberstehenden Kräfte ist der kaisertreue Generalfeldmarschall v. Hindenburg, den die Mehrheit des deutschen Volkes nach dem Tode Friedrich Eberts 1925 zum zweiten Reichspräsidenten wählt – ein Amt, das die republikanische Verfassung mit erheblicher Macht ausgestattet hat.

Mit der 1929 einsetzenden Weltwirtschaftskrise ändert sich die politische Szene in Deutschland grundlegend. Sie beendet die Phase der Konsolidierung und führt zu einer fortschreitenden politischen Radikalisierung und Polarisierung, die allmählich auch die demokratischen Institutionen lähmt. Ausländisches Kapital, meist kurzfristig gewährt, wird abgezogen. Die Industrie versucht, die Löhne zu drücken, um weiter konkurrenzfähig zu bleiben. Bei der wachsenden Zahl der Arbeitslosen ist die traditionelle Form des gewerkschaftlichen Kampfes, der Streik, eine stumpfe Waffe. Die radikalen Parteien auf der Linken und Rechten, die die parlamentarische Ordnung schon immer abgelehnt haben, sehen sich plötzlich in der Lage, eine stabile demokratische Mehrheitsbildung zu blockieren, da sich die bürgerlich-demokratischen Parteien zersplittern und ständig an Anhängern verlieren. Die Krise der Parteien wird zu einer Krise des Parlaments und damit zu einer Staatskrise. Seit März 1930 gibt es keine die Republik tragende parlamentarische Mehrheit mehr. Der Reichskanzler regiert mit einem System von Notverordnungen, die ihn vom Parlament unabhängig machen. In dieser Situation wird der Reichspräsident mehr und mehr zu einer politischen Schlüsselfigur. Die Fülle seiner sich aus der Verfassung herleitenden Rechte läßt ihn zur dominierenden Figur gegenüber dem Parlament werden, in dem Mehrheitsbeschlüsse nicht mehr zustande kommen. Die politischen Entscheidungen verlagern sich von der Volksvertretung ins Vorzimmer des Reichspräsidenten. Angesichts der Schwäche des Parlaments

und der Abhängigkeit des Kanzlers allein vom Vertrauen des
Präsidenten nähert sich das Weimarer System der vorrepublika-
nischen Regierungspraxis während der Kaiserzeit. Die demokratischen Errungenschaften der Revolution von 1918/19 haben
mit der weitgehenden Ausschaltung des Parlaments ihre politische Basis verloren. Zwar finden noch demokratische Wahlen
statt, ihre Ergebnisse stärken aber zunehmend gerade die antidemokratischen Parteien und höhlen damit das parlamentarische System weiter aus. Enttäuscht wenden sich weite – und
entscheidende – Kreise der Bevölkerung von der parlamentarischen Staatsform ab und setzen auf eine autoritäre Lösung der
sozialen und politischen Konflikte. Während sich Kommunisten
und Sozialdemokraten erbittert bekämpfen und die Republik
zusätzlich unter verstärkten Druck der äußersten Linken gerät,
kommt auf der Rechten ein politisches Zweckbündnis zustande,
das die »Berufung einer wirklichen Nationalregierung« durch
den Reichspräsidenten zum Ziel hat. Die Wiederwahl Hindenburgs zum Reichspräsidenten im Frühjahr 1932 ebnet der mitt-
lerweile von der Mehrheit des deutschen Volkes befürworteten
Lösung der Krise den Weg. Zwei Jahre Erfahrung mit der Praxis
eines antiparlamentarischen Präsidialkabinetts eröffnen nicht
die Aussicht auf die Rückkehr zu einer Regierungsform »im
Geiste der Verfassung«, sondern fördern im Gegenteil die Bereitschaft des Reichspräsidenten, nach zwei weiteren vergeblichen Versuchen mit Präsidialkabinetten dem Mann »sein Vertrauen zu schenken«, der sich seit Jahren als der radikalste
Antirepublikaner und Antiparlamentarier einen Namen gemacht
hatte und außerdem über eine Massenbasis verfügt: Adolf Hitler, Führer der Nationalsozialistischen Deutschen Arbeiterpartei.

Die Revolution von 1918/19 (Tafel 1−13)

Zu einer grundlegenden politischen und gesellschaftlichen Neuordnung Deutschlands ist es auch in der Revolution von 1918/19 nicht gekommen. Zwar wird das bisherige System der konstitutionellen Monarchie mit stark obrigkeitsstaatlichen Zügen durch die parlamentarische Demokratie ersetzt. Weitergehende Vorstellungen von einer tiefgreifenden Umgestaltung von Staat, Wirtschaft und Gesellschaft im Sinne des demokratischen Gedankens jedoch vermögen sich nur sehr begrenzt durchzusetzen. Die Bilanz des Historikers Friedrich Meinecke im Frühjahr 1919: bisher ist »keine völlige Revolution der Staats- und Gesellschaftsordnung bei uns erfolgt«.

Tafel 1

Die Siegeshoffnungen, die sich noch einmal mit der deutschen Offensive vom März 1918 verbinden, werden durch die alliierte Gegenoffensive zerstört. Im September 1918 muß die deutsche Reichsführung eingestehen, daß der Krieg, der Deutschland die Vorherrschaft in Europa bringen sollte, verloren ist. Das deutsche Volk ist erschöpft. Versorgungsschwierigkeiten häufen sich. Streiks flammen auf.

Um die Existenz der Monarchie zu retten und die Verantwortung für den verlorenen Krieg abzuschieben, führen die Exponenten der bisherigen Ordnung Anfang Oktober 1918 das parlamentarische System ein. Aus den Parteien, die sich 1917 im Interfraktionellen Ausschuß zusammengefunden hatten, wird unter Einschluß der Mehrheitssozialisten (MSPD) eine Regierung unter dem Prinzen Max von Baden gebildet. Wahlrechts- und Verfassungsreformen werden beschlossen. Deutschland ist »auf dem Wege vom Obrigkeitsstaat zum Volksstaat«. Aber die Reformen kommen zu spät. Die parlamentarische Monarchie kann sich nicht halten. Aufstände in der Hochseeflotte greifen auf das Reich über *(Kat. Abb. 163, 164)*. In der Revolution bilden sich spontan Arbeiter- und Soldatenräte, die die politische und militärische Gewalt in Deutschland übernehmen. Die Räte wollen den Krieg beenden und die alten politischen und militärischen Führungsschichten ablösen.

Tafel 2/3

Am 17. September 1918 stellt Josef Hofmiller, der Mitherausgeber der angesehenen »Süddeutschen Monatshefte« fest: »Alles ist seelisch erschüttert. Erschüttert ist 1. der Arbeiter, 2. die Bauern, 3. (eigentlich hätte ich sagen sollen 1.) das Militär, 4. die Frauen, 5. alle Angestellten, 6. alle Beamten, 7. die Presse. Die Demobilisierung hat bei den Gemütern begonnen. Das ist

V/163 Meuterei der Flotte in Wilhelmshaven, Anfang November 1918

V/164 Demonstration in Berlin am 9. November 1918

2. Extraausgabe   Sonnabend, den 9. November 1918.

Vorwärts

Berliner Volksblatt.

Zentralorgan der sozialdemokratischen Partei Deutschlands.

Der Kaiser hat abgedankt!

Der Reichskanzler hat folgenden Erlaß herausgegeben:

Seine Majestät der Kaiser und König haben sich entschlossen, dem Throne zu entsagen.

Der Reichskanzler bleibt noch so lange im Amte, bis die mit der Abdankung Seiner Majestät, dem Thronverzichte Seiner Kaiserlichen und Königlichen Hoheit des Kronprinzen des Deutschen Reichs und von Preußen und der Einsetzung der Regentschaft verbundenen Fragen geregelt sind. Er beabsichtigt, dem Regenten die Ernennung des Abgeordneten Ebert zum Reichskanzler und die Vorlage eines Gesetzentwurfs wegen der Ausschreibung allgemeiner Wahlen für eine verfassunggebende deutsche Nationalversammlung vorzuschlagen, der es obliegen würde, die künftige Staatsform des deutschen Volk, einschließlich der Volksteile, die ihren Eintritt in die Reichsgrenzen wünschen sollten, endgültig festzustellen.

Berlin, den 9. November 1918. **Der Reichskanzler.**

Prinz Max von Baden.

Es wird nicht geschossen!

Der Reichskanzler hat angeordnet, daß seitens des Militärs von der Waffe kein Gebrauch gemacht werde.

Parteigenossen! Arbeiter! Soldaten!

Soeben sind das Alexanderregiment und die vierten Jäger geschlossen zum Volke übergegangen. Der sozialdemokratische Reichstagsabgeordnete Wels u. a. haben zu den Truppen gesprochen. Offiziere haben sich den Soldaten angeschlossen.

Der sozialdemokratische Arbeiter- und Soldatenrat.

schlimm, sehr schlimm. Die Stimmung ist früher da als die Ereignisse. Keine Hemmungen, keine Dämme, die Stimmung im Land ist furchtbar. Wer glaubt denn noch an einen guten Ausgang?«

Tafel 4/5 Am 9. Nov. 1918 sieht sich Wilhelm II. zur Abdankung gezwungen *(Kat. Abb. 165)*. Vom Reichstag aus ruft der Sozialdemokrat Philipp Scheidemann die »Deutsche Republik« aus. Der Führer des Spartakusbundes, Karl Liebknecht, proklamiert wenig später vor dem Schloß die »freie sozialistische Republik«. Damit beginnt die Auseinandersetzung über die Gestalt der neuen Republik.

Tafel 6 Ihre vordringliche Aufgabe sehen die Sozialdemokraten darin, »das deutsche Volk vor Bürgerkrieg und Hungersnot zu bewahren« (Ebert). Reformen in Wirtschaft und Gesellschaft sollen erst von einer Nationalversammlung auf der Grundlage einer Verfassung beschlossen werden. Die Krisensituation soll durch Reformen nicht noch verschärft werden. Eine Radikalisierung der Revolution nach russischem Vorbild will die MSPD um jeden Preis verhindern. Ihr steht der linke Flügel der SPD gegenüber, der sich im Krieg von der Mehrheit getrennt und eine eigene Fraktion, die Unabhängige Sozialdemokratische Partei gebildet hatte. Sie ist mit dem Ziel in die Regierung eingetreten, »die revolutionären sozialistischen Errungenschaften zu befestigen«. Erst wenn dieses Ziel erreicht sei, könne man an Wahlen zur Nationalversammlung denken *(Kat. Abb. 172)*. Eine Gruppe in der USPD um Rosa Luxemburg und Karl Liebknecht, der Spartakusbund, geht noch darüber hinaus und verlangt statt der parlamentarischen Demokratie das Rätesystem. Sein zweites Hauptziel ist die Sozialisierung der Schwerindustrie und des Großgrundbesitzes.

Tafel 7 Friedrich Ebert versucht, die Staatsmaschinerie in Gang zu halten. Er läßt die Zivilverwaltung des gestürzten Kaiserreiches im Amt und glaubt, die Rückführung des Heeres und die Versorgung der Bevölkerung nur mit Hilfe des kaiserlichen Militärs sichern zu können. Beide Gruppen übernehmen Aufgaben im neuen Staat. Aber sie empfinden ihm gegenüber keine Loyalität. Die Existenz des Staates sieht die MSPD allein von radikalen revolutionären Gruppen, nicht aber von gegenrevolutionären Strömungen bedroht. Sie hält die politische Kontrolle der konservativen Kräfte durch die Arbeiter- und Soldatenräte für ausreichend. Es gelingt der Regierung unter Führung der MSPD zwar, einen Bürgerkrieg zu vermeiden, gleichzeitig aber erstarken wieder die obrigkeitsstaatlichen Kräfte in Verwaltung, Justiz, Heer und Industrie.

Tafel 8   Die Berliner Arbeiter- und Soldatenräte übertragen einem aus MSPD und unabhängigen Sozialdemokraten (USPD) zusammengesetzten »Rat der Volksbeauftragten« die Regierungsgewalt *(Kat. Abb. 166, 167).* Dieses »Mandat der Revolution« nehmen die Sozialdemokraten an, um ihre Stellung als politisch führende Kraft in Deutschland zu sichern.

Tafel 9   Eine wichtige Vorentscheidung über das künftige Verhältnis zwischen Unternehmern und Arbeitern im neuen Staat wird durch das Stinnes-Legien-Abkommen vom 15. November 1918 getroffen: Die Industrie erkennt die Gewerkschaften als Partner in Verhandlungen über Löhne und Arbeitsbedingungen an. Dafür lassen die Gewerkschaften alte Sozialisierungsforderungen fallen. In der Praxis bedeutet diese soziale Partnerschaft bald allerdings nur eine formale Gleichberechtigung.

Die Entscheidung gegen das Rätesystem

Tafel 10   Auf dem Reichskongreß der Arbeiter- und Soldatenräte (16. bis 21. 12. 1918) sind die Vertreter der MSPD in der Mehrheit. Der Kongreß beschließt Wahlen zur verfassunggebenden Nationalversammlung *(Kat. Abb. 171).* Er entscheidet damit für die parlamentarische Demokratie und gegen das Rätesystem. Gleichzeitig werden jedoch tiefgreifende Reformen gefordert. In der Folgezeit verlieren aber die Arbeiter- und Soldatenräte immer mehr an Einfluß.

Ende Dezember ruft Ebert Truppen der alten Armee gegen meuternde Matrosen in Berlin zu Hilfe. Aus Protest hiergegen verlassen die drei USPD-Vertreter den Rat der Volksbeauftragten. Zwei Mehrheitssozialisten treten an ihre Stelle.

Tafel 11   Der Gegensatz zwischen der SPD-Führung und ihren Kritikern von links führt in der ersten Januarhälfte 1919 zum Spartakusaufstand in Berlin *(Kat. Abb. 170).* Die Regierung ruft Freikorps zu Hilfe, die den Aufstand blutig niederschlagen *(Kat. Abb. 169).* Die Truppen aber, die die parlamentarische Republik schützen, sind selbst antidemokratisch. Am 15. Januar 1919 werden Rosa Luxemburg und Karl Liebknecht von Freikorps-Soldaten ermordet.

V/166   Der erste Rat der Volksbeauftragten

V/167   Revolutionäre Soldaten am Brandenburger Tor, November 1918

V/168   Regierungstruppen im Einsatz, Dezember 1918

V/169 Posten der Regierungstruppen während des Spartakusaufstandes, Januar 1919

V/170 Kämpfende Spartakisten im Zeitungsviertel

V/171   Aufruf zur Wahl der Nationalversammlung am 19. Januar 1919

V/172   Demonstration gegen die Wahl zur Nationalversammlung

Die Wahlen zur Nationalversammlung. Die Weimarer Koalition

Tafel 12

Aus den Wahlen zur Nationalversammlung am 19. Januar 1919, an denen erstmals auch Frauen teilnehmen können, geht die SPD als stärkste Partei hervor *(Kat. Abb. 173, 174)*. Sie erhält in dem wegen der Unruhen in Berlin im Februar 1919 nach Weimar einberufenen verfassunggebenden Parlament jedoch nicht die absolute Mehrheit. Daher ist sie gezwungen, mit dem Zentrum und der Deutschen Demokratischen Partei (DDP), der früheren Fortschrittlichen Volkspartei, eine Koalition, die sogenannte »Weimarer Koalition« einzugehen. Diese stützt sich auf 76 Prozent der Stimmen und repräsentiert jene politischen Kräfte, die sich schon 1917 im »interfraktionellen Ausschuß« zu einem Reformbündnis zusammengeschlossen hatten. Friedrich Ebert wird der erste Präsident der neuen Republik.

Die Verfassung *(s. Verfassungsschaubild im Anhang)*

Tafel 13

Die Verfassung der Weimarer Republik knüpft in wesentlichen Punkten an die liberale und demokratische Tradition des Jahres 1848 an. Das zentrale politische Organ ist nun der Reichstag. An sein Vertrauen sind der Kanzler und jeder einzelne Minister gebunden. Weitgehende Befugnisse erhält jedoch auch der Reichspräsident: vor allem den militärischen Oberbefehl und das Recht zur Reichstagsauflösung. Der Artikel 48 räumt ihm zudem eine Ausnahmegewalt ein, »wenn im Deutschen Reiche die öffentliche Sicherheit und Ordnung erheblich gestört oder gefährdet wird«. Das reine Verhältniswahlrecht fördert die Zersplitterung der Parteien, die auch nicht auf die demokratischen Grundsätze verpflichtet werden. Die bundesstaatliche Verfassung und mit ihr die starke Stellung Preußens bleiben zwar erhalten, doch gewinnt das Reich, insbesondere durch die Erzbergersche Finanzreform, zusätzlich an Gewicht. Die deutsche Einheit in der 1871 gefundenen Form wird auch nach der Niederlage von keiner entscheidenden Gruppe des deutschen Volkes in Frage gestellt.
Die Verfassung der Weimarer Republik weist den Weg zu einer demokratischen Gesellschaftsordnung. Sozialstaatliche Vorstellungen der Sozialdemokratie fließen in sie ein. Aber die Widersprüche zwischen der demokratischen Verfassung und

V/173 Eröffnungsrede Friedrich Eberts in der Nationalversammlung in Weimar, Februar 1919

V/174 Die ersten weiblichen Volksvertreterinnen

einer sozialen Wirklichkeit, die weit hinter den Zielen der Verfassung zurückbleibt, belasten die junge Republik.

Die Entwicklung der Weimarer Republik (Tafel 14–37)

Die Verabschiedung der Verfassung von Weimar leitet ein Jahrzehnt deutscher Politik ein, in dem die Republik zunächst die Angriffe ihrer Gegner abwehren und sich nach Überwindung anfänglicher Krisen stabilisieren kann. Am Ende dieses Jahrzehnts wird das politische und soziale Gefüge der Republik durch die Folgen einer sich weltweit auswirkenden Wirtschaftskrise schwer erschüttert. Die Hoffnungen und Erwartungen, die der Wandel von 1918/19 geweckt hatte, sind angesichts der sich zuspitzenden politischen Radikalisierung verflogen. Weite Kreise der Bevölkerung verlieren das Vertrauen in das parlamentarische System, das am Anfang der Weimarer Republik dank eines neuen Wahlrechts, solider Mehrheitsverhältnisse und einer liberalen Verfassung auf sicheren Säulen zu ruhen schien.

Die Parteien

Tafel 14/15   Gegenüber dem absoluten Mehrheitswahlrecht der Kaiserzeit führt das reine Verhältniswahlrecht nach 1918 zu erheblichen Veränderungen im Gefüge der Wählerschaft, der Parteien und damit auch der Fraktionen. Noch bedeutender aber ist der Funktionswandel der Parteien: Die Verfassung von 1871 verbannte sie in den »Vorhof der Macht«; die Verfassung von 1919 verlagert dagegen die politische Entscheidungsgewalt ins Parlament, das heißt, die Parteien tragen jetzt die volle Last der Verantwortung. Unter diesen neuen Bedingungen entwickeln alle Parteien neue Programme. Sie spiegeln in der Fülle der einzelnen Punkte die Breite des Meinungsspektrums und der unterschiedlichen Interessen auch innerhalb der einzelnen Parteien. In den leitenden Prinzipien heben sich die Parteien jedoch
Tafel 16   deutlich voneinander ab. So fordert die Sozialdemokratische Partei Deutschlands (SPD, auch MSPD zur Unterscheidung von ihrem abgespaltenen linken Flügel) außer der Demokratisierung der Verwaltung und der Neuordnung des Verhältnisses von

Kirche und Staat grundlegende Reformen im Heerwesen und im Wirtschaftsleben, »die den Forderungen und Möglichkeiten der Zeit entsprechen«. Die MSPD tritt für die Vereinigung mit den Unabhängigen Sozialdemokraten »auf der Grundlage der Demokratie« ein und wendet sich gegen jede Diktatur und jeden Putschismus (Juni 1919).

Die Forderungen der Unabhängigen Sozialdemokratischen Partei Deutschlands (USPD) dagegen gehen erheblich darüber hinaus: sie will die völlige »Auflösung aller militärischen Zivil- und Polizeiformationen« und »Errichtung einer revolutionären Wehr« sowie die sofortige Vergesellschaftung der kapitalistischen Unternehmen (Bank- und Versicherungswesen, Bergbau, Energie, Eisen- und Stahlproduktion, Transport- und Verkehrswesen). Außerdem fordert sie die Vergesellschaftung des Großgrundbesitzes und die Überführung des Privateigentums an Grund und Boden »in Städten und vorwiegend industriellen Gemeinden« in Gemeindeeigentum. Weiterhin erklärt sie die Vergesellschaftung der öffentlichen Bildungs- und Erziehungseinrichtungen und die völlige Trennung von Kirche und Staat zu Hauptpunkten ihres Programms. Obwohl die USPD eine politische Herrschaftsorganisation auf der Grundlage des Rätesystems anstrebt, sieht sie auch im Parlament ein mögliches Instrument zur Durchsetzung ihrer Ziele (Dezember 1919).

Tafel 17   Noch weiter gehen die Forderungen der aus dem Spartakusbund hervorgehenden Kommunistischen Partei Deutschlands (KPD). Sie sieht das Parlament als »ein Mittel der herrschenden Klasse zur Ausübung und Aufrechterhaltung der politischen Macht« an und hält deshalb parlamentarische Beschlüsse zur Durchsetzung wirklich revolutionärer Ziele nicht für möglich und lehnt den Parlamentarismus grundsätzlich ab. Die kapitalistische Marktwirtschaft soll durch eine sozialistische Planwirtschaft ersetzt werden, der »konterrevolutionären Gewerkschaftsbürokratie« wird der Kampf angesagt, die »politische Macht der Bourgeoisie« soll gebrochen und durch die »Diktatur des Proletariats« ersetzt werden (Oktober 1919).

Die antirepublikanische Partei auf der Rechten ist die Deutschnationale Volkspartei (DNVP). Sie ist die direkte Nachfolgeorganisation der beiden konservativen Parteien des Kaiserreiches und tritt nachdrücklich für die »Erneuerung des von den Hohenzollern aufgerichteten deutschen Kaisertums« ein. Die Forderung nach Schutz des Privateigentums wird ausdrücklich ergänzt durch Ablehnung des »marxistischen Klassenkampfge-

dankens als Zerstörer jeder Kultur«. Im Kampf um das Wähler-
potential auf dem Lande knüpft die DNVP an die antisemitischen
Parolen der konservativen Parteien des Kaiserreiches und des
»Bundes der Landwirte« an: »Wir wenden uns nachdrücklich
gegen die seit der Revolution immer verhängnisvoller hervortre-
tende Vorherrschaft des Judentums in Regierung und Öffentlichkeit« (1920).

Tafel 18   Die Forderungen des Zentrums sind mit denen der Bayerischen
Volkspartei (BVP) identisch. Sie zielen in erster Linie auf die
Absicherung der »bürgerlichen Freiheiten im Rahmen christli-
cher Grundsätze« und auf die »Erhaltung der auf persönlichem
Eigentum beruhenden, nach dem Solidaritätsprinzip dem Ge-
samtwohl der Gesellschaft untergeordneten Privatwirtschaft«.
Beide Parteien plädieren für die föderalistische Ordnung des
Reiches, wobei die BVP die Eigenstaatlichkeit Bayerns beson-
ders betont: »Die bisherige weitgehende staats-, wirtschafts-
und steuerpolitische Abhängigkeit Bayerns von dem übermäch-
tigen Norden muß unter allen Umständen aufhören. Bayern den
Bayern!« (Dezember 1918).

Tafel 19   Die konfessionell ungebundenen liberalen Parteien berücksichtigen in ihren Programmen besonders die Belange des Mittelstandes. Die Deutsche Demokratische Partei (DDP) fordert einen demokratischen »Staat des sozialen Rechts« unter Beibehaltung der Privatwirtschaft, allerdings unter Einschränkung
»monopolartiger Herrschaftsmacht«. In bezug auf Grund und
Boden folgt daraus für die DDP: »Verhinderung der Bodenspekulation, entschlossene Aufteilung von Großgrundbesitz zur
Schaffung von selbstwirtschaftlichen bäuerlichen Familienbe-
trieben und zur Ansiedlung von Landarbeitern«. Handwerk und
Kleinhandel sollen geschützt, die Mitwirkung des Arbeitnehmers
im Betrieb gesichert (»Betriebsbürger«) und damit eine »soli-
darische Arbeits- und Volksgemeinschaft« geschaffen werden
(Dezember 1919).
Die am 18. Dezember 1918 gegründete Deutsche Volkspartei
(DVP), weitgehend getragen von Mitgliedern der ehemaligen
Nationalliberalen Partei, stellt gleichfalls die Erhaltung und Kräf-
tigung eines breiten handwerklichen und bäuerlichen Mittelstandes in den Mittelpunkt ihrer Forderungen. Das Privateigentum
und die leitende Stellung des Unternehmers im Betrieb sollen
gesichert werden. Die DVP vertritt »auf der Grundlage nationaler Staatsgesinnung die Vertiefung und Aussöhnung der liberalen und sozialen Gedanken« (Oktober 1919).

Prof. Schücking   Giesberts   Landsberg   Brockdorff-Rantzau   Leinert   Dr. Melc

V/175   Die deutsche Verhandlungsdelegation vor der Abreise nach Versailles, 1919

V/176   Demonstration in Berlin gegen den Versailler Vertrag

Der Versailler Vertrag und seine innenpolitischen Folgen

Die Chancen, programmatische Erklärungen in praktische Politik umzusetzen, sind jedoch weniger vom Willen der in der
Nationalversammlung vertretenen Parteien abhängig als von
Bedingungen, die durch die Folgen des verlorenen Krieges
vorgegeben sind und die das wirtschaftliche Leben der Republik
vorformen und die innenpolitische Atmosphäre vergiften.

Tafel 20–22   Im Vertrag von Versailles diktieren die Siegermächte Deutschland Gebietsabtretungen und weitgehende Entwaffnung *(Kat.
Abb. 175)*. Wiedergutmachungsforderungen werden mit der Al-
leinschuld am Kriege begründet, die von deutscher Seite entschieden bestritten wird. Die Einheit Deutschlands wird jedoch
nicht angetastet. Allerdings wird den Deutschen in Österreich
aus sicherheitspolitischen Gründen mit dem Anschlußverbot
das Selbstbestimmungsrecht vorenthalten. Der Versailler Vertrag wird in Deutschland einhellig abgelehnt *(Kat. Abb. 176)*.
Besonders der »Kriegsschuldartikel« ist der Ausgangspunkt
einer heftigen Kampagne gegen jene republikanischen Politiker,
die den Vertrag widerstrebend und unter dem Zwang der Umstände unterschrieben haben. So wird die Agitation gegen den
Versailler Vertrag zu einem Kampf gegen die Weimarer Republik. Ihre Repräsentanten werden als »Erfüllungspolitiker« oder
als »Novemberverbrecher« abgestempelt und verunglimpft. Die
Tafel 24   Morde an Matthias Erzberger und Walter Rathenau bilden den
Höhepunkt dieser Kampagne. Weiteren politischen Gewalttaten
soll das »Republikschutzgesetz« einen Riegel vorschieben.
Doch eine politisch voreingenommene, jedenfalls oft nicht neu-
trale Justiz schwächt das Gesetz bei seiner Anwendung gegenüber Straftätern der politischen Rechten erheblich ab. Auch die
Reichswehr, die gemäß dem Versailler Vertrag auf 100 000
Mann reduziert wird, verhält sich in für die Republik kritischen
Situationen ähnlich einseitig. Viele kaisertreue Offiziere, die
sich mit der Niederlage von 1918 nicht abfinden können, begrei-
fen die Reichswehr als »Staat im Staate« (v. Seeckt). Bei manchen schlägt diese Ablehnung in politisches Abenteurertum und
offenen Angriff auf die Republik um.

Tafel 28   Am 13. März 1920 kommt es in Berlin zum rechtsradikalen
Kapp-Putsch. Die Aufrührer wollen den parlamentarisch-demokratischen Staat beseitigen und streben eine Wiederherstellung
der politischen Ordnung vor 1914 an *(Kat. Abb. 177)*.
Die Reichswehr kommt ihrer Pflicht zur Niederwerfung des

Aufstandes nicht nach. Sie läßt die Republik im Stich. SPD und Gewerkschaften rufen den Generalstreik aus *(Kat. Abb. 178)*. Daraufhin bricht der Putsch schnell zusammen.

Die Antwort auf den Putsch von rechts sind linksradikale Aufstände im Rheinland und in Sachsen-Thüringen *(Kat. Abb. 179)*. Diesmal zögert die Reichswehr nicht und greift ein *(Kat. Abb. 180)*. Die innenpolitische Radikalisierung und die ausweglose außenpolitische Situation spiegeln sich auch in den Reichstagswahlen im Juni 1920 wider: Die Weimarer Koalition verliert fast 40 Prozent ihrer Sitze und damit die Mehrheit. Die Republik bleibt erhalten, doch große Teile der Bevölkerung stehen der neuen inneren Ordnung fremd gegenüber.

Tafel 29/30

Diese Distanz wird zur Feindschaft, als die schon kurz nach Kriegsende einsetzende inflationäre Entwicklung 1922/23 rasch fortschreitet und für die Mehrheit der Bevölkerung soziale Not bringt *(Kat. Abb. 183)*. Vor allem der bürgerliche Mittelstand schiebt dem »Weimarer System« die Schuld an seinem wirtschaftlichen und sozialen Niedergang zu. Ihn trifft die Inflation besonders hart: Er verliert seine Rücklagen und Reichsanleihen, mit denen der verlorene Krieg finanziert worden war. Der Staat dagegen wird praktisch alle seine Verpflichtungen los. Aber auch der Arbeiter ist ein Opfer der Inflation. Der Lohn zerrinnt ihm in den Händen, die umlaufende Geldmenge übersteigt das Warenangebot und treibt die Preise hoch *(Kat. Abb. 181, 182, 184)*.

Die Industrie produziert zu niedrigen Löhnen und steigert den Export. Sie erhält großzügige Anlagekredite, die sie wenig belasten und die sie in der Inflation zum Teil mit wertlosem Papiergeld zurückzahlt. Geschickte Spekulanten können in dieser Situation riesige Gewinne erzielen. Diese Kreise wollen die Inflation nicht beendet sehen, sondern sie weiter nutzen.

Tafel 31

Die unsichere finanzielle Lage des Reiches macht die Erfüllung von Reparationsverpflichtungen nahezu unmöglich. Die Alliierten antworten mit Sanktionsandrohungen (Londoner Ultimatum). Reichskanzler Wirth tritt daraufhin zurück. Sein Nachfolger Cuno ist mit seiner Regierung der »rechten Mitte« auf die Tolerierung durch die SPD angewiesen. Wegen angeblich ausstehender Reparationslieferungen besetzen französische und belgische Truppen im Januar 1923 das Ruhrgebiet *(Kat. Abb. 185)*. Die Reichsregierung reagiert mit dem »passiven Widerstand« *(Kat. Abb. 186)*. Dieser aber lähmt Politik und Wirtschaft und zehrt die Reichsfinanzen weiter auf. Um die

V/177 Kapp-Soldaten mit der kaiserlichen Kriegsflagge in Berlin, März 1920

V/178 Der Potsdamer Platz während des Generalstreiks, März 1920

V/179 Angehörige der »Roten Ruhrarmee«, 1920

V/180 Einsatz von Regierungstruppen zur Unterdrückung kommunistischer Unruhen in Sachsen, 1

V/181–184   Inflation 1922/23:   181   Butterverkauf unter Polizeiaufsicht

182   Brotknappheit

183 Auf der Suche nach Kohlen

184 Amtliche Vernichtung von Inflationsgeld

V/185   Ruhrbesetzung, Januar 1923

V/186   Passiver Widerstand: Friedrich Ebert im »Revier«

Stagnation zu durchbrechen, verkündet eine neue Regierung unter Stresemann, eine große Koalition aus SPD, DDP, Zentrum und DVP, am 26. September 1923 das Ende des passiven Widerstandes: »Der Mut, die Aufgabe des passiven Widerstandes verantwortlich auf sich zu nehmen, ist vielleicht mehr national als die Phrasen, mit denen dagegen angekämpft wurde. Ich war mir bewußt, daß ich in dem Augenblick, wo ich das tat, als Führer meiner Partei, die nach einer ganz anderen Richtung eingestellt war, damit nicht nur vielleicht die eigene politische Stellung in der Partei, ja das Leben aufs Spiel setzte. Aber was fehlt uns im deutschen Volke? Es fehlt der Mut zur Verantwortlichkeit« (Stresemann).

Diese realistische Politik wird zwar von der SPD noch mitgetragen; das einseitige Vorgehen der Reichswehr gegen die Regierungskoalition aus SPD und KPD in Sachsen-Thüringen aber, während radikal antirepublikanische Unruhen in Bayern eher nachsichtig behandelt werden, veranlaßt die SPD, die Regierung Stresemann durch ein Mißtrauensvotum zu stürzen. Reichspräsident Ebert mißbilligt das Vorgehen der SPD: »Was euch veranlaßt, den Kanzler zu stürzen, ist in sechs Wochen vergessen, aber die Folgen eurer Dummheit werdet ihr noch zehn Jahre spüren!«

1924–1928: Jahre der Stabilisierung

Tafel 32

Die Stabilisierung der Mark leitet auch eine Neuregelung der Reparationsleistungen ein. Der Dawes-Plan von 1924 geht davon aus, daß Zahlungen nur von einer stabilen Wirtschaft aufzubringen sind und daher auch die ehemaligen Kriegsgegner ein Interesse haben müßten, die deutsche Wirtschaft zu unterstützen. Ausländische Geldanleihen fließen ins Land. Die Wirtschaft wird mit diesen Investitionen »angekurbelt«. Fabriken werden modernisiert, die Produktion wird gesteigert. Damit aber gewinnt ausländisches Kapital zugleich einen wesentlichen Einfluß auf die deutsche Wirtschaftsentwicklung. Mit dem wirtschaftlichen Aufschwung werden auch die politischen Verhältnisse stabiler. Die Dezember-Wahlen bringen 1924 den Radikalen Verluste, der republikanischen Mitte Stimmengewinne. Die Deutschnationale Volkspartei tritt in die neue Mitte-Rechts-Regierung ein. Sie ist die größte Regierungspartei.

Tafel 33

Obwohl die Stabilisierung ein weiteres Anwachsen der republik-

V/187   Die Totenfeier für den Reichspräsidenten Friedrich Ebert: Aufbahrung des Sarges am
Potsdamer Bahnhof in Berlin 1925

V/188 Der neue Reichspräsident von Hindenburg, Reichswehrminister Gessler (halb verdeckt)
und General von Seeckt beim Abschreiten einer Ehrenkompanie

V/189 SPD-Plakat zum Streit um die Fürstenenteignung, 1926

V/190 Reichswehrmanöver 1927: Unter den Beobachtern ein sowjetischer Offizier (ganz links)

V/191 Arbeiterkinder demonstrieren gegen die Konfessionsschule

V/192 Richtungweisender sozialer Wohnungsbau: die Hufeisensiedlung Berlin–Britz
von Bruno Taut und Martin Wagner, 1925–1931

feindlichen Bewegungen verhindert, müssen die republikanischen Kräfte 1925 eine empfindliche Niederlage hinnehmen: Nach dem Tod Eberts wird der kaisertreue Generalfeldmarschall von Hindenburg zum neuen Reichspräsidenten gewählt *(Kat. Abb. 187, 188).* Diese Wahl kennzeichnet die Kontinuität der obrigkeitsstaatlichen Kräfte.

Tafel 34 In der Bürokratie, der Universität, vor allem im Heer und in der Justiz stehen viele der Republik ablehnend gegenüber. Monarchistisch eingestellte Richter entscheiden 1926 im Rechtsstreit des Reichs mit den Fürsten, deren Vermögen 1918/19 nicht enteignet, sondern nur beschlagnahmt wurde, meist zugunsten der Fürsten *(Kat. Abb. 189).* Auseinandersetzungen mit der Reichswehr belasten die Innenpolitik zusätzlich: Selbstherrlich lädt Generaloberst von Seeckt, der Chef der Heeresleitung, den Kronprinzen zu einem Reichswehrmanöver ein. Seeckt wird daraufhin entlassen. Das Bekanntwerden der geheimen Zusammenarbeit zwischen der Reichswehr und der Roten Armee führt zum Sturz der Regierung Marx *(Kat. Abb. 190).*

Tafel 35 Trotz dieser Rückschläge gelingen im Inneren Reformen, besonders auf sozialpolitischem Gebiet, wo im Zeichen einer relativ konstanten wirtschaftlichen Aufwärtsentwicklung der Sozialstaat weiter ausgebaut wird *(Kat. Abb. 192).* Im Juli 1927 wird das Gesetz über die »Arbeitsvermittlung und Arbeitslosenversicherung« beschlossen. Während die alte Unterstützungsregelung eine Prüfung der Bedürftigkeit verlangte, hat jetzt grundsätzlich jeder Arbeitslose das Recht auf Unterstützung. Die Beitragssätze erlauben bei durchschnittlichen Lohnverhältnissen die Versorgung von 800 000 Arbeitslosen. Damit ist eine alte Forderung der Gewerkschaften erfüllt und die rechtliche Voraussetzung für soziale Sicherheit geschaffen. Aufgrund ihrer Sozialpolitik gerät die Regierung allerdings zunehmend in Gegensatz zur Industrie.

Tafel 36 Die gemeinsame Basis der Parteien, die an der Regierung beteiligt sind, bleibt nach wie vor schmal. 1928 zerbricht die 15. Regierung der Republik an der Frage eines Reichsschulgesetzes. Die Reichstagswahl vom Mai 1928 bringt für die Republik noch einmal ein günstiges Ergebnis. Trotz innerer Differenzen um den Bau des »Panzerkreuzers A« tritt die SPD in die Regierung ein: Eine Große Koalition unter Reichskanzler Hermann Müller (SPD) wird gebildet. Aber zwischen den Koalitionsparteien bestehen erhebliche Meinungsverschiedenheiten in der Wehrpolitik sowie in Grundsatzfragen der Wirtschaftspolitik. Die

V/193   Reparationslieferungen an Frankreich

Volksversammlung
gegen den
Youngplan

am 26. September 1929, abends 8 Uhr
Aula der Herderschule, Charlottenburg, Westend: Bayern-Allee 2

60 Jahre jede Sekunde 80 Goldmark wollen wir nicht zahlen!

V/194   Einladung zu einer Protestversammlung gegen den Young-Plan, 1929

Regierung kann den heftigen Arbeitskampf in der rheinisch-
westfälischen Eisenindustrie im Herbst 1928 zwar schlichten,
aber die sozialen Fronten versteifen sich: die Industrie fordert
Steueränderungen zu ihren Gunsten, die Arbeitslosigkeit
wächst.
Die Bemühungen um eine Neuregelung der Reparationsfrage
tragen erheblich zur Verschärfung der Auseinandersetzungen
bei, da die Parteien der Rechten nach wie vor eine Anerkennung
irgendwelcher Reparationsverpflichtungen grundsätzlich ablehnen *(Kat. Abb. 193)*. An die Stelle des Dawes-Plans von 1924
soll 1929 der Young-Plan treten. Der Dawes-Plan hatte die
Politik der Ultimaten und Sanktionen von 1921 abgelöst. Seine
Orientierung an den wirtschaftlichen Möglichkeiten Deutschlands leitete eine Entpolitisierung des Reparationsproblems ein,
war aber mit Eingriffen in die deutsche Souveränität verbunden,
von denen der Young-Plan absieht. Die auf ihm basierenden
Reparationsregelungen sehen einen Zahlungsmechanismus
vor, den die beginnende Wirtschaftskrise schon nicht mehr
erlaubt. Abermals wird eine heftige antirepublikanische Kampagne ausgelöst. Sie gipfelt in dem vorwiegend von den
Deutschnationalen getragenen »Volksbegehren gegen den
Young-Plan« *(Kat. Abb. 194)*.

Die Außenpolitik

Tafel 37

Die Außenpolitik der Weimarer Republik wird in den zwanziger
Jahren entscheidend von Gustav Stresemann (DVP) geprägt. In
seinen sechs Amtsjahren erlebt er von 1923 bis 1929 insgesamt
acht Regierungsumbildungen. Er wirkt als Vermittler und »Kom-
promißminister« zwischen Sozialdemokraten, Liberalen, Zentrum und Konservativen. Ziel seiner Außenpolitik ist die Wiedergewinnung der deutschen Vormachtstellung in Mitteleuropa unter den Bedingungen der durch den Krieg geschaffenen neuen
Situation. Mittel dieser Politik ist die Verständigung mit den
Westmächten, vor allem Frankreich, bei gleichzeitigem Bemühen, die territorialen Bestimmungen des Versailler Vertrages im
Osten zu revidieren.
Der Versailler Vertrag und das Reparationsproblem stecken den
Rahmen ab, innerhalb dessen sich die Außenpolitik der Weimarer Republik bewegt. 1921 fordern die Alliierten von Deutsch-
land die Anerkennung einer Schuld von 132 Milliarden Mark. Die

Annahme dieser Forderung durch die Reichsregierung führt zu einer verstärkten Hetzkampagne der Rechten gegen die Republik.

Im Rapallo-Abkommen von 1922 verzichten Deutschland und die Sowjetunion wechselseitig auf alle finanziellen Forderungen aus dem vergangenen Kriege und vereinbaren eine engere wirtschaftliche Zusammenarbeit. Großbritannien und Frankreich sind über diesen deutsch-russischen »Alleingang«, in dem der sogenannte »Rapallo-Komplex« seine Wurzeln hat, verstimmt.

Im Locarno-Vertrag vom Oktober 1925 erkennt Stresemann die Grenzregelung im Westen an; in bezug auf die Ostgrenze will er sich jedoch nicht festlegen *(Kat. Abb. 195)*. Im gleichen Jahr beantragt Deutschland die Aufnahme in den Völkerbund. Nach der Räumung des Ruhrgebietes im Juli 1925 verlassen die französischen Truppen auch die Kölner Zone. Die Sorgen der Sowjetunion vor einer einseitigen Westorientierung der deutschen Außenpolitik werden durch den Berliner Vertrag vom April 1926 zerstreut *(Kat. Abb. 196)*; dieser baut auf dem Rapallo-Vertrag von 1922 auf.

Am 9. September 1926 wird Deutschland in den Völkerbund aufgenommen *(Kat. Abb. 198)*. In ihren Reden bekräftigen Stresemann und Briand den Willen zu einer weiteren Verständigung. Fortschritte in der Annäherung zwischen Paris und Berlin werden jedoch durch die öffentliche Meinung in beiden Ländern erschwert. Mit der Verleihung des Friedensnobelpreises 1926 an die Außenminister Stresemann und Briand werden ihre Bemühungen um den Frieden in Europa gewürdigt *(Kat. Abb. 197)*. Stresemanns Tod im Oktober 1929 ist ein schwerer Verlust für die Republik.

Die Auflösung der Republik (Tafel 38–49)

Tafel 38

Die 1929 einsetzende Weltwirtschaftskrise zerstört die Grundlagen für eine weitere Stabilisierung. Als unmittelbare Folge verschärfen sich die wirtschaftlichen, sozialen und auch die politischen Gegensätze in Deutschland. Die radikalen Parteien auf der Linken und Rechten, die die parlamentarische Ordnung ablehnen, blockieren zunehmend eine stabile demokratische Mehrheitsbildung. Die bürgerlich-demokratischen Parteien zersplittern sich und verlieren gleichzeitig ständig an Anhängern. Vielen erscheint deshalb nur noch eine über den Parteien

V/195   Die Abschlußkonferenz in Locarno, Oktober 1925

Nr. 195 ♦ 43. Jahrg.

Ausgabe **A** Nr. 99

10 Pfennig

Morgenausgabe

Vorwärts

Berliner Volksblatt

Zentralorgan der Sozialdemokratischen Partei Deutschlands

Redaktion und Verlag: Berlin SW. 68, Lindenstraße 3   Fernsprecher: Dönhoff 292–297.

Dienstag, den 27. April 1926

Vorwärts-Verlag G.m.b.H., Berlin SW. 68, Lindenstr. 3

Der Freundschaftsvertrag mit Rußland.

Einmütige Billigung im Auswärtigen Ausschuß.

Der am 24. April in Berlin unterzeichnete Vertrag zwischen Deutschland und Rußland, der sogenannte „Berliner Vertrag" ist gestern abend der Presse zur Veröffentlichung übergeben worden. Er hat folgenden Wortlaut:

Die Deutsche Regierung und die Regierung der Union der Sozialistischen Sowjet-Republiken, von dem Wunsche geleitet, alles zu tun, was zur Aufrechterhaltung des allgemeinen Friedens beitragen kann, und in der Ueberzeugung, daß das Interesse des deutschen Volkes und der Völker der Union der Sozialistischen Sowjet-Republiken eine stetige vertrauensvolle Zusammenarbeit erfordert, sind übereingekommen, die zwischen ihnen bestehenden freundschaftlichen Beziehungen durch einen besonderen Vertrag zu befestigen und haben zu diesem Zwecke zu Bevollmächtigten ernannt:

Die Deutsche Regierung: den Reichsminister des Auswärtigen Herrn Dr. Gustav Stresemann,

die Regierung der Union der Sozialistischen Sowjet-Republiken: den außerordentlichen und bevollmächtigten Botschafter der Union der Sozialistischen Sowjet-Republiken, Herrn Nikolai Nikolajewitsch Krestinski.

der Notwendigkeit der Erhaltung des allgemeinen Friedens leiten lassen.

2. In diesem Sinne haben die beiden Regierungen auch die grundsätzlichen Fragen erörtert, die mit dem Eintritt Deutschlands in den Völkerbund zusammenhängen. Die deutsche Regierung ist überzeugt, daß

die Zugehörigkeit Deutschlands zum Völkerbund

kein Hindernis für die freundschaftliche Entwicklung der Beziehungen zwischen Deutschland und der Union der Sozialistischen Sowjetrepubliken bilden kann. Der Völkerbund ist seiner grundlegenden Idee nach ein friedliches und gerechtes Ausgleichung internationaler Gegensätze bestimmt. Die deutsche Regierung ist entschlossen, an der Verwirklichung dieser Idee nach Kräften mitzuwirken. Sollten dagegen, was die deutsche Regierung nicht annimmt, im Rahmen des Völkerbundes irgendwann etwa Bestrebungen hervortreten, die, im Widerspruch mit jener grundlegenden Friedensidee, einseitig gegen die Union der Sozialistischen Sowjetrepubliken gerichtet wären, so würde Deutschland derartigen Bestrebungen mit allem Nachdruck entgegentreten.

und daß somit eine in dieser Hinsicht etwa von anderen Mächten gegen die Union der Sozialistischen Sowjetrepubliken erhobene, gegen deren Antlitz nicht berechtigte Beschuldigung Deutschlands nicht zutragen müßte, in irgendwelches auf Grund des Artikel 16 eingeleiteter Maßnahmen teilzunehmen. Wegen der Frage, in welchem Maße Deutschland im konkreten Falle überhaupt imstande sein würde, an einem Sanktionsverfahren teilzunehmen, verweist die deutsche Regierung auf die bei Gelegenheit der Unterzeichnung des Vertragswerkes von Locarno an die deutsche Delegation gerichtete Note vom 1. Dezember 1925 über die Auslegung des Artikels 16.

4. Um für die restlungslose Erledigung aller zwischen ihnen auftauchenden Fragen eine sichere Grundlage zu schaffen, halten die beiden Regierungen es für zweckmäßig, alsbald in Erörterungen über den Abschluß eines allgemeinen Vertrages zur friedlichen Lösung gerichtlicher Verfahren und des Vergleichsverfahrens und des Vergleichsverfahrens berücksichtigt werden sollen.

Genehmigen Sie, usw.   (gez.) Stresemann

V/196   Meldung des »Vorwärts« zum »Berliner Vertrag«, April 1926

V/197 Die Außenminister Frankreichs und Deutschlands: Aristide Briand und Gustav Stresemann

V/198 Stresemann vor dem Völkerbund in Genf

V/199 Potsdamer Platz im Herzen Berlins (Mai 1933)

V/200 Arbeitslosenschlange in Berlin während der Weltwirtschaftskrise und den Einzelinteressen stehende autoritäre Regierung als Ausweg aus der Krise.

Die Regierung Brüning (Zentrum), die sich nicht mehr auf eine parlamentarische Mehrheit, sondern als »Regierung über den Parteien« auf das alleinige Vertrauen des Reichspräsidenten stützt, wird jedoch weder der wirtschaftlichen Krise Herr, noch vermag sie die inneren Gegensätze im Lande zu mildern. Ihre offensichtliche Erfolglosigkeit führt zu einer zunehmenden Diskreditierung des »Systems von Weimar«, die den Radikalen auf beiden Seiten, der KPD und insbesondere der Nationalsozialistischen Deutschen Arbeiterpartei (NSDAP), zugute kommt. Vor allem die permanente Anwendung des Artikels 48 der Weimarer Verfassung, der immer weitergehender ausgelegt wird, führt zu einer Aushöhlung des parlamentarischen Regierungssystems.

Während die Zuspitzung der Krisensituation im Innern bewußt in Kauf genommen wird in der Erwartung, nach außenpolitischen Erfolgen auch das Problem der Massenarbeitslosigkeit und des politischen Radikalismus lösen zu können, verliert die Republik Runde um Runde an ihren inzwischen mächtigsten Gegner: die NSDAP unter Adolf Hitler.

Tafel 39   Dem Zusammenbruch der New Yorker Börse folgt eine internationale Finanzkrise. Um selber zahlungsfähig zu bleiben, ziehen ausländische Geldgeber ihre nur kurzfristig gewährten Kredite aus Deutschland ab. Investitionsrückgang, Produktionsstillegungen und Massenarbeitslosigkeit sind die Folgen *(Kat. Abb. 200, 201, 202).*

Der Übergang zum Präsidialsystem

Tafel 40   Die Wirtschafts- und Finanzkrise weitet sich zu einer Krise des parlamentarischen Systems aus, als die letzte auf einer parlamentarischen Basis gebildete Regierung, die Regierung der Großen Koalition unter Hermann Müller, zerbricht. Die »Frankfurter Zeitung« kommentiert das Ende der Großen Koalition: »Die künftige Regierung, wie sie auch aussehen möge, muß aus Männern bestehen, die die Verfassung zu wahren entschlossen sind und sich auf Parteien und Gruppen stützen, die dafür ihrerseits Gewähr leisten. Die parlamentarische Demokratie hat gestern eine Schlappe erlitten, schon droht für die Steuerreform der Artikel 48 – wir dürfen nicht ins Schlittern kommen«. Die Zahl der Arbeitslosen übersteigt bereits weit die Zahl von

V/201   Zahlungsunfähige Bank, 1931

V/202   Folgen der Krise: Geschäftsaufgabe

V/203   Heinrich Brüning, Reichskanzler 1930—1932

800 000, für die Versicherungsrücklagen vorhanden sind. Über die deshalb notwendig gewordene Änderung des Gesetzes über die Arbeitslosenversicherung kommt es im Reichstag zum Bruch: Die SPD scheidet aus der Regierung aus, Heinrich Brüning (Zentrum) wird am 30. März 1930 vom Reichspräsidenten zum Reichskanzler berufen, ohne über eine parlamentarische Mehrheit zu verfügen *(Kat. Abb. 203)*.

Tafel 41   Der Reichstag lehnt Brünings radikales Einsparungsprogramm ab. Daraufhin löst der Reichspräsident auf Vorschlag Brünings das Parlament auf *(Kat. Abb. 204)*. Dieser erhofft sich von Neuwahlen eine Verbreiterung seiner Basis.

Doch das Gegenteil tritt ein. Die Wahlen gleichen einem Erdrutsch: gegenüber der letzten Reichstagswahl von 1928 verdoppeln die Kommunisten nahezu die Zahl ihrer Sitze, die Nationalsozialisten erringen statt bisher zwölf 107 Mandate *(Kat. Abb. 205)*.

Tafel 42   Die wachsende Polarisierung im Reichstag und die damit einhergehende Radikalisierung der parlamentarischen Auseinandersetzung verhindern Mehrheitsbeschlüsse. Dadurch wird das Parlament als gesetzgebendes Organ lahmgelegt. Es kann seine verfassungsmäßige Aufgabe nicht mehr erfüllen. Um so mehr tritt die Gesetzgebung »von oben«, das heißt die Notverordnungspraxis des Artikels 48, in den Vordergrund.

Tafel 43   Das Ausland reagiert auf die September-Wahlen nervös. An der Börse fallen die Kurse der deutschen Unternehmen. Weitere Kredite werden zurückgezogen. Die Banken werden zahlungsunfähig. Die Zahl der Arbeitslosen wächst.

Tafel 44   Die NSDAP, die Deutschnationale Volkspartei, nationalistische Kampfbünde (u. a. der Stahlhelm) sowie rechtsstehende Wirtschafts- und Finanzkreise schließen sich im Oktober 1931 in der »Harzburger Front« zusammen *(Kat. Abb. 206, 207)*. Sie fordert den Rücktritt Brünings. Trotz quasi-diktatorischer Vollmachten und trotz der Tolerierungspraxis seitens der SPD kann dieser keine Stabilisierung der Verhältnisse erreichen. Auch Reichspräsident von Hindenburg, auf dessen Vertrauen Brüning angewiesen ist, plädiert für eine »weitere Öffnung nach rechts«.

Tafel 45 u.48   Durch geschicktes Lavieren zwischen den Gruppen gelingt es Hitler zunehmend, zur Schlüsselfigur zu werden. Teile der Industrie, der Hochfinanz und der traditionellen Rechten glauben, sich des »Trommlers« bedienen zu können, der im Frühjahr 1932 sein politisches Programm auf die Formel bringt:

Nachdem der Reichstag heute beschlossen hat, zu verlangen, dass meine auf Grund des Artikel 48 der Reichsverfassung erlassene Verordnung vom 16.Juli ~~über Deckungsmaßnahmen für den Reichshaushalt 1930~~ ausser Kraft gesetzt wird, löse ich auf Grund Artikel 25 der Reichsverfassung den Reichstag auf.

Berlin, den 18.Juli 1930.

Der Reichspräsident

von Hindenburg.

Der Reichskanzler

Dr. Brüning

V/205   Uniformierte NSDAP-Abgeordnete im neugewählten Reichstag, Oktober 1930

V/206 Versammlung der rechten Opposition in Bad Harzburg: Hugenberg am Rednerpult

V/207 Vorbeimarsch an Hitler in Bad Harzburg, Oktober 1931

V/208 Aufmarsch des »Reichsbanners Schwarz-Rot-Gold«

V/209 Propagandamarsch des kommunistischen Rotfrontkämpferbundes in Berlin 1927 (mit Ernst Thälmann [links] an der Spitze)

V/210 Sitzung der Sektion für Dichtkunst der Akademie der Künste in Berlin, 1929
(von links: Alfred Döblin, Thomas Mann, Ricarda Huch, Bernhard Kellermann,
Hermann Stehr, Alfred Mombert, Eduard Stucken)

VI/211 Jubelnde Menschen vor dem Mercedes des »Führers« am Tag der Machtergreifung

VI/212 Hitler mit Kabinettsmitgliedern am 30. Januar 1933

Tafel 46

»Ich habe mir ein Ziel gesetzt: die dreißig Parteien aus Deutschland hinauszufegen!«
Brünings Erfolglosigkeit im Innern sowie Enttäuschung und Ver-
stimmung bei wichtigen Beratern des Reichspräsidenten veranlassen diesen, den Reichskanzler fallen zu lassen – obwohl
Brüning sich nur kurz zuvor massiv für Hindenburgs Wiederwahl
eingesetzt hat und obwohl sich im Mai 1932 in der Außenpolitik
weitere Erfolge abzuzeichnen beginnen. Nachfolger Brünings
wird Franz von Papen mit seinem sogenannten »Kabinett der
Barone«.

Tafel 47

Kernpunkt der »Staatsreformpläne« Papens sind die Entmach-
tung des Parlaments und eine Änderung des Wahlrechts. Wäh-
rend der Kapp-Putsch 1920 am Generalstreik scheiterte, gelingt
Papen am 20. Juli 1932 die kampflose Machtübernahme in
Preußen: die SPD-Regierung wird abgesetzt, das Kernland des
Reiches geht als republikanische Bastion verloren.

Tafel 49

Reichswehrminister von Schleicher stellt sich Papens Absicht
entgegen, die »Staatsreformpläne« mit Gewalt durchzusetzen.
Papen wird entlassen. Als Nachfolger beruft Hindenburg General von Schleicher.
Schleichers überraschende Wendung zu einer Sammlungspoli-
tik aller republikbejahenden Kräfte gegen die NSDAP schlägt
fehl. Der Reichspräsident, ohnehin irritiert über diese »Politik
der Kehrtwendung«, entläßt Schleicher und beruft eine »Nationale Regierung«, die Regierung Hitler *(Kat. Abb. 212)*.

XVII (Abb. rechts)
Bauhaustreppe,
Gemälde von
Oskar Schlemmer
1932

XVIII   Friedrich Ebert, Gemälde von Lovis Corinth, 1924

XIX   „Reichstagssitzung 1930: Breitscheid spricht", Gemälde von ANNOT

XX   Zeichnung von A. Paul Weber zu E. Niekisch, Hitler — ein deutsches Verhängnis

Das Deutsche Reich 1939

Memelgebiet
1939

Berlin

POLEN

1936
Entmilitarisierte
Rheinland-
zone

Saargebiet
1935

1938

Sudeten-   Prag   Land

1939
Reichsprotektorat Böhmen und Mähren

TSCHECHOSLOWAKEI

München

Wien

ÖSTERREICH
1938

Raum VI

Das Dritte Reich

Der 30. Januar 1933 ist in gewisser Weise der Schlußpunkt einer Reihe von Versuchen, die wirtschaftliche, soziale und politische Krise, in die die Weimarer Republik ab 1929 geraten war, auf autoritärem Wege zu überwinden. Zugleich aber ist er Ausgangspunkt einer Entwicklung, die sofort über einen solchen Lösungsversuch hinausdrängt und binnen kurzem das parlamentarisch-demokratische System radikal beseitigt. Die Nationalsozialisten können sich dabei zunächst die von weiten Kreisen der Rechten und des Bürgertums getragene Idee einer konservativen Erneuerung von Staat und Gesellschaft durch eine starke nationale Regierung auf breiter Massenbasis zunutze machen. Sie hatte schließlich auch die Bedenken Hindenburgs gegen eine Ernennung Hitlers zum Reichskanzler beseite geräumt. Wer wen für seine Ziele einspannt, wird jedoch sehr rasch deutlich. Zwar sind die Nationalsozialisten in der Regierung des »nationalen Zusammenschlusses« mit Adolf Hitler als Reichskanzler anfänglich in der Minderheit; aber die Illusion, Hitler als massenwirksamen »Trommler« beliebig lenken und schließlich beiseite schieben zu können, verfliegt binnen weniger Wochen.

Die letzten Wahlen, die man mit Einschränkung noch als freie Wahlen bezeichnen kann, bringen der NSDAP am 5. März 1933 zwar immer noch nicht die Mehrheit der Wählerstimmen. Die Nationalsozialisten besitzen aber zusammen mit den Deutschnationalen die Mehrheit im Parlament. Mit dem »Ermächtigungsgesetz« befreit sich Hitler von allen Bindungen an die Verfassung und von der parlamentarischen Kontrolle. Nachdem die KPD ausgeschaltet ist, widersetzt sich allein die SPD im Reichstag dem Gesetz. Zentrum und bürgerliche Parteien stimmen zu. Es folgt das Verbot oder die Selbstauflösung der Parteien. Die NSDAP wird die Staatspartei des Dritten Reiches. Der Reichstag sinkt zum Akklamationsorgan für Hitler herab. Die parlamentarische Demokratie ist endgültig zerstört. Die NSDAP und ihre Organisationen überwachen und bestimmen von nun an das gesamte politische, wirtschaftliche und kulturelle Leben im Staat. Die Polizei gerät unter nationalsozialistische Kontrolle. Polizei, SA (Sturmabteilung) und SS (Schutzstaffel) sind die Instrumente, mit denen die Partei das totalitäre System ausbaut und ihre Herrschaft sichert. Erste Konzentrationslager für politische Gefangene entstehen schon im Februar 1933. Als die SA neben der Partei eine umfassende Kontrollbefugnis im Dritten Reich beansprucht, wird sie von Hitler Ende Juni 1934 entmachtet. Die SS wird zur mächtigsten Organisation im Staat. Sie fühlt sich als Elite. Im Kriege ist sie das Vollstreckungsorgan bei der Vernichtung der Juden Europas.

In den deutschen Ländern werden Reichsstatthalter eingesetzt und die Länderparlamente aufgelöst. Das Eigenleben der Länder und die Selbstverwaltung der Gemeinden wird beseitigt. Die seit Bismarcks Reichsgründung bestehende bundesstaatliche Struktur des Deutschen Reiches wird in eine einheitsstaatliche umgewandelt.

Nach dem Tode Hindenburgs vereinigt Hitler die Funktionen des Reichspräsidenten und des Reichskanzlers in seiner Hand. Als »Führer des Deutschen Reiches und Volkes« läßt er Beamte und Soldaten auf seine Person vereidigen. Er bindet damit die zumeist auf ein traditionelles Treueverhältnis eingeschworenen Offiziere und Beamten noch enger an sich.

Mit Hilfe ihrer verschiedenen Gliederungen kontrolliert die NSDAP das politische und gesellschaftliche Leben. Alle politischen, wirtschaftlichen und kulturellen Organisationen werden »gleichgeschaltet«. Es beginnt mit der Zwangsorganisierung der Wirtschaft. Die Gewerkschaften werden zerschlagen. Den Arbeitern wird das im 19. Jahrhundert erkämpfte Recht auf Zusammenschluß zur Durchsetzung ihrer Interessen am Arbeitsplatz genommen. Arbeiter und Unternehmer werden einer staatlichen Einheitsorganisation eingegliedert, der »Deutschen Arbeitsfront«. Staatliche Tarifregelung tritt an die Stelle der freien Sozialpartnerschaft. Die freie Wahl des Arbeitsplatzes wird eingeschränkt, die Stellung der Unternehmer gestärkt, indem das Verhältnis Führer−Gefolgschaft auf die Betriebe übertragen wird. Das Prinzip der kapitalistischen Privatwirtschaft wird von der Partei nicht angetastet, die Produktion jedoch weitgehend staatlich gelenkt. Im Weltkrieg werden die Konzentrationslager und schließlich das ganze unterworfene Europa zum Rekrutierungsfeld für die deutsche Rüstungsindustrie.

Der Nationalsozialismus will die Gegensätze von »national« und »sozialistisch« in der »Volksgemeinschaft« aufheben. In Wirklichkeit löst er sich vom deutschen Nationalgedanken und proklamiert eine Rassenideologie. Beispielhaft zeigt sich in der Organisierung der Jugend das Prinzip der personellen und ideologischen Erfassung des ganzen Volkes. Alle bisherigen Jugendverbände werden aufgelöst und durch den Staatsverband der »Hitlerjugend« (HJ) ersetzt. Er ist ein Instrument der nationalsozialistischen Erziehung und vormilitärischen Ausbildung.

Der Aufschwung der Weltwirtschaft nach 1933 trägt zur Erholung der deutschen Wirtschaft bei. Ein Arbeitsbeschaffungsprogramm der Nationalsozialisten sieht vor allem öffentliche Arbeiten vor. Es belebt die Industrieproduktion nur wenig, holt jedoch den Arbeitslosen bei niedrigen Löhnen von der Straße. Die zunächst getarnte Aufrüstung und der Ausbau der Wehrmacht mit zweijähriger Dienstzeit lassen die Arbeitslosigkeit weiter sinken. Dieser Erfolg trägt dazu bei, daß das nationalsozialistische Regime im deutschen Volk kaum noch auf Ablehnung stößt.

Das Arbeitsbeschaffungsprogramm und die Aufrüstung werden durch Wechsel, Reichsanleihen und schließlich durch die Notenpresse finanziert. Das Reich verschuldet sich in einem bisher nicht gekannten Ausmaß. Die nationalsozialistische Wirtschaftspolitik dient seit 1933 vor allem Hitlers vor der Öffentlichkeit geheimgehaltenem Plan: dem Eroberungskrieg im Osten, der »für die Zukunft eine endgültige Lösung . . . in einer Erweiterung des Lebensraumes bzw. der Rohstoff- und Ernährungsbasis unseres Volkes« bringen soll. Der Wehrmacht und der Wirtschaft stellt Hitler 1936 folgende Aufgabe: »I. Die deutsche Armee muß in 4 Jahren einsatzfähig sein; II. Die deutsche Wirtschaft muß in 4 Jahren kriegsfähig sein«.

Die Außenpolitik, die zunächst scheinbar bruchlos an die Revisionspolitik der Weimarer Republik anknüpft, dient letztlich insgeheim von Anfang an diesem Hauptziel nationalsozialistischer Politik. Aus Furcht vor einem Krieg reagieren die Westmächte zurückhaltend und ermöglichen Hitler damit eine Fortsetzung seiner expansiven und aggressiven Außenpolitik. Erst nach der Besetzung der Tschechei durch deutsche Truppen im Frühjahr 1939 entschließen sich Frankreich und England zu einer entschiedeneren Haltung und geben gemeinsam eine Garantieerklärung für Polen ab. Nun ist klar, daß Hitler beim nächsten Schritt den großen Krieg riskiert.

Der Antisemitismus, dessen geistige Wegbereiter schon im 19. Jahrhundert zu finden sind, ist bereits in der Weimarer Republik weit verbreitet. Für Hitler ist die Rassenideologie die zentrale Idee seiner Weltanschauung. Der NSDAP gelingt es, das Gefühl des Ausgeliefertseins an anonyme gesellschaftliche Kräfte – von den Massen in der Existenzunsicherheit der Weltwirtschaftskrise erfahren – in Aggression gegen die »Weltver-

schwörung der Juden und Bolschewisten« umzusetzen. Seit der nationalsozialistischen Machtübernahme werden Hitlers Ideen gegenüber den »Volksfeinden« konsequent verwirklicht. Es beginnt mit Gewalttaten gegen jüdische Bürger und ihr Eigentum. Schrittweise wird den deutschen Juden jede Lebensmöglichkeit genommen. Die Ausrottung der »jüdisch-bolschewistischen Führungsschicht« und der Juden in Osteuropa wird schließlich, wie die Gewinnung von »Lebensraum« für die »germanische Herrenrasse«, erklärtes Ziel des Krieges.
Die Chancen politisch oppositioneller Kreise, gegen das NS-Regime wirksam Widerstand zu leisten, sind von Anfang an gering. Die politische Linke, Teile des bürgerlich-konservativen Lagers, Männer der Kirche und des Militärs sind sich zwar in der Ablehnung Hitlers einig, aber eine gemeinsame Front gegen ihn kommt wegen der unterschiedlichen politischen Auffassungen und vor allem wegen der perfekten Überwachung durch den Staatsapparat nicht zustande. Erst unter dem Eindruck der drohenden Folgen einer militärischen Niederlage gelingt am 20. Juli 1944 wenigstens der Versuch eines Umsturzes, der aber nicht zur Beseitigung Hitlers und zur erhofften Beendigung des Krieges wenigstens im Westen führt, sondern zur physischen Vernichtung des deutschen Widerstandes. Der unter Verschärfung des inneren Terrors bedingungslos fortgesetzte Krieg fordert bis zu seinem Ende mehr Opfer als in den Jahren bis zum 20. Juli 1944.

Der Weg zum 30. Januar 1933

Die Machtergreifung

Turm 1
(außen)

Die im Herbst 1929 einsetzende Weltwirtschaftskrise, die Deutschland besonders hart trifft, verschärft die sozialen und politischen Spannungen in der Weimarer Republik. Unter dem Eindruck der Massenarbeitslosigkeit und der wirtschaftlichen Depression folgen weite Kreise der Bevölkerung radikalen Parolen. Besonders der wirtschaftlich bedrohte Mittelstand, die traditionelle Wählerschaft der liberalen Parteien, rückt von der Republik ab und wendet sich nach rechts. Die Rechtsopposition, die in der NSDAP ihr Sammelbecken gefunden hat, wächst zu einer Massenbewegung und verhilft, unterstützt von Teilen der Schwerindustrie und Hochfinanz, Adolf Hitler zur Macht *(Kat. Abb. 213).*

Auch die Regierung Hitler unterscheidet sich am Anfang formal nicht von ihren Vorgängerinnen: sie stützt sich als »Präsidialkabinett« nicht auf eine Mehrheit im Parlament, sondern allein auf das Vertrauen des Reichspräsidenten. Die Mehrheit des konservativen und national eingestellten Bürgertums, erhebliche Teile der Arbeitslosen, dabei vor allem der Neuwählerschaft, billigen die Machtergreifung Hitlers *(Kat. Abb. 211).* Sie versprechen sich von ihr ein Ende der »Wirren der Republik«. Die Abwendung von der Weimarer Republik führt aber nicht zu der erhofften »konservativen Erneuerung«. Das Ergebnis ist vielmehr der totalitäre Führerstaat.

Die NSDAP bis 1930

Turm 1
(innen)

Mit Adolf Hitler gelangt der Führer einer Partei an die Macht, die nach dem Ersten Weltkrieg die politische Bühne nur als eine unter vielen nationalistischen Splittergruppen betreten hatte. Verworrener Antikapitalismus, Antiparlamentarismus, Antimarxismus, Antisemitismus und eine in Zeiten wachsender politischer und sozialer Konflikte offenbar besonders anziehende Volksgemeinschafts-Ideologie bestimmen ihr Programm *(Kat. Abb. 214).* Die nationalsozialistische Propaganda verdichtet diese Elemente zu einer »Weltanschauung«, die unter dem Eindruck der sozialen Krise zur Heilslehre einer antidemokratischen Massenbewegung wird.

MILLIONEN

stehen hinter mir

VI/213 »Der Sinn des Hitlergrußes«: Plakat von John Heartfield

Grundsätzliches Programm

der nationalsozialistischen
Deutschen Arbeiter-Partei.

Das Programm der Deutschen Arbeiter-Partei ist ein Zeit-Programm. Die Führer lehnen es ab, nach Erreichung der im Programm aufgestellten Ziele neue aufzustellen, nur zu dem Zweck, um durch künstlich gesteigerte Unzufriedenheit der Massen das Fortbestehen der Partei zu ermöglichen.

1. Wir fordern den Zusammenschluß aller Deutschen auf Grund des Selbstbestimmungsrechtes der Völker zu einem Groß-Deutschland.
2. Wir fordern die Gleichberechtigung des deutschen Volkes gegenüber den anderen Nationen, Aufhebung der Friedensverträge in Versailles und St. Germain.
3. Wir fordern Land u. Boden (Kolonien) zur Ernährung unseres Volkes u. Ansiedelung unseres Bevölkerungs-Ueberschusses.
4. Staatsbürger kann nur sein, wer Volksgenosse ist. Volksgenosse kann nur sein, wer deutschen Blutes ist, ohne Rücksichtnahme auf Konfession. **Kein Jude kann daher Volksgenosse sein.**
5. Wer nicht Staatsbürger ist, soll nur als Gast in Deutschland leben können u. muß unter Fremdengesetzgebung stehen.
6. Das Recht, über Führung u. Gesetze des Staates zu bestimmen, darf nur dem Staatsbürger zustehen. Daher fordern wir, daß jedes öffentliche Amt, gleichgiltig welcher Art, gleich ob im Reich, Land oder Gemeinde nur durch Staatsbürger bekleidet werden darf. — Wir bekämpfen die korrumpierende Parlamentswirtschaft, eine Stellenbesetzung nur nach Parteigesichtspunkten ohne Rücksichten auf Charakter und Fähigkeiten.
7. Wir fordern, daß sich der Staat verpflichtet, in erster Linie für die Erwerbs- u. Lebensmöglichkeit der Staatsbürger zu sorgen. Wenn es nicht möglich ist, die Gesamtbevölkerung des Staates zu ernähren, so sind die Angehörigen fremder Nationen (Nicht-Staatsbürger) aus dem Reiche auszuweisen.
8. Jede weitere Einwanderung Nicht-Deutscher ist zu verhindern. Wir fordern, daß alle Nicht-Deutschen, die seit 2. August 1914 in Deutschland eingewandert sind, sofort zum Verlassen des Reiches gezwungen werden.
9. Alle Staatsbürger müssen gleiche Rechte u. Pflichten besitzen.
10. Erste Pflicht jedes Staatsbürgers muß sein, geistig oder körperlich zu schaffen. Die Tätigkeit des Einzelnen darf nicht gegen die Interessen der Allgemeinheit verstoßen, sondern muß im Rahmen des Gesamten u. zum Nutzen Aller erfolgen.

Daher fordern wir:

11. Abschaffung des arbeits- und mühelosen Einkommens,

Brechung der Zinsknechtschaft.

12. Im Hinblick auf die ungeheuren Opfer an Gut und Blut, die jeder Krieg vom Volke fordert, muß die persönliche Bereicherung durch den Krieg als Verbrechen am Volke bezeichnet werden. Wir fordern daher **restlose Einziehung aller Kriegsgewinne.**
13. Wir fordern die Verstaatlichung aller bisher bereits vergesellschafteten (Trust's) Betriebe.
14. Wir fordern Gewinnbeteiligung an Großbetrieben.
15. Wir fordern einen großzügigen Ausbau der Alters-Versorgung.
16. Wir fordern die Schaffung eines gesunden Mittelstandes und seine Erhaltung. Sofortige **Kommunalisierung der Groß-Warenhäuser** und ihre Vermietung zu billigen Preisen an kleine Gewerbetreibende, schärfste Berücksichtigung aller kleinen Gewerbetreibenden bei Lieferung an den Staat, die Länder oder Gemeinden.
17. Wir fordern eine unseren nationalen Bedürfnissen angepaßte Bodenreform, Schaffung eines Gesetzes zur unentgeltlichen Enteignung von Boden für gemeinnützige Zwecke. Abschaffung des Bodenzinses und Verhinderung jeder Bodenspekulation.
18. Wir fordern den rücksichtslosen Kampf gegen diejenigen, die durch ihre Tätigkeit das Gemein-Interesse schädigen. Gemeine

Volksverbrecher, **Wucherer, Schieber** usw. sind **mit dem Tode zu bestrafen,** ohne Rücksichtnahme auf Konfession und Rasse.
19. Wir fordern Ersatz für das der materialistischen Weltordnung dienende römische Recht durch ein Deutsches Gemein-Recht.
20. Um jedem fähigen und fleissigen Deutschen das Erreichen höherer Bildung und damit das Einrücken in führende Stellungen zu ermöglichen, hat der Staat für einen gründlichen Ausbau unseres gesamten Volksbildungswesens Sorge zu tragen. Die Lehrpläne aller Bildungsanstalten sind den Erfordernissen des praktischen Lebens anzupassen. Das Erfassen des Staatsgedankens muß bereits mit Beginn des Verständnisses durch die Schule (Staatsbürgerkunde) erzielt werden. Wir fordern die Ausbildung geistig besonders veranlagter Kinder armer Eltern ohne Rücksicht auf deren Stand oder Beruf auf Staatskosten.
21. Der Staat hat für die Hebung der Volksgesundheit zu sorgen durch den Schutz der Mutter und des Kindes, durch Verbot der Jugendarbeit, durch Herbeiführung der körperlichen Ertüchtigung mittels gesetzlicher Festlegung einer Turn- und Sportpflicht, durch größte Unterstützung aller sich mit körperlicher Jugend-Ausbildung beschäftigenden Vereine.
22. Wir fordern die Abschaffung der Söldnertruppen und die Bildung eines Volksheeres.
23. Wir fordern den gesetzlichen **Kampf** gegen die **bewußte politische Lüge** und ihre Verbreitung durch die Presse. Um die Schaffung einer deutschen Presse zu ermöglichen, fordern wir, daß:
   a) Sämtliche Schriftleiter u. Mitarbeiter von Zeitungen, die in Deutscher Sprache erscheinen, Volksgenossen sein müssen.
   b) Nichtdeutsche Zeitungen zu ihrem Erscheinen der ausdrücklichen Genehmigung des Staates bedürfen. Sie dürfen nicht in deutscher Sprache gedruckt werden.
   c) Jede finanzielle Beteiligung an Deutschen Zeitungen oder deren Beeinflussung durch Nichtdeutsche gesetzlich verboten wird, u. fordern als Strafe für Uebertretungen die Schließung einer solchen Zeitung, sowie die sofortige Ausweisung der daran beteiligten Nichtdeutschen aus dem Reich. Zeitungen, die gegen das Gemeinwohl verstoßen, sind zu verbieten. Wir fordern den gesetzlichen Kampf gegen eine Kunst- u. Literatur-Richtung, die einen zersetzenden Einfluß auf unser Volksleben ausübt u. die Schließung von Veranstaltungen, die gegen vorstehende Forderung verstoßen.
24. Wir fordern die Freiheit aller religiösen Bekenntnisse im Staat, soweit sie nicht dessen Bestand gefährden oder gegen das Sittlichkeits- u. Moralgefühl der germanischen Rasse verstoßen. Die Partei als solche vertritt den Standpunkt eines positiven Christentums, ohne sich konfessionell an ein bestimmtes Bekenntnis zu binden. Sie bekämpft den jüdisch-materialistischen Geist **in** und **außer** uns und ist überzeugt, daß eine dauernde Genesung unseres Volkes nur erfolgen kann von **innen** heraus auf der Grundlage:

Gemeinnutz vor Eigennutz.

25. Zur Durchführung alles dessen fordern wir die Schaffung einer starken Zentralgewalt des Reiches. Unbedingte Autorität des politischen Zentralparlaments über das gesamte Reich u. seine Organisationen im allgemeinen. Die Bildung von Stände- und Berufskammern zur Durchführung der vom Reich erlassenen Rahmengesetze in den einzelnen Bundesstaaten.

Die Führer der Partei versprechen, wenn nötig unter Einsatz des eigenen Lebens, für die Durchführung der vorstehenden Punkte rücksichtlos einzutreten.

München, den 24. Februar 1920.

Für den **Partei-Ausschuß:** Anton Drexler

Spenden und Beiträge sind zu richten an die Geschäftsstelle München: **Corneliusstr. 12** (Tel. 23620)
Geschäftsstunden 9—12 Uhr vorm., 2—6 Uhr nachm.

Münchener Plakatdruckerei, Schreiber & Harti
Geschäftsstellen: Rosenthal 6 und Ledererstraße 5

P 00088 a

Proklamation

an das deutsche Volk!

Die Regierung der November-verbrecher in Berlin ist heute für abgesetzt erklärt worden.

Eine provisorische deutsche National-Regierung ist gebildet worden.

Diese besteht aus

General Ludendorff, Adolf Hitler

General von Lossow, Oberst von Seisser

VI/216   Massenversammlung der NSDAP im Sportpalast vor 1933

VI/217   SA-Sturmlokal in Berlin 1932

Schon früh versucht Hitler, sein Programm in die politische Praxis umzusetzen. Ähnlich wie Kapp 1920 glaubt er, bereits im Krisenjahr 1923 gegen die »November-Republik« putschen zu können *(Kat. Abb. 215).* Mit dem Scheitern ist die Gefahr eines nationalsozialistischen Umsturzes zunächst gebannt. Hitler wird wegen Hochverrats verurteilt. Während der Festungshaft legt er in seinem Buch »Mein Kampf« seine politischen Ziele fest: das in mancher Hinsicht an extreme Kriegsziele des Ersten Weltkrieges anknüpfende außenpolitische Programm ist zugleich dem zentralen Ziel zugeordnet, den jüdischen »Todfeind« der »arischen« Rasse zu vernichten. In einer ersten Etappe nach der »Machtergreifung« sollen in Deutschland der »Krebsschaden der Demokratie« beseitigt und Juden, Bolschewisten und Marxisten aus der nationalen Gemeinschaft ausgestoßen werden. Nach der Konsolidierung des nationalsozialistischen Reiches im Innern soll zunächst, einem »Stufenplan« folgend, die deutsche Position in Zentraleuropa gefestigt und erweitert und dann Deutschland als »Großgermanisches Reich deutscher Nation« zur »Weltmachtstellung« geführt werden.

Nach seiner vorzeitigen Entlassung schlägt Hitler einen neuen taktischen Weg ein: Lieber langsam und legal soll nun die Macht errungen werden. In den folgenden ruhigen Jahren der Republik geht er an den systematischen Aufbau der Partei *(Kat. Abb. 216).*

Die Konsolidierung der NS-Herrschaft

Die Gleichschaltung

Turm 2
(außen)

Die »Machtergreifung« vom 30. Januar 1933 bedeutet nicht nur das Ende der Weimarer Republik, sondern auch die Beseitigung der seit 1871 bestehenden bundesstaatlichen Ordnung des Deutschen Reiches. Das Gleiche gilt auch für die bisherigen Institutionen des politischen und gesellschaftlichen Lebens. Mit der »Gleichschaltung« der deutschen Länder, der Verwaltung und der Justiz *(Kat. Abb. 227),* der Presse, der Künste und der Wissenschaft wird der zentralistische Einheitsstaat vorbereitet. Die Auflösung der Parteien und die gewaltsame Ausschaltung der politischen Gegner, auch in den eigenen Reihen, sind weitere Stationen auf dem Weg zur Errichtung der Diktatur. Mit dem Tode Hindenburgs im August 1934 ist die innenpolitische

Machtkonzentration abgeschlossen: Hitler ist Führer der Staatspartei, Chef der Regierung und Staatsoberhaupt. Als »Führer des Deutschen Reiches und Volkes« läßt er Beamte und Soldaten auf seine Person vereidigen.

Die NS-Regierung nimmt den Brand des Reichstagsgebäudes am 27. Februar 1933 *(Kat. Abb. 218)* zum Anlaß, den Grundrechtskatalog der Weimarer Verfassung am darauffolgenden Tag mit Hilfe einer Notverordnung »Zum Schutz von Volk und Staat« durch den Reichspräsidenten außer Kraft setzen zu lassen *(Kat. Abb. 219)*. Damit beginnt die Verfolgung und Verhaftung der politischen Gegner, vor allem aus dem Lager der Linken *(Kat. Abb. 220)*.

Der Reichstagsauflösung folgen am 5. März Neuwahlen. Aber obwohl die NSDAP den Wahltag zum »Tag der erwachenden Nation« erklärt und obwohl seit dem Reichstagsbrand die Zeitungen der Linksparteien verboten sind und Kommunisten wie Sozialdemokraten verfolgt oder behindert werden, erringt sie doch nur 43,9 % der Stimmen und verfügt damit nicht über eine parlamentarische Mehrheit.

Bei der Eröffnung des neugewählten Reichstags am 21. März beschwört Hitler in der Potsdamer Garnisonkirche den »Geist von Potsdam« *(Kat. Abb. 221)*. Er nimmt damit preußische Traditionen für sich und seine Partei in Anspruch, die an Stelle des »Geistes von Weimar« den »Aufbruch der Nation« tragen sollen.

Am 23. März befreit sich Hitler mit dem »Ermächtigungsgesetz« von allen Bindungen an die Verfassung und von der parlamentarischen Kontrolle *(Kat. Abb. 222)*. Das Zentrum und die bürgerlichen Parteien stimmen dem Gesetz zu. Nachdem die KPD ausgeschaltet ist, votieren die Sozialdemokraten als einzige Partei nach einer mutigen Rede ihres Vorsitzenden Otto Wels mit »nein«. Das Gesetz macht den Reichstag überflüssig. Legislative und Exekutive sind »gleichgeschaltet« *(Kat. Abb. 223)*. Die Regierung selbst kann nun die Gesetze erlassen.

Am 31. März wird die Selbständigkeit der Länder und die Selbstverwaltung der Gemeinden beseitigt. Die Länderparlamente werden entsprechend den Reichstagswahlen vom März neu zusammengesetzt. »Reichsstatthalter« überwachen die Einhaltung »der vom Reichskanzler aufgestellten Richtlinien der Politik« *(Kat. Abb. 224)*. Nichtnationalsozialistisch gesinnte Beamte können nach dem »Gesetz zur Wiederherstellung des Berufsbeamtentums« vom 7. April, jüdische Beamte aufgrund eines

VI/218   Der Reichstagsbrand vom 27. Februar 1933 (Darstellung in der Presse)

Reichsgesetzblatt

| 1933 | Ausgegeben zu Berlin, den 28. Februar 1933 | Nr. 17 |

Inhalt: Verordnung des Reichspräsidenten zum Schutz von Volk und Staat. Vom 28. Februar 1933 .... S. 83

Verordnung des Reichspräsidenten zum Schutz von Volk und Staat. Vom 28. Februar 1933.

Auf Grund des Artikels 48 Abs. 2 der Reichsverfassung wird zur Abwehr kommunistischer staatsgefährdender Gewaltakte folgendes verordnet:

§ 1

Die Artikel 114, 115, 117, 118, 123, 124 und 153 der Verfassung des Deutschen Reichs werden bis auf weiteres außer Kraft gesetzt. Es sind daher Beschränkungen der persönlichen Freiheit, des Rechts der freien Meinungsäußerung, einschließlich der Pressefreiheit, des Vereins- und Versammlungsrechts, Eingriffe in das Brief-, Post-, Telegraphen- und Fernsprechgeheimnis, Anordnungen von Haussuchungen und von Beschlagnahmen sowie Beschränkungen des Eigentums auch außerhalb der sonst hierfür bestimmten gesetzlichen Grenzen zulässig.

§ 2

Werden in einem Lande die zur Wiederherstellung der öffentlichen Sicherheit und Ordnung nötigen Maßnahmen nicht getroffen, so kann die Reichsregierung insoweit die Befugnisse der obersten Landesbehörde vorübergehend wahrnehmen.

§ 3

Die Behörden der Länder und Gemeinden (Gemeindeverbände) haben den auf Grund des § 2 erlassenen Anordnungen der Reichsregierung im Rahmen ihrer Zuständigkeit Folge zu leisten.

. . . .

§ 6

Diese Verordnung tritt mit dem Tage der Verkündung in Kraft.

Berlin, den 28. Februar 1933.

Der Reichspräsident
von Hindenburg

Der Reichskanzler
Adolf Hitler

Der Reichsminister des Innern
Frick

Der Reichsminister der Justiz
Dr. Gürtner

VI/219   Auszug aus der Notverordnung vom 28. Februar 1933

Morgen-Ausgabe
Nr. 59 A 30 50. Jahrg.

Redaktion und Verlag:
Berlin SW 68, Lindenstr. 3

Vorwärts

BERLINER **VOLKSBLATT**

GRATIS!

SONNABEND
4. Februar 1933

Zentralorgan der Sozialdemokratischen Partei Deutschlands

Der Polizeipräsident
Tgb.-Nr. I⁴ 41⁰¹ Pr. 33

Berlin, den 3. Februar 1933

Verbot

Auf Grund des § 6 der Verordnung des Reichspräsidenten zur Erhaltung des inneren Friedens vom 19. Dezember 1932 (RGBl. I 548) in Verbindung mit den §§ 81 bis 86, StGB. verbiete ich die in Berlin erscheinende Tageszeitung

„Vorwärts"

einschließlich der Kopfblätter mit sofortiger Wirkung bis zum 6. Februar 1933 einschließlich.

Das Verbot umfaßt auch jede angeblich neue Druckschrift, die sich sachlich als die alte darstellt oder als ihr Ersatz anzusehen ist.

Gegen das Verbot ist binnen zwei Wochen — vom Tage der Zustellung ab — die Beschwerde zulässig, sie hat keine aufschiebende Wirkung. Die Beschwerde ist bei mir einzureichen.

Sollte von dem Beschwerderecht Gebrauch gemacht werden, so empfiehlt es sich zur Beschleunigung der Angelegenheit, die Beschwerdeschrift in vierfacher Ausfertigung vorzulegen.

Gründe:

In der Morgenausgabe Nr. 57, A. 29, 50. Jahrgang, befinden sich in dem Aufruf auf der Titelseite unter der Ueberschrift: „Deutsches Volk. Frauen und Männer" u. a. folgende Sätze:

„Gegen solche Pläne rufen wir euch zum Kampf! Wehrt euch. Schützt euer Selbstbestimmungsrecht als Staatsbürger. Erhebt euch gegen eure Bedränger, gegen die feinen Leute, die hauchdünne Oberschicht des Großkapitals! Zerbrecht ihre politische und wirtschaftliche Macht!

Kämpft darum mit uns für die Enteignung des Großgrundbesitzes und die Aufteilung des Landes an Bauern und Landarbeiter! Kämpft mit uns für die Enteignung der Schwerindustrie, für den Aufbau einer sozialistischen Plan- und Bedarfswirtschaft!"

Durch diese Ausführungen wird im Zusammenhang mit dem Inhalt der Ausführungen des gesamten Aufrufs der Tatbestand des § 85 R.St.G.B. in Verbindung des § 81 Ziff. 2 R.St.G.B. erfüllt.

gez. Dr. Melcher.

Für die richtige Abschrift:

Böhm

Kanzleiinspektor.

(Stempel)

Verantwortlicher Redakteur Rudolf Brennemühl, Berlin. Verlag Vorwärts Verlag G.m.b.H. — Druck Vorwärts-Buchdruckerei und Verlagsanstalt, Berlin SW 68, Lindenstraße 3.

VI/220   Die letzte Ausgabe des »Vorwärts« vom 4. Februar 1933

VI/221 Der Staatsakt von Potsdam

Reichsgesetzblatt

1933	Ausgegeben zu Berlin, den 24. März 1933	Nr. 25

Inhalt: Gesetz zur Behebung der Not von Volk und Reich. Vom 24. März 1933 .... S. 141

**Gesetz zur Behebung der Not von Volk und Reich.
Vom 24. März 1933.**

Der Reichstag hat das folgende Gesetz beschlossen, das mit Zustimmung des Reichsrats hiermit verkündet wird, nachdem festgestellt ist, daß die Erfordernisse verfassungändernder Gesetzgebung erfüllt sind:

Artikel 1

Reichsgesetze können außer in dem in der Reichsverfassung vorgesehenen Verfahren auch durch die Reichsregierung beschlossen werden. Dies gilt auch für die in den Artikeln 85 Abs. 2 und 87 der Reichsverfassung bezeichneten Gesetze.

Artikel 2

Die von der Reichsregierung beschlossenen Reichsgesetze können von der Reichsverfassung abweichen, soweit sie nicht die Einrichtung des Reichstags und des Reichsrats als solche zum Gegenstand haben. Die Rechte des Reichspräsidenten bleiben unberührt.

Artikel 3

Die von der Reichsregierung beschlossenen Reichsgesetze werden vom Reichskanzler ausgefertigt und im Reichsgesetzblatt verkündet. Sie treten, soweit sie nichts anderes bestimmen, mit dem auf die Verkündung folgenden Tage in Kraft. Die Artikel 68 bis 77 der Reichsverfassung finden auf die von der Reichsregierung beschlossenen Gesetze keine Anwendung.

Artikel 4

Verträge des Reichs mit fremden Staaten, die sich auf Gegenstände der Reichsgesetzgebung beziehen, bedürfen nicht der Zustimmung der an der Gesetzgebung beteiligten Körperschaften. Die Reichsregierung erläßt die zur Durchführung dieser Verträge erforderlichen Vorschriften.

Artikel 5

Dieses Gesetz tritt mit dem Tage seiner Verkündung in Kraft. Es tritt mit dem 1. April 1937 außer Kraft; es tritt ferner außer Kraft, wenn die gegenwärtige Reichsregierung durch eine andere abgelöst wird.

VI/222 Das »Ermächtigungsgesetz« vom 24. März 1933

VI/223   Der gleichgeschaltete Reichstag

VI/224   Die Einsetzung der Reichsstatthalter

VI/225   Besetzung des Gewerkschaftshauses in Berlin am 2. Mai 1933

VI/226   Vereidigung der Reichswehr auf Hitler am 2. August 1934

VI/227 Gleichgeschaltete Justiz

VI/228 Nach der Verhaftung politischer Gegner, 1933

besonderen »Arierparagraphen« entlassen werden. Auch Länder und Beamtenschaft sind damit »gleichgeschaltet«.

Der 1. Mai, der traditionelle Kampftag der Arbeiterbewegung, wird von der Reichsregierung zum »Tag der nationalen Arbeit« erklärt. Hunderttausende folgen dem Aufruf des Regimes. Die Gewerkschaftsführung schließt sich an, um wenigstens die Organisation zu retten. Ungeachtet dessen werden schon am darauffolgenden Tag, dem 2. Mai, die führenden Gewerkschaftsfunktionäre festgenommen und in Konzentrationslager eingeliefert *(Kat. Abb. 225)*. Auch die Einrichtungen der Gewerkschaften sind »gleichgeschaltet«. Die »schaffenden Deutschen der Stirn und der Faust« werden in der »Deutschen Arbeitsfront« zusammengeschlossen.

Mit der Zustimmung zum Ermächtigungsgesetz hatten die meisten Parteien schon im März auf ihre entscheidende Rolle im politischen Leben, die sie 1918 nach vielen vergeblichen Anläufen endlich errungen hatten, verzichtet. Unter dem verschärften Druck der NSDAP lösen sie sich im weiteren Verlauf des Jahres 1933 entweder selbst auf oder werden verboten. Ein Gesetz vom 14. Juli »gegen die Neubildung von Parteien« schließt den Prozeß ab und sichert der NSDAP zugleich die Rolle der Staatspartei im Einheitsstaat.

Nach dem Tode Hindenburgs ist die innenpolitische Machtkonzentration abgeschlossen. Ein Symbol dieser Machtkonzentration ist die Eidesformel, mit der Hitler am 2. August 1934 die Reichswehr auf seine Person vereidigen läßt: »Ich schwöre bei Gott diesen heiligen Eid, daß ich dem Führer des Deutschen Reiches und Volkes, Adolf Hitler, dem obersten Befehlshaber der Wehrmacht, unbedingten Gehorsam leisten und als tapferer Soldat bereit sein will, jederzeit mein Leben einzusetzen« *(Kat. Abb. 226)*.

Die Ausschaltung der politischen Gegner

Turm 2
(innen)

Parallel zur politischen »Gleichschaltung« erfolgt die Ausschaltung der politischen Gegner, der sogenannten Staatsfeinde *(Kat. Abb. 228)*. Nach den Akten der Sicherheitspolizei fallen darunter: »Kommunismus, Marxismus, Judentum, politisierende Kirchen, Freimaurerei, politisch Unzufriedene (Meckerer), Nationale Opposition, Reaktion, Schwarze Front, Wirtschaftssaboteure, Gewohnheitsverbrecher, auch Abtreiber und Homosexuelle, Hoch- und Landesverräter«.

Den Juni-Morden von 1934 fallen sowohl Männer der innerpar-
teilichen Opposition als auch konservative und kirchliche Regi-
me-Gegner zum Opfer *(Kat. Abb. 229).* Als »Ruhe-und-Ord-
nung«-Aktion gegen angeblich aufrührerische Kräfte in der SA
getarnt, findet das Vorgehen von Parteiführung und SS die
Zustimmung des Reichspräsidenten und der Reichswehr. Mit
der »Röhm-Affäre« sind zugleich die sozial-revolutionären Vertreter in der nationalsozialistischen Führung ausgeschaltet, die
bisher einem Arrangement Hitlers mit der Reichswehr und der
Industrie im Wege gestanden hatten.

Der NS-Staat

Turm 3
(außen)

Mitte 1934 ist die NS-Herrschaft weitgehend konsolidiert. Die
NSDAP, vor 1933 in erster Linie »Kampf«-Partei gegen die
Weimarer Republik, hat ihre eigentliche Aufgabe mit der Macht-
übernahme erfüllt. Sie ist aber deshalb nicht überflüssig ge-
worden. »Die NSDAP bleibt, damit die Menschen nationalso-
zialistisch bleiben«, verkündet Propagandaminister Dr. Joseph
Goebbels. Die Institutionen des Staates sollen durch Erziehung,
Propaganda, durch Unterstützung von Justiz und Polizei eine
Situation herbeiführen, in der allein der »Nationalsozialismus
die Luft ist, in der wir atmen« (Goebbels). Das wahre Ziel bleibt
freilich geheim: die Vorbereitung von Staat, Wirtschaft und
Gesellschaft auf einen Eroberungskrieg.
Der Nationalsozialismus will die Gegensätze von »national« und
»sozialistisch« in der »Volksgemeinschaft« aufheben *(Kat.
Abb. 234).* Beispielhaft zeigt sich in der Organisierung der Jugend das Prinzip der personellen und ideologischen Erfassung
des ganzen Volkes. Alle bisherigen Jugendverbände werden
aufgelöst und durch den Staatsverband der »Hitlerjugend« (HJ)
ersetzt. Er ist ein Instrument der nationalsozialistischen Erziehung und vormilitärischen Ausbildung, als deren Ergebnis sich
Hitler eine Jugend »zäh wie Leder, hart wie Krupp-Stahl, flink
wie Windhunde« wünscht. Die staatlichen Erziehungsinstanzen
erfassen den Staatsbürger von Kindesbeinen an und lehren ihn
»nichts anderes als deutsch denken, deutsch fühlen, deutsch
handeln«.
Diesem Ziel dient auch die »Öffentlichkeitsarbeit« des Regimes.
Sämtliche Informationen in Presse, Rundfunk und Film gehen
auf dieselbe Quelle zurück und durchlaufen den gleichen Filter:

Einzelnummer 10 Pfg.

Extra-Blatt

Oberbayer. Gebirgsbote, Holzkirchen · Miesbacher Anz., Miesbach · Tegernseer Ztg., Tegernsee, Aiblinger Ztg., Bad Aibling · Rosenheimer Tagbl., Rosenheim · Kolbermoorer Volksblatt, Kolbermoor · Chiemgau-Ztg., Prien · Tölzer Ztg., Bad Tölz · Wolfratshauser Tagbl., Wolfratshausen, Wasserburger Anzeiger, Wasserburg a. J. · Grafinger Zeitung, Grafing.

Samstag, 30. Juni 34

Röhm verhaftet und abgesetzt

Röhm aus Partei und S.A. ausgeschlossen

München, 30. Juni

Die Reichspressestelle der N.S.D.A.P. teilt folgende Verfügung des Führers mit:

Ich habe mit dem heutigen Tage den Stabschef Röhm seiner Stellung enthoben und aus Partei und S.A. ausgestoßen. Ich ernenne zum Chef des Stabes Obergruppenführer Lutze.

S.A.-Führer und S.A.-Männer, die seinen Befehlen nicht nachkommen oder zuwiderhandeln, werden aus S.A. und Partei entfernt bzw. verhaftet und abgeurteilt.

gez. Adolf Hitler
Oberster Partei- und S.A.-Führer

Der Führer an den neuen Stabschef

München, 30. Juni

Der Führer hat folgendes Schreiben an den Obergruppenführer der S.A. Lutze gerichtet:

An Obergruppenführer Lutze.

Mein lieber Obergruppenführer Lutze!

Schwerste Verfehlungen meines bisherigen Stabschefs zwangen mich, ihn seiner Stellung zu entheben. Sie, mein lieber Obergruppenführer Lutze, sind seit vielen Jahren in guten und schlechten Tagen ein immer gleich treuer und vorbildlicher S.A.-Führer gewesen. Wenn ich Sie mit dem heutigen Tage zum Chef des Stabes ernenne dann geschieht dies in der festen Ueberzeugung, daß es Ihrer treuen und gehorsamen Arbeit gelingen wird, aus meiner S.A. das Instrument zu schaffen, das die Nation braucht und ich mir vorstelle.

Es ist mein Wunsch, daß die S.A. zu einem treuen und starken Glied der Nationalsozialistischen Bewegung ausgebildet wird. Erfüllt von Gehorsam und blinder Disziplin, muß sie mithelfen, den neuen deutschen Menschen zu bilden und zu formen.

gez. Adolf Hitler

Aufruf des neuen Stabschefs

Der Führer hat mich an seine Seite als Chef des Stabes berufen. Das mir dadurch bewiesene Vertrauen muß und werde ich rechtfertigen durch unerschütterliche Treue zum Führer und restlosen Einsatz für den Nationalsozialismus und dadurch für unser Volk.

Als ich vor etwa 12 Jahren zum erstenmal Führer einer kleinen S.A. war, habe ich drei Tugenden an die Spitze meines Strebens gestellt und sie von der S.A. gefordert. Diese drei Tugenden haben die S.A. groß gemacht und heute, wo ich in schicksalsschwerer Stunde meinem Führer an hervorragender Stelle dienen soll, sollen sie erst recht Richtschnur für die ganze S.A. sein:

Unbedingte Treue!
Schärfste Disziplin!
Hingebender Opfermut!

So wollen wir, die wir Nationalsozialisten sind, gemeinsam marschieren.

Ich bin überzeugt, dann kann es nur ein Marsch zur Freiheit werden.

Es lebe der Führer! Es lebe unser Volk!

Der Chef des Stabes:
gez. Lutze.

Befehl des Obersten S.A.-Führers Adolf Hitler

Adolf Hitler hat an den Chef des Stabes, Lutze, folgenden Befehl gegeben:

Wenn ich Sie heute zum Chef des Stabes der S.A. ernenne, dann erwarte ich, daß Sie sich hier eine Reihe von Aufgaben angelegen sein lassen, die ich Ihnen hiermit stelle:

1. Ich verlange als S.A.-Führer genau so wie es vom S.A.-Mann blinden Gehorsam und unbedingte Disziplin.

2. Ich verlange, daß jeder S.A.-Führer sich jeder politischen Führer sich dessen bewußt ist, daß sein Benehmen und seine Aufführung vorbildlich zu sein haben für seinen Verband, ja für unsere gesamte Gefolgschaft.

3. Ich verlange, daß S.A.-Führer — genau so wie politische Leiter — in der Oeffentlichkeit bescheiden auftreten, nicht schädlich und der Partei und der S.A. entfernt werden.

4. Ich verlange insbesondere, daß S.A.-Führer, daß er ein Vorbild bieder Einfachheit und nicht im Aufwand ist. Ich wünsche nicht, daß der S.A.-Führer teuerste Diners gibt an solchen teilnimmt. Man hat uns früher hierzu nicht eingeladen, wie haben auch jetzt dort nichts zu suchen. Millionen unserer Volksgenossen leben und heute noch das Notwendigste zum Leben. Es sind nicht wenig dem, was das Glück mehr gelegnet hat, aber es ist eines Nationalsozialisten unwürdig, den Abstand, der zwischen Not und Glück oberhin angebracht gibt, noch besonders zu vergrößern. Ich verbiete insbesondere, daß Mittel der Partei, der S.A. oder Übergang der Oeffentlichkeit für Festgelage und dergleichen Verwendung finden, die den S.A. ... von Gelbern, die zum Teil sich aus den Geldern unserer ärmsten Mitbürger ergeben, Schlemmereien abspielen. Das luxuriöse Stabs-Quartier in Berlin, in dem, wie mancht festgelegt wurde, monatlich 30 000 Mark für Festessen usw. ausgegeben wurden, ist sofort aufzulösen.

Ich untersage, daß für alle Parteiinstanzen die Veranstaltung sogenannter Festessen und Diners ...

Und ich verbiete allen Partei- und S.A.-Führern die Teilnahme an solchen Ausgenommen davon ist nur die Einladung der von Staats ...

Folgende sieben Verräter wurden bereits erschossen:

Im Zusammenhang mit dem aufgedeckten Komplott wurden folgende Meuterer erschossen:

Obergruppenführer A. Schneidhuber;
Obergruppenführer Edmund Heines;
Gruppenführer Ernst, Berlin;
Gruppenführer Schmidt, München;
Gruppenführer Hans Hayn;
Gruppenführer Hendebreck;
Standartenführer Graf Spretti, München.

Druck: München Holzkirchen M. Müller & Sohn · · · · · Verantwortl. · · · W. Reich.

VI/229 Der 30. Juni 1934 in der gleichgeschalteten Presse

VI/230   Pressekonferenz mit Propagandaminister Goebbels

VI/231 *»Meine Ehre heißt Treue«:* Vor Heinrich Himmler angetretene SS

VI/232 Der Volksgerichtshof

VI/233 Reichsarbeitsdienst im Einsatz

Berlin ißt heute sein Eintopfgericht

VI/234 Winterhilfswerk: Aufruf zur nationalen Solidarität. Das Geld fließt in die Rüstung das Reichspropaganda-Ministerium unter Joseph Goebbels. Seine präzisen Anweisungen über die Behandlung politischer, wirtschaftlicher oder auch künstlerischer Themen sichern zusammen mit entsprechendem Druck auf die Journalisten die einheitliche und zugleich perfekte Lenkung der veröffentlichten Meinung *(Kat. Abb. 230)*. Das Propaganda-Ministerium unterwirft das gesamte öffentliche Leben der Regie der Partei. Sogar der »spontane« Charakter von Massenaktionen wird auf dem Verordnungsweg geregelt: von »Volksabstimmungen« bis zur »Reichskristallnacht« 1938.

Die Bevölkerung, die zwischen Zustimmung und Angst vor Repressalien schwankt, wird von einem perfekten Überwachungssystem dem Regime unterworfen: Polizei, Spitzel, SA und SS sind die Instrumente, mit denen die Partei das totalitäre System ausbaut und ihre Herrschaft sichert. Erste Konzentrationslager für politische Gefangene entstehen schon im Februar 1933. Aus der »Schutzstaffel«, der Leibwache Hitlers, entwickelt sich die SS unter Heinrich Himmler zum »Staat im Staate« *(Kat. Abb. 231)*. Ihre Mitglieder verstehen sich als die neue Führungselite der Nation. Sie schwören Hitler unbedingten Gehorsam und verschreiben sich dem Kampf als Selbstzweck, »auch auf verlorenem Posten für eine verlorene Sache: Das Wort ›unmöglich‹ darf es nicht geben und wird es niemals bei uns geben. Nicht wofür wir kämpfen, ist das Wesentliche, sondern wie wir kämpfen«.

Bis 1939 wird die SS zusammen mit der »Geheimen Staatspolizei« (Gestapo) vornehmlich bei der Überwachung und Verfolgung von Regimegegnern eingesetzt. Während des Krieges, inzwischen um die Waffen-SS erweitert, wird sie vielfach mit »Sonderaufgaben« in den besetzten Gebieten betraut. Die Vernichtung des Warschauer Ghettos 1943 ist einer dieser »Sondereinsätze« *(Kat. Abb. 241)*.

Trotz seiner ohnehin unbegrenzten und unkontrollierbaren Machtfülle schafft der totalitäre Staat sich eine Justiz, die Geschehenes sanktioniert und sich durch totale Unterordnung unter den »Willen des Führers« ihrer klassischen Funktion als unabhängige dritte Gewalt im Staate begibt. Jetzt ist die »Grundlage der Auslegung aller Rechtsquellen die nationalsozialistische Weltanschauung, wie sie insbesondere in dem Parteiprogramm und den Äußerungen unseres Führers ihren Ausdruck findet. Gegenüber Führerentscheidungen, die in Form eines Gesetzes oder einer Verordnung gekleidet sind, steht dem Richter kein Prüfungsrecht zu« (»Reichsrechtsführer« Hans Frank). Gegen Entscheidungen des »Volksgerichtshofes«, der 1934 »zur Aburteilung von Hochverrats- und Landesverratssachen« gebildet wird, ist ebenfalls »kein Rechtsmittel zulässig« *(Kat. Abb. 232).* Damit wird der Rechtsstaat endgültig dem »gesunden Volksempfinden« überantwortet.

Die Durchdringung aller Lebensbereiche und die Ausrichtung von Staat und Gesellschaft nach dem Führer- und Gefolgschaftsprinzip machen auch vor der Wirtschaft nicht halt. Reichsgesetze treten an die Stelle der Tarifautonomie der Sozialpartner und »ordnen« die Arbeitsverhältnisse im autoritären Sinne neu. Die freie Wahl des Arbeitsplatzes wird eingeschränkt. Der Abbau von Arbeitnehmerrechten zeigt, wie weit sich die NSDAP von ihren »sozialistischen« Anfängen entfernt hat. Die Stellung der Unternehmer wird sogar noch gestärkt. Das Prinzip der kapitalistischen Privatwirtschaft wird von der Partei nicht angetastet. Arbeitsbeschaffungsprogramme der Nationalsozialisten bringen vielen wieder Arbeit *(Kat. Abb. 233).* Auf der anderen Seite verliert der Arbeiter das Recht auf die organisierte Durchsetzung seiner Interessen, das sogenannte Koalitionsrecht. Statt dessen wird in der Arbeitswelt eine Scheinharmonie geschaffen. Es gelingt, einen erheblichen Teil der Arbeiterschaft für das Dritte Reich zu gewinnen, die soziale Basis der nationalsozialistischen Herrschaft zu verbreitern und somit die Voraussetzungen für die Umstellung der Wirtschaft auf die Rüstungsproduktion zu schaffen.

Das Arbeitsbeschaffungsprogramm und die Aufrüstung werden durch Wechsel, Reichsanleihen und schließlich durch die Notenpresse finanziert. Das Reich verschuldet sich in einem bisher unbekannten Ausmaß. Durch intensive landwirtschaftliche Nutzung und die Gewinnung von industriellen Rohstoffen soll die Abhängigkeit des Reiches vom Weltmarkt vermindert werden. Die nationalsozialistische Wirtschaftspolitik dient seit 1933 vor allem Hitlers vor der Öffentlichkeit geheimgehaltenem Plan: der Vorbereitung für die »Eroberung neuen Lebensraums im Osten und dessen rücksichtslose Germanisierung« *(Kat. Abb. 236).* Der Wehrmacht und der Wirtschaft stellt Hitler 1936 im sogenannten Vierjahresplan folgende Aufgabe:

»I. Die deutsche Armee muß in 4 Jahren einsatzfähig sein; II. Die deutsche Wirtschaft muß in 4 Jahren kriegsfähig sein« *(Kat. Abb. 235).*

Göring verspricht im Dezember 1936: »Sieg oder Untergang.

VI/235 Rüstungsindustrie

H. am 3. 2. 33 (bei Hammerstein)

Ziel der Gesamtpolitik allein: Wiedergewinnung der pol. Macht. Hierauf muß gesamte Staatsführung eingestellt werden (alle Ressorts!).

1. Im Innern. Völlige Umkehrung der gegenwärt. innenpol. Zustände in D. Keine Duldung der Betätigung irgendeiner Gesinnung, die dem Ziel entgegen steht (Pazifismus!). Wer sich nicht bekehren läßt, muß gebeugt werden. Ausrottung des Marxismus mit Stumpf und Stiel. Einstellung der Jugend u. des ganzen Volkes auf den Gedanken, daß nur d. Kampf uns retten kann u. diesem Gedanken gegenüber alles zurückzutreten hat. (Verwirklicht in d. Millionen der Nazi-Beweg. Sie wird wachsen.) Ertüchtigung der Jugend u. Stärkung des Wehrwillens mit allen Mitteln. Todesstrafe für Landes- u. Volksverrat. Straffste autoritäre Staatsführung. Beseitigung des Krebsschadens der Demokratie!

2. Nach außen. Kampf gegen Versailles. Gleichberechtigung in Genf; aber zwecklos, wenn Volk nicht auf Wehrwillen eingestellt. Sorge für Bundesgenossen.

3. Wirtschaft! Der Bauer muß gerettet werden! Siedlungspolitik! Künft. Steigerung d. Ausfuhr zwecklos. Aufnahmefähigkeit d. Welt ist begrenzt u. Produktion ist überall übersteigert. Im Siedeln liegt einzige Mögl., Arbeitslosenheer z. T. wieder einzuspannen. Aber braucht Zeit u. radikale Änderung nicht zu erwarten, da Lebensraum für d[eutsches] Volk zu klein.

4. Aufbau der Wehrmacht wichtigste Voraussetzung für Erreichung des Ziels: Wiedererringung der pol. Macht. Allg. Wehrpflicht muß wieder kommen. Zuvor aber muß Staatsführung dafür sorgen, daß die Wehrpflichtigen vor Eintritt nicht schon durch Pazif., Marxismus, Bolschewismus vergiftet werden oder nach Dienstzeit diesem Gifte verfallen.

Wie soll pol. Macht, wenn sie gewonnen ist, gebraucht werden? Jetzt noch nicht zu sagen. Vielleicht Erkämpfung neuer Export-Mögl., vielleicht – und wohl besser – Eroberung neuen Lebensraums im Osten u. dessen rücksichtslose Germanisierung. Sicher, daß erst mit pol. Macht u. Kampf jetzige wirtsch. Zustände geändert werden können. Alles, was jetzt geschehen kann – Siedlung – Aushilfsmittel.

Wehrmacht wichtigste u. sozialistischste Einrichtung d. Staates. Sie soll unpol. u. überparteilich bleiben. Der Kampf im Innern nicht ihre Sache, sondern der Nazi-Organisationen. Anders wie in Italien keine Verquickung v. Heer u. SA beabsichtigt. – Gefährlichste Zeit ist die des Aufbaus der Wehrmacht. Da wird sich zeigen, ob Fr[ankreich] Staatsmänner hat; wenn ja, wird es uns Zeit nicht lassen, sondern über uns herfallen (vermutlich mit Ost-Tra-

VI/236   Aus den Aufzeichnungen des Generalleutnants Liebmann vom 3. Februar 1933

Wenn wir siegen, wird die Wirtschaft genug entschädigt werden. Es darf nicht kalkuliert werden, was kostet es. Wir spielen jetzt um den höchsten Einsatz. Was würde sich wohl mehr lohnen als Aufträge für die Aufrüstung?« Industriekreise warnen lediglich vor dem Tempo der Aufrüstung, nicht vor dem Programm. »Wir Kruppianer wollten nur ein System, das gut funktionierte. Politik ist nicht unsere Sache«, sagt Alfried Krupp von Bohlen und Halbach 1945.

Judenverfolgung und Judenvernichtung

Turm 3
(innen)

Der Antisemitismus, dessen geistige Wegbereiter schon im 19. Jahrhundert zu finden sind, ist auch in der Weimarer Republik weit verbreitet. Für Hitler ist die Rassenideologie die zentrale Idee seiner Weltanschauung. Sie findet bereits Eingang in das Parteiprogramm von 1920, das die aggressive Politik der NSDAP gegenüber den Juden programmatisch festlegt: »Staatsbürger kann nur sein, wer Volksgenosse ist. Volksgenosse kann nur sein, wer deutschen Blutes ist, ohne Rücksichtnahme auf Konfession. Kein Jude kann daher Volksgenosse sein«. Der NSDAP gelingt es, das Gefühl des Ausgeliefertseins an anonyme gesellschaftliche Kräfte – von den Massen in der Existenzunsicherheit der Weltwirtschaftskrise erfahren – in Aggression gegen die »Weltverschwörung der Juden und Bolschewisten« umzusetzen. Seit der nationalsozialistischen Machtübernahme werden Hitlers Ideen konsequent gegenüber den »Volksfeinden« verwirklicht. Gewalttaten gegen jüdische Bürger und ihr Eigentum am 1. April 1933 leiten die Beschränkungen der Lebensmöglichkeiten der deutschen Juden ein *(Kat. Abb. 237)*. Mit der Entlassung jüdischer Richter und Beamten beginnt die systematische administrative Ausschaltung aus allen Lebensbereichen. Die Rechtsgrundlage hierfür, der sogenannte »Arierparagraph«, wird auf immer weitere Berufe ausgedehnt: auf Ärzte, Zahnärzte, Apotheker, Anwälte, Notare, Künstler und Journalisten. Juden dürfen Universitäten und öffentliche Schulen nur noch in immer kleineren Kontingenten besuchen. Sie werden von Ehrenämtern, Steuerermäßigungen, vielen Sozialleistungen, vom Wehrdienst und aus Vereinen aller Art ausgeschlossen. Jüdische Werke werden aus Galerien, Bibliotheken, Konzerten, Theatern und Kinos entfernt, nach Juden benannte Straßen umgetauft und Namen jüdischer Gefallener von Ehrenmalen getilgt, Juden kann der Zutritt zu Wirtshäusern und die Benutzung von Bädern und Parkbänken untersagt werden *(Kat. Abb. 239)*. Höhepunkt dieser Kampagne ist das sogenannte »Gesetz zum Schutze des deutschen Blutes und der deutschen Ehre« vom September 1935: »Durchdrungen von der Erkenntnis, daß die Reinheit des deutschen Blutes die Voraussetzung für den Fortbestand des deutschen Volkes ist . . ., hat der Reichstag einstimmig das folgende Gesetz beschlossen, das hiermit verkündet wird:

§ 1.1. Eheschließungen zwischen Juden und Staatsangehörigen deutschen oder artverwandten Blutes sind verboten. Trotzdem geschlossene Ehen sind nichtig, auch wenn sie zur Umgehung dieses Gesetzes im Ausland geschlossen sind.

§ 5.1. Wer dem Verbot des § 1 zuwiderhandelt, wird mit Zuchthaus bestraft«.

Im November 1938 nimmt das Regime das Attentat eines 17jährigen Juden auf einen deutschen Diplomaten in Paris zum Anlaß für massive Verfolgungsaktionen im ganzen Reich. In der sogenannten »Reichskristallnacht« werden jüdische Geschäfte durch Polizei- und SA-Trupps verwüstet, fast alle Synagogen niedergebrannt, Plünderungen vorgenommen, insbesondere wohlhabende Juden werden in Konzentrationslager gebracht. Drei Monate später verkündet Hitler vor dem Reichstag und über Funk und Presse vor dem Volk: »Wenn es dem internationalen Finanzjudentum innerhalb und außerhalb Europas gelingen sollte, die Völker noch einmal in einen Weltkrieg zu stürzen, dann wird das Ergebnis nicht die Bolschewisierung der Erde und damit der Sieg des Judentums sein, sondern die Vernichtung der jüdischen Rasse in Europa!« Die totale gesellschaftliche Ächtung der Juden als Vorstufe zu dem von Hitler gesteckten Ziel wird 1941 mit der »Polizeiverordnung über die Kennzeichnung der Juden« überdeutlich *(Kat. Abb. 240)*.

»§ 1.1. Juden, die das sechste Lebensjahr vollendet haben, ist es verboten, sich in der Öffentlichkeit ohne einen Judenstern zu zeigen.

2. Der Judenstern besteht aus einem handtellergroßen, schwarz ausgezogenen Sechsstern aus gelbem Stoff mit der schwarzen Aufschrift ›Jude‹. Er ist sichtbar auf der linken Brustseite des Kleidungsstückes fest aufgenäht zu tragen«.

Die Ausrottung der »jüdisch-bolschewistischen Führungsschicht im Reich« und der Juden in Osteuropa wird schließlich,

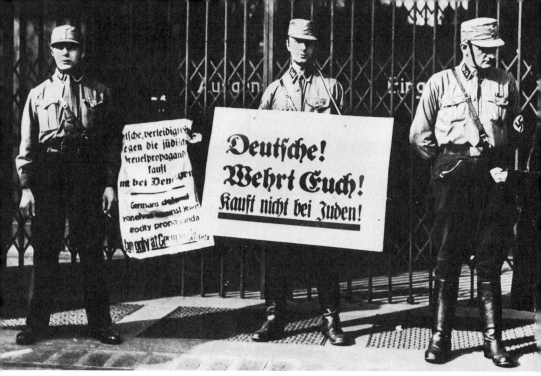

VI/237   1. April 1933: Boykott jüdischer Geschäfte

VI/238   Bücherverbrennung am 10. Mai 1933

VI/239/240 Diskriminierung der Juden in der Öffentlichkeit

VI/241 Judenverfolgung in Polen: Razzia in einem Ghetto

wie die Gewinnung von »Lebensraum« für die »germanische Herrenrasse«, erklärtes Ziel des Krieges. Der Entschluß hierzu fällt auf der sogenannten »Wannsee-Konferenz« über die »Endlösung der europäischen Judenfrage« im Januar 1942. Das Konferenzprotokoll läßt keinen Zweifel an der Art des Vorgehens: »Unter entsprechender Leitung sollen im Zuge der Endlösung die Juden in geeigneter Weise im Osten zum Arbeitseinsatz kommen. In großen Arbeitskolonnen, unter Trennung der Geschlechter, werden die arbeitsfähigen Juden straßenbauend in diese Gebiete geführt, wobei zweifellos ein Großteil durch natürliche Verminderung ausfallen wird. Der allfällig endlich verbleibende Restbestand wird, da es sich bei diesen zweifellos um den widerstandsfähigsten Teil handelt, entsprechend behandelt werden müssen, da dieser, eine natürliche Auslese darstellend, bei Freilassung als Keimzelle eines neuen jüdischen Aufbaues anzusprechen ist (siehe die Erfahrung der Geschichte). Im Zuge der praktischen Durchführung der Endlösung wird Europa von Westen nach Osten durchgekämmt«. Damit war das Stichwort – »Endlösung« – für die systematische Vernichtung der jüdischen Bevölkerung Europas gegeben. Die in Polen errichteten Konzentrationslager wie Auschwitz, Belzek, Chelmno, Majdanek, Sobibor und Treblinka werden zu Vernichtungslagern ausgebaut, in denen die Juden häufig bereits unmittelbar nach Ankunft der Transporte aus dem Reich und den besetzten Gebieten umgebracht werden. Dies geschieht zum Teil durch den Einsatz von Giftgas in speziellen Gaskammern. Rechnet man zu diesen Ermordeten noch die Zahl derer hinzu, die in deutschen und außerdeutschen Konzentrationslagern infolge von Zwangsarbeit und Unterernährung starben oder bei den Massenerschießungen durch sogenannte »Einsatzgruppen« in den besetzten Gebieten umkamen, kommt man auf eine Gesamtzahl von fünf bis sechs Millionen umgebrachter Juden.

Weltmachtpolitik und Widerstand im Reich

Die nationalsozialistische Außenpolitik

Turm 4
(außen)

Ziel der NS-Außenpolitik ist über die von allen Parteien der Weimarer Republik geforderte Revision des Versailler Vertrages hinaus von Anfang an die Eroberung neuen »Lebensraumes« sowie die Errichtung eines »Großgermanischen Reiches deutscher Nation«. In den ersten Jahren bewegt sich diese Politik jedoch noch ganz in den Bahnen der auch zuvor betriebenen Revisionspolitik. Ihre Anfangserfolge verführen Hitler zu einem immer rascheren Tempo *(Kat. Abb. 242)*. Mit der »Erledigung der Rest-Tschechei« im Frühjahr 1939 begibt sich Hitler endgültig auf den Weg imperialistischer Eroberungspolitik.

Der unverändert übernommene Apparat des Auswärtigen Amtes setzt die Revisionspolitik der Weimarer Zeit scheinbar bruchlos fort. Das »Reichskonkordat«, im Juli 1933 mit dem Vatikan abgeschlossen, soll frühere Auseinandersetzungen zwischen der Katholischen Kirche und dem Nationalsozialismus beenden. Der Nichtangriffspakt mit Polen vom Januar 1934 entspannt vorübergehend die deutsch-polnischen Beziehungen. Die internationale Aufwertung Hitlers weckt Hoffnungen und lähmt zugleich den inneren Widerstand in Deutschland.

Die Rückgliederung der Saar im Januar 1935 erscheint als ein weiterer Erfolg der NS-Außenpolitik. Diese Politik befindet sich noch in Übereinstimmung mit dem Versailler Vertrag. Dagegen sind die Wiedereinführung der Wehrpflicht im März 1935 sowie der Neuaufbau der Luftwaffe, der jetzt nicht länger verheimlicht wird, offene Vertragsbrüche. Doch der mit der Überwachung internationaler Verträge betraute Völkerbund, den Deutschland schon 1933 verlassen hat, vermag sich nur zu einer »Verurteilung« aufzuraffen. Es gelingt nicht, eine Einheitsfront der europäischen Mächte gegen diese Politik zusammenzubringen.

Statt fälliger Sanktionen entschließt sich das Ausland schließlich zur Sanktionierung derartiger Vertragsbrüche. Das deutsch-englische Flottenabkommen vom Juni 1935 wendet die drohende Isolierung Deutschlands ab und ermuntert Hitler zu einem neuen Vertragsbruch: dem Einmarsch in das entmilitarisierte Rheinland im März 1936 *(Kat. Abb. 243)*. Wenige Monate später präsentiert das Regime der Welt während der Olympischen Spiele in Berlin das Bild eines nach außen und innen friedliebenden Deutschland. Doch der Schein trügt: im Spanischen Bürger-

Zug um Zug zerriß
Adolf Hitler
das Diktat v. Versailles!

1933 Deutschland verläßt
den Völkerbund von Versailles!

1934 Der Wiederaufbau der Wehrmacht, der Kriegs-
marine und der Luftwaffe wird eingeleitet!

1935 Saargebiet heimgeholt!
Wehrhoheit des Reiches wiedergewonnen!

1936 Rheinland vollständig befreit!

1937 Kriegsschuldlüge feierlich ausgelöscht!

1938 Deutsch-Oesterreich dem Reiche angeschlossen!
Großdeutschland verwirklicht!

Darum bekennt sich ganz Deutschland am 10. April
zu seinem Befreier
Adolf Hitler
Alle sagen: Ja!

VI/242   Plakat April 1938: Volksabstimmung über den Anschluß Österreichs und Wahlen zum
Großdeutschen Reichstag

VI/243   Wiederbesetzung des entmilitarisierten Rheinlands, März 1936

VI/244   Staatsbesuch Mussolinis in Deutschland, September 1937

VI/245 Spruchband in Wien zur Volksabstimmung über den »Anschluß« Österreichs

VI/246 Vor dem Abschluß des Münchener Abkommens, September 1938

VI/247   Hitlers Einzug in Karlsbad, Oktober 1938

VI/248   Ohnmächtiger Protest der Prager Bevölkerung beim Einmarsch deutscher Truppen, März 19

VI/249   Nach der Unterzeichnung des deutsch-russischen Nichtangriffspaktes, Moskau, 23. August 1939

VI/250   Kriegsausbruch 1. September 1939: Münchner während der Übertragung der Hitler-Rede

VI/251 Hitler mit dem Chef des Oberkommandos der Wehrmacht, Generaloberst Keitel

VI/252 Stalingrad, Dezember 1942

krieg, der im Juli 1936 ausbricht, unterstützt die deutsche »Legion Condor« die antirepublikanische Falange des Generals Franco. Die im Zuge der deutschen Aufrüstungspolitik entwickelten Waffen bestehen in Spanien ihre erste Bewährungsprobe. Einen Bundesgenossen für seine eigenen militärischen Pläne sucht Hitler aber nicht so sehr in Franco, sondern in Mussolini, mit dem er sich im Oktober 1936 über die Abgrenzung der beiderseitigen Expansionsrichtungen verständigt *(Kat. Abb. 244).* Mit dieser »Achse Berlin–Rom« ist die Allianz im späteren Krieg vorgezeichnet.

Die deutsch-italienische Verständigung ebnet auch den Weg zur Verwirklichung eines Plans, der 1934 nicht zuletzt an Mussolinis Widerstand gescheitert war: der Versuch österreichischer Nationalsozialisten, ihr Land dem Deutschen Reich anzugliedern. Im März 1938 marschieren deutsche Truppen, von einer jubelnden Bevölkerung begrüßt, in Österreich ein, das als »Ostmark« dem Reich angegliedert wird *(Kat. Abb. 245).* So entsteht durch eine Politik der Überraschungen und Erpressungen das »Großdeutsche Reich«. Zusammen mit den deutschen Truppen kommt auch die Gestapo ins Land, die bis Dezember 1938 über 20 000 Personen in »Schutzhaft« nimmt. Nach dem »Anschluß« Österreichs, der wie die Besetzung des entmilitarisierten Rheinlands gegen die Bestimmungen des Versailler Vertrages verstößt, schürt Hitler die »Heim ins Reich«-Bewegung weiter. England und Frankreich folgen jedoch weiterhin ihrem Konzept der Beschwichtigungspolitik (»appeasement«): Im September 1938 stimmen sie der Abtretung der sudetendeutschen Gebiete der Tschechoslowakei zu, da sie sich einem militärischen Konflikt mit dem Reich zu diesem Zeitpunkt noch nicht gewachsen fühlen *(Kat. Abb. 246, 247).* Hitler gibt sich jedoch damit nicht zufrieden: Sein nächstes Ziel ist die »Zerschlagung der Rest-Tschechei«. Als Vorwand dient die angebliche Unterdrückung der deutschen Minderheit durch die Tschechen. Die Presse erhält den Auftrag, Berichte über »Greuel, Mordtaten und Mißhandlungen dramatisch herauszubringen, um zu zeigen, was für eine barbarische Nation die Tschechen sind«. Hitler benutzt schließlich den Nationalitätenkonflikt zwischen Tschechen und Slowaken, um im März 1939 deutsche Truppen in Prag einmarschieren zu lassen *(Kat. Abb. 248).* Der tschechische Landesteil wird zum »Protektorat Böhmen und Mähren«, die Slowakei wird autonomer Staat unter dem »Schutz des Deutschen Reiches«. Auf diese offene Aggression hin entschließen sich Großbritannien und Frankreich zu einer gemeinsamen Garantieerklärung für Polen.

Das deutsch-englische Flottenabkommen wird von Hitler im April 1939 gekündigt. Der »Stahlpakt« vom Mai legt Italien auf die aggressive Linie Deutschlands fest. Der deutsch-sowjetische Nichtangriffspakt vom August 1939 *(Kat. Abb. 249)* stellt endgültig die Weichen für den Krieg; ein geheimes Zusatzprotokoll regelt die Beuteverteilung nach dem bevorstehenden deutschen Angriff auf Polen.

Der Widerstand

Turm 4
(innen)

Der Widerstand gegen den Nationalsozialismus setzt bereits unmittelbar nach der Machtergreifung Hitlers 1933 ein. Neben vielen Tausenden, die in der Emigration den einzigen Ausweg sehen, entziehen sich jedoch auch im Innern manche der völligen Gleichschaltung und organisieren sich in geheimen Gruppen. In den ersten Jahren des Regimes sind es vor allem sozialdemokratische und kommunistische Zellen sowie Männer der Kirche, die sich gegen das totalitäre System und gegen die erkennbaren Kriegsabsichten Hitlers auflehnen. Schon in der Zeit der außenpolitischen Erfolge und vor Kriegsausbruch beginnt sich dann auch in bürgerlich-konservativen Kreisen, bei einzelnen Männern und Gruppen im Staatsapparat und im Offizierskorps der Widerstand zu regen. Sie gewinnen die Überzeugung, daß ein Handeln gegen Hitlers verbrecherische Politik keinen Verrat an Deutschland darstelle. Während des Krieges suchen diese Kreise Verbindung mit Kräften der Arbeiterbewegung. Hitler und die NSDAP sollen durch einen Staatsstreich beseitigt werden, auch wenn die deutsche Niederlage dadurch nicht abgewendet werden kann. Unterschiedliche Motive und divergierende politische Zielsetzungen sowie unkoordiniertes Vorgehen verhindern jedoch die Bildung einer effektiven Front gegen Hitler. Außerdem gelingt es dem Regime immer wieder mit Hilfe eines durchgegliederten, gut funktionierenden Spitzelsystems, die oppositionellen Kräfte zu zerschlagen. So verengen sich die Ansätze des Widerstandes, der vom Ausland eher mißtrauisch beobachtet wird, zu einem »Aufstand des Gewissens«. Das Attentat vom 20. Juli 1944 ist zwar der Versuch, durch die Beseitigung Hitlers günstigere Bedingungen für die Beendigung des Krieges zu schaffen und eine weitere Zerstö-

VI/253/254 Nach dem Attentat vom 20. Juli 1944: Führerhauptquartier

VI/255 Prozeß vor dem Volksgerichtshof

rung Deutschlands zu verhindern *(Kat. Abb. 253/254)*. Aber
auch für den Fall des Scheiterns versprachen sich die Ver-
schwörer eine Wirkung auf das Ausland: »Das Attentat muß
erfolgen, . . . Sollte es nicht gelingen, so muß trotzdem in Berlin
gehandelt werden. Denn es kommt nicht mehr auf den praktischen Zweck an, sondern darauf, daß die deutsche Wider-
standsbewegung vor der Welt und vor der Geschichte den
entscheidenden Wurf gewagt hat. Alles andere ist daneben
gleichgültig« (General v. Tresckow).

Der Zweite Weltkrieg

Wand

Die Absicht, den deutschen »Lebensraum« unter allen Umständen zu erweitern, hatte Hitler schon in seinem Buch »Mein
Kampf« formuliert und in Propagandareden ständig wiederholt.
Schon vier Tage nach der Machtergreifung entwickelt er vor der
Reichswehrführung in einer Geheimbesprechung seine politischen und militärischen Vorstellungen *(Kat. Abb. 236)*. Im November 1937 sieht er für die »Lösung der deutschen Frage« nur
den »Weg der Gewalt«, der »niemals risikolos« sein könne, und
trägt den militärischen Spitzen seine Überlegungen über den
günstigsten Zeitpunkt eines Angriffs vor. Am 1. September 1939
verkündet er vor dem Reichstag und vor der Öffentlichkeit den
Beginn des Krieges *(Kat. Abb. 250)*. Die Überfälle auf Polen,
Dänemark, Norwegen, Frankreich und Jugoslawien entsprechen dem Blitzkrieg-Konzept Hitlers *(Kat. Abb. 251)*. Sie führen
1939/40 zunächst auch zu schnell errungenen Siegen. Mit dem
Angriff auf die Sowjetunion sowie dem Kriegseintritt der USA
nach dem Überfall Japans auf Pearl Harbour 1941 erhält der
Krieg eine ganz neue Dimension: er wird endgültig zum Weltkrieg. Die nationalsozialistische Propaganda versucht, den zunehmenden Schwierigkeiten, die sich für Deutschland aus den
Belastungen eines Mehrfrontenkrieges ergeben, mit Durchhal-
teparolen und Versprechungen für die »Zeit nach dem Sieg« zu
begegnen. Mit dem »Ostfeldzug« beginnt nicht nur der Versuch,
die Rote Armee militärisch auszuschalten, sondern auch eine
systematische Vernichtung der osteuropäischen Juden.
Bereits im Januar 1943 fordern die Alliierten die bedingungslose
Kapitulation Deutschlands. Wenig später markiert die deutsche
Niederlage bei Stalingrad die Kriegswende *(Kat. Abb. 252)*. Auf
die Ausrufung des »Totalen Krieges« 1943 durch Propaganda-

minister Goebbels antworten die Westmächte mit der Verschärfung des Luftkrieges, auch gegen die Zivilbevölkerung. Die
Invasion der Westalliierten im Juni 1944 leitet die letzte Phase
des Kampfes ein *(Kat. Abb. 256, 257)*. Zur gleichen Zeit werfen
die Sowjets die deutschen Truppen im Osten bis hart an die
deutsche Grenze zurück. Am Ende steht im Mai 1945 der totale
Zusammenbruch und die bedingungslose Kapitulation Deutschlands *(Kat. Abb. 258, 259)*.

VI/256 »Der Tag des deutschen Volkssturms«, 12. November 1944

VI/257 Das letzte Aufgebot: Bau von Panzersperren in Berlin 1945

VI/258   Kapitulation der Deutschen Wehrmacht in Berlin-Karlshorst am 8. Mai 1945

VI/259   Deutsche Stadt 1945

Deutschland 1945

Raum VII

Entstehung und Entwicklung der Bundesrepublik Deutschland

Die bedingungslose Kapitulation der deutschen Wehrmacht, mit der am 8. Mai 1945 in Europa der Zweite Weltkrieg endet, besiegelt für das deutsche Volk einen ungleich tieferen politischen Sturz, als es ihn je zuvor in seiner Geschichte erlebt hat. Anders auch als nach dem Ersten Weltkrieg ist Deutschland nun vollständig von den Truppen der vier Siegermächte besetzt und jeder eigenen staatlichen Gewalt beraubt. Vor allem aber führt diese zweite Niederlage das Ende des deutschen Nationalstaates in seiner 1871 von Bismarck begründeten Form herauf. Preußen, das Kernland dieses Reiches, wird aufgelöst, die Ostprovinzen werden abgetrennt, die nationale Einheit geht verloren.

Unter der Herrschaft der Besatzungsmächte fallen dann jene Entscheidungen, die die Entwicklung der Bundesrepublik in vielfacher Hinsicht bis heute bestimmen. Sie gehen vor allem darauf zurück, daß sich die politischen und sozialen Ordnungsvorstellungen der Siegermächte schon bald nach der Besetzung als unvereinbar erweisen. Deutschland wird seit der Jahreswende 1946/47 im Zeichen des Kalten Krieges zum Kampffeld des ideologischen und machtpolitischen Konflikts zwischen Ost und West, zwischen den Hauptkontrahenten Sowjetunion und USA. Dieser Gegensatz führt über eine Vielzahl von Stationen nicht nur zur Spaltung Deutschlands in zwei Staaten, die in sich gegenüberstehende militärisch-politische Blöcke eingebunden werden. Er bestimmt letztlich auch darüber, welche politischen Kräfte und welches politisch-soziale System diesseits und jenseits der innerdeutschen Grenze zum Zuge kommen.

Im sowjetischen Einflußbereich wird nach der Anfangsphase einer antifaschistisch-demokratischen Zusammenarbeit aller Parteien eine zunehmend allein von den Kommunisten beherrschte politische Ordnung aufgebaut und das Wirtschaftssystem durch Kollektivierung von Grund und Boden und durch Vergesellschaftung von Banken und Schlüsselindustrien im Sinne einer sozialistischen Planwirtschaft umgestaltet. Dagegen fördern die Westmächte in ihren Zonen die Begründung einer am liberalen Rechtsstaatsideal orientierten und bundesstaatlich organisierten parlamentarischen Demokratie. Dieser Prozeß findet seinen Abschluß am 23. Mai 1949 mit der Verkündung des Grundgesetzes für die Bundesrepublik Deutschland. Parallel hierzu setzen sich nach heftigen Auseinandersetzungen zwischen den deutschen Parteien, in die auch die Besatzungsmächte mehrfach eingreifen, die Befürworter einer zwar weitgehend von staatlichen Eingriffen freien und auf dem Privateigentum beruhenden, aber sozial verpflichteten Marktwirtschaft gegen die nach 1945 zunächst dominierenden Sozialisierungspläne durch.

Diese ordnungspolitische Entscheidung unterstützt ebenso wie das wirtschaftliche Hilfsprogramm der USA für Europa, der Marshall-Plan, und die Währungsreform im Juni 1948 nachhaltig die Ankurbelung der westdeutschen Wirtschaft. Getragen von dem enormen Wiederaufbaubedarf eines schwer zerstörten Landes und begünstigt durch eine langanhaltende weltweite Hochkonjunktur setzt sich dieser wirtschaftliche Aufschwung ungebrochen bis in die sechziger Jahre hinein fort. Seine Früchte kommen nicht nur bald allen Bevölkerungsschichten in Form eines ständig steigenden materiellen Wohlstandes zugute. Das „Wirtschaftswunder" ermöglicht auch die rasche Lösung der ungeheuren sozialen Probleme, die Nationalsozialismus und Krieg der jungen Bundesrepublik als Erbe hinterlassen haben: Kriegsopferversorgung und Wiedergutmachung, Integration der Vertriebenen und Beseitigung der Wohnungsnot. Und es schafft die finanziellen Voraussetzungen, ein immer dichter geknüpftes Netz der sozialen Sicherung aufzubauen. Nicht zuletzt aber beschert die anhaltende wirtschaftliche Prosperität und das Fehlen scharfer sozialer Spannungen der Nachkriegsdemokratie jene innenpolitische Stabilität, an der es der Weimarer Republik so sehr gemangelt hat.

Die breite Zustimmung der Bevölkerung zum politischen und gesellschaftlichen System der Bundesrepublik zeigt sich – nach vorübergehenden Zersplitterungserscheinungen in den Anfangsjahren – in der zunehmenden Konzentration der Wählerstimmen auf wenige diese Ordnung tragende Parteien. Die größte Anziehungskraft geht dabei von der seit 1949 zunächst zusammen mit der FDP regierenden CDU/CSU mit Bundeskanzler Konrad Adenauer an der Spitze aus. Dessen herausragende, die ganze Ära prägende Stellung beruht vor allem auf seiner erfolgreichen Außenpolitik. Gegen den erbitterten Widerstand der stärker an der Zielsetzung der nationalen Einheit orientierten sozialdemokratischen Opposition gelingt es Adenauer mit seinem Konzept einer entschiedenen Westorientierung und dem Angebot einer Wiederbewaffnung, den deutschen Handlungsspielraum schrittweise bis zur vollen Souveränität zu erweitern und die Bundesrepublik schließlich als gleichberechtigtes Mitglied in die westliche Staatengemeinschaft einzufügen. Die enge Anlehnung an die Vereinigten Staaten, die Aussöhnung mit Frankreich und die unbedingte Mitwirkung bei der beginnenden europäischen Integration markieren die Grundlinien der Adenauerschen Politik. Allerdings vertieft sie im Ergebnis zugleich die Spaltung Deutschlands; das Ziel der Wiedervereinigung rückt in immer weitere Ferne.

Schon in den letzten Jahren der Regierungszeit Adenauers kündigt sich ein allmählicher Wandel jener besonderen Nachkriegskonstellation an, der die Bundesrepublik ihre Entstehung verdankte und die ihre Entwicklung bis dahin so sehr geprägt hatte. In der internationalen Politik wird der Kalte Krieg durch wachsende Bemühungen der USA und der Sowjetunion um eine Entspannung ihres Verhältnisses abgelöst. Durch sie gerät die Bundesrepublik außenpolitisch zunehmend in die Defensive. Im wirtschaftlichen Bereich geht Mitte der sechziger Jahre der außergewöhnliche Wiederaufbauboom seinem Ende entgegen. Der erste scharfe konjunkturelle Einbruch und die durch ihn verursachte Krise der CDU/CSU/FDP-Regierung unter Bundeskanzler Erhard im Herbst 1966 werden als so schwerwiegend empfunden, daß sich Unionsparteien und Sozialdemokraten zu ihrer Überwindung auf eine zeitlich begrenzte gemeinsame Regierungsarbeit verständigen. Vor allem aber zeigt sich eine steigende Bereitschaft, die im Zuge des Wiederaufbaus errichtete politische und soziale Ordnung zu reformieren und so den vielfach gewandelten Bedingungen anzupassen. Dieser Wunsch nach einem neuen Aufbruch äußert sich zum einen in zum Teil radikaler Form in der vor allem von Studenten getragenen Protestbewegung der ausgehenden sechziger Jahre. Zum anderen führt der Wille einer Mehrheit der Wählerschaft, außen- wie innenpolitisch neue Wege zu beschreiten, zum Machtwechsel von 1969, mit dem erstmals nach zwanzig Jahren unionsgeführter Bundesregierungen ein Sozialdemokrat das Amt des Bundeskanzlers übernimmt.

Die neue sozialliberale Bundesregierung konzentriert ihre außenpolitischen Bemühungen auf den Versuch, auch mit den osteuropäischen Staaten zu einem Ausgleich zu gelangen und die Voraussetzungen für ein gutnachbarliches Verhältnis zu schaffen. In Verträgen mit der Sowjetunion, Polen, der CSSR und der DDR werden Gewaltverzichtsvereinbarungen getroffen und die aus dem Zweiten Weltkrieg resultierenden Realitäten von der Bundesrepublik anerkannt. Zugleich gelingt es mit dem Vier-Mächte-Abkommen über Berlin und weiteren Vereinbarungen mit der DDR konkrete Verbesserungen für die Menschen in beiden Teilen Deutschlands zu erzielen. Der einschneidende Wandel gegenüber den bisher vertretenen Grundpositionen, der mit der neuen Ostpolitik vollzogen wird, löst allerdings heftige Kritik der CDU/CSU-Opposition und scharfe innenpolitische Kontroversen aus. Sie gipfeln in dem gescheiterten Versuch, Bundeskanzler Brandt durch ein konstruktives Mißtrauensvotum zu stürzen, und klingen erst nach dem deutlichen Sieg der sozialliberalen Koalition in der Bundestagswahl 1972 ab.

Über einen sehr viel längeren Zeitraum zieht sich dagegen die Umsetzung des umfassenden innenpolitischen Reformprogramms hin, mit dem die SPD/FDP-Regierung 1969 antritt. Trotz erheblicher Erfolge in der Rechts-, Bildungs-, Mitbestimmungs- und Sozialpolitik erweisen sich die ursprünglichen Erwartungen vielfach als zu hoch gespannt. Neben innenpolitischen Widerständen, die vor allem von den Unionsparteien ausgehen, zieht hier nicht zuletzt der wirtschaftliche Umschwung im Gefolge der Ölkrise vom Herbst 1973 die entscheidenden Grenzen. Der Führungswechsel in der sozialliberalen Koalition von Brandt und Scheel zu Schmidt und Genscher im Mai 1974 markiert auch jene grundlegende Veränderung der wirtschaftlichen und politischen Rahmenbedingungen, von der alle hochentwickelten Industriestaaten in dieser Zeit betroffen werden.

Die zeitweilige Bedrohung durch den Terrorismus, die Gefahren einer sich verstärkenden Umweltzerstörung und der sich wieder verschärfende Ost-West-Konflikt, vor allem aber die weltweite Wirtschaftskrise lösen eine allgemeine politische Umorientierung aus: An die Stelle des Reformelans der frühen siebziger Jahre tritt eine zunehmend pessimistischere Zukunftsbeurteilung. In den Mittelpunkt der politischen Bemühungen rückt nun mehr und mehr die Aufgabe der Krisenbewältigung. Die Wege, die hierzu beschritten werden sollen, und die Frage, wie und in welchen gewandelten Formen die politische und gesellschaftliche Ordnung der Bundesrepublik in ihrer Substanz über die schwierige politische und ökonomische Situation hinweg erhalten werden kann, sind Gegenstand der aktuellen politischen Auseinandersetzung.

I. 1945–1949: Die Jahre der Grundentscheidungen

1. Das Deutschland der Sieger

Seit September 1944 wird das Gebiet des Deutschen Reiches Schritt um Schritt durch alliierte Truppen besetzt. Am 8. Mai 1945 muß die militärische Führung Hitler-Deutschlands die bedingungslose Kapitulation unterzeichnen. Am 5. Juni 1945 schließlich proklamieren die USA, Großbritannien, Frankreich und die UdSSR die Übernahme der uneingeschränkten Regierungsgewalt im besiegten Deutschland. Hitlers Versuch, mit brutalster Gewalt eine Hegemonialherrschaft auf dem europäischen Kontinent zu errichten, hat mit der totalen Niederlage geendet; Deutschland ist zum bloßen Objekt der Politik der Siegermächte geworden.

Schon auf mehreren Konferenzen während des Krieges, zuletzt in Jalta auf der Krim, hatte sich die Anti-Hitler-Koalition auf Grundzüge einer europäischen Nachkriegsordnung und eine Reihe von Regelungen für die Behandlung Deutschlands verständigt. Große Teile des Reiches östlich von Oder und Neiße sollen abgetrennt werden und in polnische bzw. sowjetische Verwaltung übergehen, das Restgebiet in vier Besatzungszonen aufgeteilt werden und die alte Reichshauptstadt Berlin ein eigenes, von den vier Mächten gemeinsam regiertes Territorium bilden. Die Regierungsgewalt für ganz Deutschland soll in den Händen eines aus den vier Oberbefehlshabern zusammengesetzten Alliierten Kontrollrates liegen.

Im übrigen aber erschöpft sich die Einigkeit der Siegermächte in dem bloßen Willen, für die Zukunft jede Gefahr eines erneut von Deutschland ausgehenden Krieges auszuschließen und das nationalsozialistische Regime restlos zu beseitigen. Auch die auf der Potsdamer Konferenz vom 17. Juli bis 2. August 1945 erzielten Vereinbarungen, darunter die Bekenntnisse zur wirtschaftlichen Einheit Deutschlands und zum Neuaufbau einer demokratischen Ordnung, sind vielfach lediglich vage Umschreibungen der differierenden Zielvorstellungen. Sie können die fortbestehenden massiven Interessengegensätze kaum überdecken.

Der Alliierte Kontrollrat erweist sich deshalb bald in den meisten Fragen als entscheidungsunfähig; seine Kompetenzen gehen zunehmend auf die Oberbefehlshaber und Militärregierungen in den einzelnen Zonen über. Die geplanten deutschen Zentralver-

VII/260   Einmarsch amerikanischer Truppen im Rheinland März 1945

VII/261   Befreiung von KZ-Häftlingen in Dachau am 29. April 1945

VII/262   Flüchtlingstreck in Ostdeutschland 1945

VII/263   Plenarsitzung der Potsdamer Konferenz Juli/August 1945

waltungen scheitern am Veto Frankreichs, dessen Regierung entschlossen ist, jede Wiederbelebung der deutschen Einheit zu blockieren. Die Wirtschaftseinheit fällt den Auseinandersetzungen über die vor allem von der Sowjetunion geforderten Reparationen zum Opfer. In der Frage der Demokratisierung orientiert sich jede Besatzungsmacht, je weniger sich gemeinsame Lösungen abzuzeichnen scheinen, desto mehr an ihrem eigenen politischen System. Damit ist eine Auseinanderentwicklung der vier Zonen eingeleitet, die die später vollzogene Teilung Deutschlands erheblich begünstigt.

Zwischen Befreiung und Besatzung

Der Einmarsch der alliierten Truppen wird von der deutschen Bevölkerung je nach Siegermacht und eigener politischer Grundhaltung sehr verschieden erlebt und empfunden. Die Stunde der Niederlage, der größten Demütigung Deutschlands in seiner Geschichte ist zugleich die Stunde der Befreiung, der Beseitigung einer in ihrer Unmenschlichkeit singulären Gewaltherrschaft. Das Wortpaar Befreiung und Besatzung umschreibt aber auch das Dilemma, vor das sich die alliierte und die deutsche Politik in den folgenden Jahren gestellt sehen: dort den Willen der Sieger durchzusetzen und doch auf diesem Wege eine demokratische Ordnung zu begründen, hier deutsche Interessen zu vertreten und doch mit den Besatzungsmächten loyal zusammenzuarbeiten.

Die Politik der Besatzungsmächte

In der Deutschlandpolitik der Siegermächte überlagern sich in jeweils unterschiedlicher Mischung und Gewichtung Interessen und Ziele unterschiedlicher Art: das Sicherheitsbedürfnis wie die Forderung nach Reparationen; das Bestreben, Deutschland ganz oder in Teilen dem eigenen Einflußbereich einzuverleiben, wie die sehr verschieden verstandene Bereitschaft zur demokratischen Neuordnung Deutschlands. Zusammen mit den weltpolitischen Gegensätzen ergeben sich daraus Spannungen, die nur in einer kurzen Übergangsphase etwa bis zur Jahreswende 1946/47 Kompromisse zulassen.

Auch das im Krieg vereinbarte Besatzungssystem, die Aufteilung in vier Zonen, der Zwang zur Einstimmigkeit bei Kontrollratsentscheidungen und das ungeklärte Verhältnis zwischen der Vier-Mächte-Verwaltung und den Zonenbefehlshabern, ist nicht in der Lage, eine einheitliche Besatzungspolitik zu gewährleisten.

Die Entnazifizierung

Die Ahndung der unter der nationalsozialistischen Herrschaft begangenen Verbrechen und die Entfernung aller aktiven Nationalsozialisten aus ihren Stellungen gehören zu den wichtigsten Zielen der Siegermächte. Doch nur bei der Behandlung der Hauptkriegsverbrecher, über die das Internationale Militärtribunal in Nürnberg am 1. Oktober 1946 zwölf Todesurteile, sieben Haftstrafen und drei Freisprüche fällt, können sich die Alliierten noch auf ein gemeinsames Vorgehen einigen. In der eigentlichen Entnazifizierung werden in allen Zonen verschiedene Wege beschritten: Die Sowjetunion betrachtet sie primär als einen Teilaspekt der gesellschaftlichen Umwälzung im kommunistischen Sinne. Dagegen wird die Entnazifizierung im Westen, besonders in der amerikanischen Zone, als eine Frage der individuellen Schuld und der »Erziehung zur Demokratie« (Reeducation) gesehen. Im Zuge des Wiederaufbaus und im Zeichen des Kalten Krieges wird das anfangs rigorose Vorgehen allerdings zunehmend abgemildert und auf deutschen Druck hin schließlich 1948 de facto eingestellt. Den hohen in sie gesetzten Erwartungen ist die Entnazifizierung deshalb nicht gerecht geworden.

2. Die Demokratiegründung

Eine Stunde Null, einen völligen Neuanfang hat es 1945 nicht gegeben. Auch der Aufbau einer demokratischen Ordnung, zentrale Aufgabe nach den Jahren der Hitler-Diktatur, knüpft personell und in den politischen Konzeptionen vielfach an Weimarer oder gar ältere Tradition an. Zugleich wird er entscheidend durch die Vorstellungen der Besatzungsmächte geprägt.
Das stark föderalistische Konzept der Amerikaner sieht einen stufenweisen Aufbau von unten nach oben vor; zudem sollen sich alle Institutionen alsbald in Wahlen demokratisch legitimieren. Dagegen folgt die britische Politik, so sehr sie in vielem mit der der

VII/264 Die Anklagebank im Nürnberger Hauptkriegsverbrecherprozeß 1945/46

VII/265 Entnazifizierungsausschuß in Berlin 1946

VII/266 Arbeitssitzung im Büro Schumacher in Hannover 1946

VII/267 Sitzung der CDU/CSU-Arbeitsgemeinschaft im April 1948 in Frankfurt am Main

USA übereinstimmt, stärker dem Leitbild des dezentralisierten Einheitsstaates und ist nur zögernd bereit, deutschen Stellen eigene Befugnisse zu übertragen. Am restriktivsten verhalten sich die Franzosen; insbesondere unterbinden sie nahezu jeden Kontakt deutscher Politiker über Landes- und Zonengrenzen hinweg.

Wie in den Westzonen entsteht auch im sowjetischen Einflußbereich zunächst eine nicht nur rein formale demokratische Ordnung. Allerdings werden in dieser Zeit mit der sofortigen Einbindung der Parteien in den »antifaschistisch-demokratischen Block«, mit der Zwangsvereinigung von SPD und KPD zur Sozialistischen Einheitspartei Deutschlands (SED) im April 1946 und mit dem Aufbau von durch die SED beherrschten Massenorganisationen (FDGB, FDJ) zugleich die Grundlagen für die spätere Machtübernahme der Kommunisten geschaffen.

Auf deutscher Seite nehmen die neugegründeten politischen Parteien schon bald eine Schlüsselstellung ein. Neben der KPD gelingt es als ersten den Sozialdemokraten, sich wieder zu organisieren und einen geschlossenen Parteiwillen zu entwikkeln. Unter Führung von Kurt Schumacher kämpfen sie für eine parlamentarische Demokratie auf der Grundlage einer sozialistischen Wirtschaftsordnung – d. h. vor allem der Vergesellschaftung der Grundstoffindustrien und der betrieblichen Mitbestimmung –, betonen den Vorgang der nationalen Einheit und verfolgen eine entschieden antikommunistische Linie. Dagegen gelangen CDU und CSU als völlig neue Parteien, in denen sich Kräfte aus dem katholischen, liberalen und konservativen Lager zusammengefunden haben, erst später zu einer einheitlichen Programmatik und Politik. Mit Konrad Adenauer setzen sich 1948/49 die Anhänger der Westorientierung und der Sozialen Marktwirtschaft durch. In der FDP schließen sich die beiden seit 1866/67 in verschiedenen Parteien organisierten Flügel des Liberalismus zusammen. Zwischen ihnen wird jedoch noch lange um die Frage gerungen, was in der Partei den Vorrang haben müsse: das Prinzip bürgerlicher Interessenvertretung auf der Basis des Wirtschaftsliberalismus oder allgemein die Verteidigung und Ausweitung individueller Bürgerrechte.

Den Höhepunkt des Prozesses der Demokratiegründung bildet in den Westzonen schließlich die Ausarbeitung des Grundgesetzes durch den Parlamentarischen Rat. Ausgehend von den Erfahrungen mit der Weimarer Verfassung, in deutlicher Abwendung von jeder Art von Diktatur und in Anknüpfung an liberaldemokratische Traditionen des 19. Jahrhunderts bekennt sich mit dem Grundgesetz eine breite Mehrheit zur rechtsstaatlichen Ordnung, zur parlamentarischen Demokratie, zum Sozialstaat und zum föderalistischen Prinzip.

Der Neuanfang

Vielerorts finden sich schon während des alliierten Einmarschs – aufbauend auf dem Widerstand gegen das NS-Regime – anti-faschistische Gruppen zusammen. Sie versuchen die Bewältigung akuter Versorgungsprobleme ebenso in die Hand zu nehmen wie die Entnazifizierung und den demokratischen Neubeginn. Doch die Besatzungsmächte unterbinden jede politische Betätigung. Sie leiten mit der Einsetzung von Bürgermeistern und Landräten zunächst den Wiederaufbau der Verwaltung ein. Erst allmählich und unter strenger alliierter Aufsicht werden mit der Zulassung deutscher Zeitungen und neuen Rundfunkanstalten Voraussetzungen für ein demokratisches Leben geschaffen.

Die Gründung der Parteien und Gewerkschaften

Als erste Besatzungsmacht gibt die UdSSR – auch mit dem Ziel, die politische Entwicklung in ganz Deutschland zu prägen – bereits am 10. Juni 1945 den Weg für die Gründung von Parteien und Gewerkschaften frei. Eher zögernd folgen im Spätsommer die Amerikaner und Briten und gegen Jahresende die Franzosen. Nach dem Scheitern zeitweiliger Sammlungsbestrebungen auf der Linken und Rechten werden in allen Zonen mit nur wenigen regionalen Ausnahmen vier Parteien lizenziert: SPD und KPD werden wiedergegründet, die Liberalen schließen sich unter verschiedenen Namen (FDP, LDP, DVP) zusammen, und als neue Volksparteien katholischer wie evangelischer Christdemokraten bilden sich die CDU und in Bayern die CSU. Parallel hierzu organisieren sich die Arbeitnehmer in weltanschaulich neutralen, nicht an eine einzelne Parteirichtung gebundenen Industriegewerkschaften.

Die Neubildung der Länder

In allen Zonen werden 1945/46 – nicht zuletzt als Folge der Zerschlagung Preußens – neue Länder gebildet. Die Besatzungs-

VII/268 Sitzung des liberalen Parteivorstandes am 3. November 1947 in Frankfurt am Main

VII/269 Die Vertreter der Gewerkschaften der Bizone im Januar 1948 in Frankfurt am Main

VII/270   Eröffnung der Verfassunggebenden Landesversammlung in Württemberg-Baden, Juli 1946

VII/271   Schlußabstimmung des Parlamentarischen Rates über das Grundgesetz am 8. Mai 1949

mächte ziehen jene Grenzen, die in der Bundesrepublik mit Ausnahme des Südwestens noch heute Bestand haben. Eine herausgehobene Stellung nehmen die Länder in der amerikanischen Politik ein: Die Militärregierung überträgt den im Sommer 1945 eingesetzten Ministerpräsidenten und dem aus ihnen gebildeten Länderrat nicht nur fast alle früher dem Reich vorbehaltenen Befugnisse. Sie besteht auch auf dem raschen Ausbau der Länder zu parlamentarisch-demokratisch verfaßten Gemeinwesen: Noch vor dem Jahresende 1946 treten in Bayern, Hessen und Württemberg-Baden die von den Verfassunggebenden Landesversammlungen entworfenen und in Volksabstimmungen gebilligten Verfassungen in Kraft. Dieser mehrjährige Vorsprung vor den Bundesorganen trägt mit zu der herausgehobenen Stellung bei, die die Länder und ihre Repräsentanten in der politischen Ordnung der Bundesrepublik einnehmen.

Der Parlamentarische Rat und das Grundgesetz

Am 1. Juli 1948 übergeben die drei westlichen Militärgouverneure den Ministerpräsidenten der deutschen Länder in Frankfurt drei Dokumente; diese empfehlen unter anderem, bis zum 1. September einen »Parlamentarischen Rat« aus Mitgliedern der verschiedenen Landtage einzuberufen mit dem Ziel, für das Gebiet der drei Westzonen eine Verfassung auszuarbeiten, die dann nach Zustimmung durch die Besatzungsmächte in einer Volksabstimmung gebilligt werden soll. Die Militärgouverneure behalten sich gleichzeitig die »Ausübung ihrer vollen Machtbefugnisse« vor, »falls ein Notstand die Sicherheit bedroht und um nötigenfalls die Beachtung der Verfassungen und des Besatzungsstatuts zu sichern«.
In ihren auf dem »Rittersturz« bei Koblenz gefaßten Beschlüssen nehmen die Ministerpräsidenten eine Woche später zu den »Frankfurter Dokumenten« Stellung. Sie wollen die »Einberufung einer deutschen Nationalversammlung und die Ausarbeitung einer deutschen Verfassung« zurückstellen, »bis die Voraussetzungen für eine gesamtdeutsche Regelung gegeben sind und die deutsche Souveränität in ausreichendem Maße wiederhergestellt ist«. Die Militärgouverneure gehen darauf nicht ein. Nach erneuten Verhandlungen im Jagdschloß Niederwald bei Rüdesheim erklären sich die Ministerpräsidenten schließlich bereit, den geforderten Preis für eine eigenständige parlamen-

tarisch-demokratische Entwicklung zu zahlen. Allerdings soll
sich der westdeutsche Teilstaat nur auf ein »Grundgesetz«
gründen, das »dem staatlichen Leben für eine Übergangszeit
eine neue Ordnung« geben soll, wie es in der Präambel heißt;
erst eine vom ganzen deutschen Volk in freier Entscheidung
beschlossene Verfassung soll dieses Provisorium ablösen.
Im August 1948 erarbeitet ein von den Ministerpräsidenten der
Länder einberufener Sachverständigen-Ausschuß in Herren-
chiemsee einen Entwurf mit teilweise alternierenden Vorschlä-
gen, der dem Parlamentarischen Rat als Orientierung für die zu
leistende Arbeit dienen soll. Dieser Entwurf ruft in der Öffentlichkeit kritische Diskussionen hervor und führt auch zu einem
heftigen Meinungsstreit zwischen den Parteien über die Frage der Finanzverwaltung und der Länderrepräsentation. Am
1. September konstituiert sich der Parlamentarische Rat in
Bonn. Von den 65 Mitgliedern gehören je 27 der CDU/CSU und
der SPD an, fünf der FDP und je zwei der Deutschen Partei, der
Kommunistischen Partei Deutschlands und dem Zentrum. Fünf
Abgeordnete vertreten, allerdings nur mit beratender Stimme,
Berlin. Eine schwere Krise, die aus den Differenzen mit den
Militärgouverneuren über die Kompetenzverteilung zwischen
der Zentralgewalt und den Ländern erwächst und den Erfolg der
Arbeit im Parlamentarischen Rat gefährdet, wird schließlich
durch einen Kompromiß mit den Westmächten Ende April 1949
überwunden.
Am 8. Mai 1949 verabschiedet der Parlamentarische Rat mit 53
gegen zwölf Stimmen, die aus der CSU, der DP, der KPD und
dem Zentrum kommen, das »Grundgesetz für die Bundesrepublik Deutschland«. Nach der Billigung durch die Militärgouverneure am 12. Mai und der Ratifizierung durch die Länderparlamente – nur der bayerische Landtag lehnt ab, weil seine CSU-
Mehrheit die neue Verfassung für zu zentralistisch hält – versammeln sich am 23. Mai 1949 die Mitglieder des Parlamentarischen Rates, die Ministerpräsidenten der Länder, die Landtags-
präsidenten, die Vertreter der Militärregierungen und des Frankfurter Wirtschaftsrates in Bonn, um das Grundgesetz in einem
feierlichen Staatsakt zu verkünden.
Obwohl das Grundgesetz im Auftrag der Besatzungsmächte
erarbeitet worden ist, ist es eine eigenständige deutsche Ver-
fassungsleistung geworden, die in Rückbesinnung auf liberaldemokratische Traditionen und unter Auseinandersetzung mit den
Erfahrungen der Weimarer Verfassung und dem Nationalsozia-

lismus entstanden ist. Das Grundgesetz hat sich in den mehr als drei Jahrzehnten seiner Geltung als eine solide Basis für die Entwicklung einer stabilen Demokratie in der Bundesrepublik erwiesen. Seine entscheidenden Grundprinzipien sind in Art. 20 zusammengefaßt: das rechtsstaatliche Prinzip, also die Bindung allen staatlichen Handelns an Recht und Gesetz; das demokratische Prinzip, also die Forderung nach durchgängiger Legitimation aller staatlichen Gewalt durch das Volk; das sozialstaatliche Prinzip, d. h. die Verpflichtung des Staates auf den Gedanken der Chancengleichheit und der sozialen Gerechtigkeit, und das föderalistische Prinzip, d. h. die Verteilung der staatlichen Macht auf Bund und Länder. Diese vier zentralen und richtungweisenden Grundsätze werden in Art. 79 ausdrücklich für unabänderlich erklärt. Dasselbe gilt auch für den ersten Artikel des Grundrechtskatalogs, der alle staatliche Gewalt auf den Schutz der Menschenwürde und damit zugleich der Menschenrechte insgesamt verpflichtet. Diese Menschenrechte sind im Grundrechtskatalog ausführlich niedergelegt. Er knüpft an die liberalen Traditionen der Paulskirchenverfassung an und ist inhaltlich weitgehend identisch mit dem entsprechenden Teil der Reichsverfassung von 1849.

Zur Sicherung der in Art. 1–17 garantierten Freiheits- und Unverletzlichkeitsrechte ist bestimmt, daß sie als unmittelbar geltendes Recht die Gesetzgebung, die vollziehende Gewalt und die Rechtsprechung binden; Einschränkungen von Grundrechten sind zwar möglich, können aber gemäß dem Rechtsstaatsprinzip nur aufgrund eines Gesetzes erfolgen, das »den Wortlaut des Grundgesetzes ausdrücklich ändert oder ergänzt«. Die Gewaltenteilung, d. h. die Trennung von Legislative, Exekutive und Judikative, stärkt das Prinzip der Rechtsstaatlichkeit, erschwert den Mißbrauch der Staatsgewalt und verhindert Staatswillkür. Eine das Verfassungsrecht sichernde Verfassungsgerichtsbarkeit überwacht zudem die Verfassungsmäßigkeit der Gesetzgebung. So kann bei »Meinungsverschiedenheiten oder Zweifeln über die förmliche und sachliche Vereinbarkeit von Bundesrecht oder Landesrecht mit diesem Grundgesetze ... auf Antrag der Bundesregierung, einer Landesregierung oder eines Drittels der Mitglieder des Bundestages« das Bundesverfassungsgericht angerufen werden.

Durch ein System komplizierter, sich aufeinander beziehender Regelungen und Vorschriften versucht das Grundgesetz, die Elemente des Rechtsstaats gegen Eingriffe von einzelnen oder

Gruppen abzusichern. Zur Wahrung dieses höheren Rechtsgutes beschneidet es andere Rechte, die – für sich selbst genommen – durchaus zu den Grundrechten gehören können. Die Wahrnehmung eines Grundrechts kann verwehrt werden, wenn es zur Beseitigung oder Infragestellung eines anderen Grundrechts eingesetzt werden soll oder wird. Beispielsweise kann eine Partei, deren Ziele den im Grundgesetz formulierten Staatszielbestimmungen widersprechen, verboten werden.

Die unbedingte Bindung an das Gesetz rückt die Institution in den Mittelpunkt, die allein zur Gesetzgebung befugt ist: die Legislative, das von der Bevölkerung in allgemeinen, unmittelbaren, freien, gleichen und geheimen Wahlen gewählte Parlament. In ihm drückt sich das Prinzip der Volkssouveränität aus. Die Volksvertretung, der Bundestag, ist damit das wichtigste Organ der politischen Willensbildung. Zwar kann das Volk seinen politischen Willen auch unmittelbar artikulieren; in der Regel aber findet er seinen Ausdruck durch die vom Grundgesetz ausdrücklich zur Mitwirkung bei der politischen Willensbildung des Volkes aufgerufenen demokratischen Parteien und gelangt über ihre Mandatsträger in das Parlament. Plebiszitäre Elemente sieht das Grundgesetz als Verfassung einer repräsentativen Demokratie nur im Zusammenhang mit einer eventuellen Neugliederung des Bundesgebietes vor.

Mit dem Bekenntnis zum Sozialstaat gibt das Grundgesetz dem demokratischen Rechtsstaat einen materiellen Inhalt. Das sozialstaatliche Verfassungsprinzip setzt dem Staat die Aufgabe und das Ziel, das gesellschaftliche Leben im Sinne sozialer Gerechtigkeit zu ordnen. Auch zur Verwirklichung dieses Prinzips sind Eingriffe und Relativierungen von Grundrechten möglich. Insbesondere wird das Recht auf Eigentum insofern begrenzt, als sein Gebrauch ausdrücklich an den Gedanken des Gemeinwohls gebunden wird. Das Grundgesetz schließt in diesem Zusammenhang nicht aus, daß »Grund und Boden, Naturschätze und Produktionsmittel . . . in Gemeineigentum oder andere Formen der Gemeinwirtschaft überführt werden« können (Art. 15).

Eine wesentliche Säule der Verfassungsordnung der Bundesrepublik ist schließlich das föderalistische Prinzip, die Gliederung des Bundesgebietes in selbständige Bundesländer. Diese haben ihre eigenen Verfassungsordnungen, für die allerdings entsprechend dem Prinzip der Verfassungshomogenität gleichfalls die im Grundgesetz formulierten Normen bestimmend sein müssen. Die Verteilung der Kompetenzen zwischen dem Bund und den einzelnen Gliedstaaten ist dabei das entscheidende verfassungspolitische Problem. Die Erkenntnis, daß die wachsenden gesellschaftspolitischen und infrastrukturellen Aufgaben nur durch Kooperation zwischen Bund, Ländern und Gemeinden zu leisten sind, hat zu Kompromissen geführt, die zwar nicht in die autonomen Rechte der Bundesländer eingreifen, aber die Rahmenkompetenz des Bundes in den verschiedenen Bereichen betonen. Einer Entwicklung dieses »kooperativen Föderalismus« zum Bundeszentralismus setzt jedoch das bundesstaatliche Prinzip und die Garantie der kommunalen Selbstverwaltung Grenzen.

Bei der Verwirklichung des Ziels, die Rechtsstaatlichkeit der Bundesrepublik durch ein System des Kompetenzausgleichs und des Machtgleichgewichts zu sichern und dabei gleichzeitig die Stabilität der politischen Ordnung zu garantieren, haben sich die Väter der Verfassung nicht zuletzt von den Einsichten leiten lassen, die ihnen die Geschichte und das Ende der Weimarer Verfassung und die Erfahrungen mit dem Nationalsozialismus aufgedrängt haben. So sind sehr bewußt die in der Weimarer Verfassung noch stärker vorhandenen plebiszitären Elemente zugunsten des repräsentativen Gedankens zurückgedrängt. An die Stelle der direkten Wahl des Staatsoberhauptes durch das Volk, die in der Weimarer Republik zur Bildung zweier konkurrierender Machtzentren geführt hat, ist in diesem Sinne die Wahl durch eine Bundesversammlung getreten. Gleichzeitig sind die Rechte des Bundespräsidenten gegenüber denen des Reichspräsidenten der Weimarer Zeit erheblich eingeschränkt worden: er ist nur einmal wiederwählbar, besitzt nicht den militärischen Oberbefehl, kann nicht von sich aus den Ausnahmezustand verhängen, kann den Kanzler nicht selbständig ernennen oder entlassen, sondern ihn nur vorschlagen, und kann auch das Parlament nicht jederzeit auflösen. Die Richtlinien der Politik bestimmt der Bundeskanzler, dessen Stellung wesentlich stärker ist als die des Reichskanzlers der Weimarer Zeit: vom Vertrauen des Bundestages abhängig, kann er nicht durch ein einfaches Mißtrauensvotum vom Parlament gestürzt, sondern nur von einem gleichzeitig von der Mehrheit des Parlaments neugewählten Nachfolger abgelöst werden (konstruktives Mißtrauensvotum). Sperrmajoritäten, also negative Mehrheiten, die sich lediglich in der Ablehnung der Regierung einig sind, haben damit die politische Funktion, die in der Weimarer Republik den

Übergang von der parlamentarischen zur autoritären Regierungsform mit dem Reichspräsidenten an der Spitze mit ermöglicht hat, verloren. Während das parlamentarische System der Weimarer Republik durch eine Fülle auseinanderstrebender, oft antiparlamentarischer Parteien paralysiert worden ist, hat die Verpflichtung der im Bundestag vertretenen Parteien auf demokratische Grundsätze im Zusammenhang mit der stabilisierenden Wirkung der Fünfprozentklausel günstige Voraussetzungen für die Weiterentwicklung der Bundesrepublik im Sinne des demokratischen und sozialen Rechtsstaates geschaffen.

3. Die Neuordnung der Wirtschaft

Angesichts der Trümmerlandschaft, als die sich Deutschland 1945 dem Auge des Betrachters darbietet, scheint eine optimistische Einschätzung der künftigen Entwicklung der Wirtschaft und damit auch der Lebensverhältnisse der Bevölkerung wenig berechtigt zu sein. Die Industrieproduktion ist auf nicht einmal ein Drittel des Vorkriegsstandes gesunken. Gleichzeitig hat sich aber die Bevölkerungsdichte durch die fast zehn Millionen Vertriebenen und Flüchtlinge vor allem in der amerikanischen und britischen Zone deutlich erhöht. Die Situation auf dem Wohnungsmarkt ist auf das Äußerste angespannt. Schwerer noch wiegen die Ernährungsprobleme: Trotz alliierter Lebensmittellieferungen müssen die Tagesrationen mehrfach gekürzt werden – im Hungerwinter 1946/47 teilweise auf fast 1000 Kalorien. Die Wirtschaftspolitik der Siegermächte ist anfangs vor allem durch das Ziel beherrscht, das deutsche Kriegspotential zu vernichten und Entschädigungen für die eigenen Kriegsverluste zu erhalten. Über der Wirtschaft schwebt das Gespenst des Morgenthau-Plans, Deutschland in ein Agrarland zu verwandeln. Der im März 1946 vom Kontrollrat verabschiedete Industrieplan sieht neben dem Verbot ganzer Industriezweige vor, die deutsche Industrieproduktion auf 70−75 % des Standes von 1936 zu begrenzen. Zu seiner Realisierung kommt es jedoch nicht, da in den Auseinandersetzungen um die Reparationsfrage schon im Mai 1946 die deutsche Wirtschaftseinheit endgültig zerbricht.

Die USA und Großbritannien entschließen sich unter dem Eindruck der schlechten Versorgungslage und der zunehmenden Spannungen mit der UdSSR, der wirtschaftlichen Gesundung

VII/272   Zerstörte Bahnanlagen in Karlsruhe 1945

Demonteure, nun beginnt Euer Werk!

VII/273   Demontagen in der Oberhausener Ruhrchemie 1949

VII/274 Hungerdemonstration Münchener Studenten im Sommer 1947

ihrer Zonen den Vorrang einzuräumen. Beide Gebiete werden am 1. Januar 1947 wirtschaftlich zur sogenannten Bi-Zone zusammengelegt. In deren in mehreren Schritten ausgebauten Organen, insbesondere in dem von den Landtagen gewählten Wirtschaftsrat, können die Deutschen die Wirtschaftspolitik mehr und mehr in eigene Hände nehmen.

Die endgültige Weichenstellung folgt im Juni 1947 mit der Verkündung eines wirtschaftlichen Hilfsprogramms für ganz Europa durch den amerikanischen Außenminister Marshall: Die Unterstützung der USA – die Westzonen erhalten neben anderer Hilfe seit Herbst 1948 Lieferungen im Wert von 1,56 Milliarden Dollar – trägt nicht nur zur Ankurbelung der Wirtschaft bei. Der Marshall-Plan beschleunigt auch, weil der Osten erwartungsgemäß ablehnt, die Teilung Europas und Deutschlands. Und er führt zu einer Vorentscheidung im Ringen der deutschen Parteien um die Wirtschaftsordnung, da – wie die amerikanische Militärregierung auch deutlich werden läßt – sich Sozialisierungspläne mit der Integration der Westzonen in das westliche Wirtschaftssystem kaum vereinbaren lassen. Die Leitlinien für die Entwicklung der Bundesrepublik sind damit auch im wirtschaftlichen Bereich vorgezeichnet.

Wiederaufbau zwischen Mängelverwaltung und Demontagen

Dem allgemeinen Willen zum Wiederaufbau stehen im Nachkriegsdeutschland vielfältige Hindernisse entgegen: Zu den Kriegsschäden, die freilich für den industriellen Bereich in ihrem Ausmaß zunächst überschätzt worden sind, kommen die alliierten Demontagen. Rohstoffknappheit und Transportprobleme erweisen sich bald als ebenso hemmend wie die schlechte Ernährungslage. Nicht zuletzt ist der Wirtschaftskreislauf durch die Zerrüttung der Reichsmark-Währung und den Mangel an Waren jeder Art nachhaltig gestört; Zwangsbewirtschaftung und Schwarzer Markt bestimmen das Bild. Dennoch sind die Jahre vor der Währungsreform keine Zeit bloßer wirtschaftlicher Stagnation. Schon 1946 löst der Wiederaufbaubedarf einen Aufschwung aus, der allerdings im harten Winter 1946/47 abbricht und erst im Spätsommer 1947 erneut und dauerhafter in Gang kommt.

Von der Sozialisierungsdiskussion zur Sozialen Marktwirtschaft

Nicht nur Kommunisten und Sozialdemokraten können sich 1945 einen Wiederaufbau allein unter sozialistischem Vorzeichen vorstellen. Bis weit in die Reihen der CDU reichen die Befürworter einer Sozialisierung des Bergbaus und der Schlüsselindustrien, einer Umverteilung des landwirtschaftlichen Besitzes, eines umfassenden Ausbaus der Mitbestimmungsrechte und lenkender Eingriffe des Staates in die Wirtschaft (Ahlener Programm vom Februar 1947). Breite Mehrheiten stimmen in Hessen für den Sozialisierungsartikel der Landesverfassung und im nordrhein-westfälischen Landtag für die Verstaatlichung des Kohlebergbaus. Erst im Zeichen von Marshall-Plan und Währungsreform vollzieht sich ein Umschwung. Eine Koalition aus CDU/CSU, FDP und Deutscher Partei unterstützt im Frankfurter Wirtschaftsrat die von Ludwig Erhard initiierte Politik der Sozialen Marktwirtschaft.

Die Anfänge des »Wirtschaftswunders«

Schon mit der Gründung der Bizone und der Verkündung des Marshall-Planes haben sich die Bedingungen für einen wirtschaftlichen Wiederaufstieg Westdeutschlands erheblich verbessert. Doch erst nach der Entscheidung für einen westdeutschen Staat vollziehen die Westmächte die schon lange geplante Währungsreform. Am 20. Juni 1948 wird die nahezu wertlos gewordene Reichsmark im Verhältnis 1:10 abgewertet; jeder Westdeutsche erhält ein »Kopfgeld« von zunächst 40, später noch einmal 20 Deutsche Mark. Zugleich setzt Erhard im Wirtschaftsrat die Aufhebung einer Reihe von Bewirtschaftungsmaßnahmen durch. Diese Entscheidungen unterstützen nachhaltig den bereits in Gang gekommenen industriellen Aufschwung. Bereits Ende 1949 wird fast wieder der Vorkriegsstand erreicht. Weite Kreise der Bevölkerung profitieren jedoch erst später von dieser Entwicklung: Zwar füllen sich »über Nacht« die Schaufenster, doch steigen in den ersten Monaten die Preise – bei fortdauerndem Lohnstopp – kräftig an, die Arbeitslosenzahlen schnellen empor.

VII/275 Demonstration von Ruhrbergarbeitern für die Sozialisierung 1947

VII/276 Wiederaufbau mit den Mitteln des Marshall-Plans in den Westzonen

VII/277 Ausgabe der neuen DM-Banknoten am 20. Juni 1948

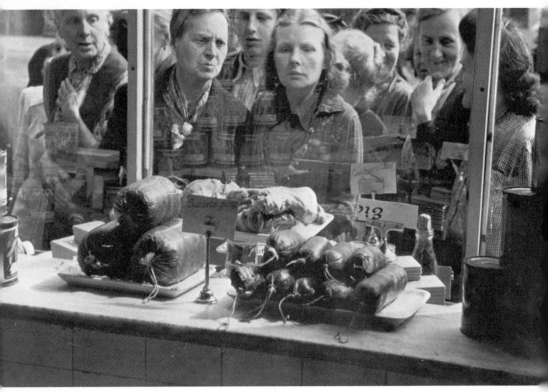

VII/278 Gefüllte Schaufenster nach der Währungsreform

4. Vom Reich zur Bundesrepublik

Bereits 1945 hört das Deutsche Reich de facto auf zu bestehen. Denn von Anfang an gelingt es den Siegermächten nicht, sich über eine einheitliche Besatzungspolitik zu verständigen und so die wirtschaftliche und politische Einheit Deutschlands zu erhalten. Mit dem Kalten Krieg, dessen Ursachen weit über Deutschland und dessen spezifische Probleme hinausreichen, wird die deutsche Teilung zunächst besiegelt.

Die Sowjetunion sieht in den westlichen Protesten gegen ihr Vorgehen in Osteuropa und in der Weigerung der USA, ihr die geforderten 10 Milliarden Dollar Reparationen zuzugestehen, eine Einkreisungspolitik der kapitalistischen Länder und geht offen zur Sicherung ihres Einflußbereichs über. Unter dem Eindruck dieser als expansiv empfundenen sowjetischen Politik verlassen die USA die bisherige Linie der Abgrenzung von Interessensphären und der partiellen Kooperation. Am 12. März 1947 verkündet der amerikanische Präsident die Truman-Doktrin, die den Übergang zu einer Politik der Eindämmung des Kommunismus markiert. Der neue Kurs findet seinen sichtbarsten Ausdruck im Marshall-Plan für den wirtschaftlichen Wiederaufbau (West-)Europas, der zugleich das Ziel verfolgt, die Sonderrolle Frankreichs in der Deutschlandpolitik zu beenden.

Nach dem Scheitern der Londoner Außenministerkonferenz der vier Mächte im Dezember 1947, das die Unüberbrückbarkeit der Gegensätze definitiv bestätigt, werden in rascher Folge die zur Gründung eines westdeutschen Staates notwendigen Schritte vollzogen. Auf sie antwortet die Sowjetunion mit Gegenzügen in ihrer Zone und Pressionsversuchen. Von einer Konferenz der sechs Mächte (USA, Großbritannien, Frankreich und die Benelux-Länder) in London, die Anfang Juni 1948 Grundzüge des künftigen Weststaates festlegt, führt der Weg über die Währungsreform und die Verfassungsberatungen des Parlamentarischen Rates zur Konstituierung der Bundesrepublik Deutschland am 23. Mai 1949.

Die westdeutschen Politiker und Parteien billigen, so schwer es ihnen auch zumeist fällt, die vorläufige Teilung Deutschlands zu akzeptieren, in ihrer überwiegenden Mehrheit das Vorgehen der Westmächte. Sie sehen darin die einzige Möglichkeit, die wirtschaftliche Notsituation in den Westzonen zu überwinden und wenigstens in einem Teil Deutschlands wieder eine eigenverantwortliche Politik verfolgen zu können. Sie gehen zudem noch von der Hoffnung aus, auf diesem Umweg in absehbarer Zeit auch die deutsche Einheit wiederherstellen zu können.

Der Kalte Krieg

Die weltweite Konfrontation zweier ideologisch konträrer Machtblöcke, die sich schon bei Kriegsende andeutet, greift 1946 immer stärker auf Europa über; ein »Eiserner Vorhang« (Churchill) senkt sich vor dem sowjetisch beherrschten Teil des Kontinents nieder. Deutschland gerät nun zunehmend in den Brennpunkt des Kalten Krieges. Im Zeichen des weltpolitischen Gegensatzes zwischen Ost und West werden die ohnehin zwischen den Siegermächten in der Deutschlandpolitik bestehenden Differenzen unüberbrückbar. Nach dem Scheitern der Moskauer Außenministerkonferenz im April 1947 ergreifen die USA die Initiative: Mit Unterstützung Großbritanniens und später auch Frankreichs werden die Westzonen schrittweise in das westliche Staatensystem einbezogen. Alle Bemühungen von deutscher Seite – wie die Münchener Ministerpräsidentenkonferenz, das einzige gesamtdeutsche Treffen der Länderchefs –, die sich abzeichnende Spaltung Deutschlands aufzuhalten, scheitern an dem engen von den Besatzungsmächten gesetzten Rahmen und den auch auf deutscher Seite schon unüberbrückbar gewordenen politischen Gegensätzen zwischen den Vertretern des sowjetischen Besatzungsgebiets auf der einen Seite und denen der drei westlichen Zonen auf der anderen.

Die Spaltung Berlins

Ihren Höhepunkt erreicht die Ost-West-Konfrontation in den Auseinandersetzungen um die Vier-Sektoren-Stadt Berlin. Die Sowjets nehmen die Währungsreform in den Westzonen am 24. Juni 1948 zum Anlaß einer Blockade aller Land- und Wasserverbindungen nach West-Berlin. Die Westmächte antworten – nicht zuletzt auf Betreiben von General Clay – mit der Luftbrücke: Elf Monate – bis zur Aufhebung der Blockade am 12. Mai 1949 – wird die Zwei-Millionen-Stadt vollständig aus der Luft versorgt. Während dieser Zeit vollzieht sich auch die Spaltung des politischen Lebens. Die Alliierte Kommandantur hatten die sowjeti-

VII/279   Die »Luftbrücke« während der Berliner Blockade 1948/49

VII/280   Erstürmung des Neuen Stadthauses in Berlin durch Demonstranten am 6. September 1948

VII/281   Die Militärgouverneure nach der Übergabe der Frankfurter Dokumente am 1. Juli 1948

VII/282   Unterzeichnung des Grundgesetzes im Parlamentarischen Rat am 23. Mai 1949

schen Vertreter bereits am 16. Juni 1948 verlassen. Im September verlegt die Mehrheit des Magistrats und der Stadtverordnetenversammlung nach Störungen durch kommunistische Demonstranten ihre Sitzungen in die Westsektoren. Zum Jahresende nehmen im West- und Ostteil der Stadt getrennte Verwaltungen ihre Arbeit auf. Die Machtbereiche sind damit abgesteckt. Der Versuch aber, West-Berlin in die sowjetische Zone einzubeziehen, ist gescheitert.

Die Entstehung von zwei deutschen Staaten

Unter der Führung der USA ziehen die Westmächte als erste die Konsequenz aus der Nachkriegsentwicklung. Mit der Übergabe der Frankfurter Dokumente am 1. Juli 1948 fordern sie die Ministerpräsidenten ihrer Zonen auf, eine Verfassung für einen westdeutschen Staat ausarbeiten zu lassen. Nur zögernd und unter dem Eindruck der Berliner Blockade und der Argumente des Berliner Oberbürgermeisters Ernst Reuter stimmen die Ministerpräsidenten zu – mit dem Vorbehalt, nur ein »Provisorium« zu schaffen. Am 23. Mai 1949 wird mit der Verkündung des Grundgesetzes die Bundesrepublik Deutschland offiziell gegründet. Die Sowjetunion zieht am 7. Oktober 1949 mit der Konstituierung der Deutschen Demokratischen Republik nach. Die Teilung Deutschlands ist zunächst besiegelt.

II. 1949–1963: Die Ära Adenauer

Die Konstituierung der parlamentarischen Demokratie

Die Wahl zum ersten Deutschen Bundestag

Nach einem harten Wahlkampf, in dessen Mittelpunkt das Ringen um den künftigen wirtschaftspolitischen Kurs der Bundesrepublik gestanden hat, sind die Stimmberechtigten am 14. August 1949 zur ersten Bundestagswahl aufgerufen. Aus ihr gehen CDU und CSU mit einem Stimmenanteil von 31,0 % als stärkste Fraktion hervor, dicht gefolgt von den Sozialdemokraten mit 29,2 %. Als dritte Kraft vermag sich die FDP (11,9 %) zu etablieren, daneben können acht weitere Parteien Parlamentssitze erringen. Damit hat eine deutliche Mehrheit der Wähler für die Parteien gestimmt, die Erhards Politik der Sozialen Marktwirtschaft unterstützen. Noch ist allerdings nicht entschieden, ob diese sich auch auf die Bildung einer gemeinsamen Regierung verständigen können.

Die Bildung der Regierung Adenauer

Vor allem in der CDU/CSU ist zunächst umstritten, ob das Gewicht der jetzt zu treffenden Entscheidungen nicht eine breite Regierungsmehrheit und damit eine Große Koalition aus Union und SPD erfordere oder ob, insbesondere aus wirtschaftspolitischen Überlegungen, eine »bürgerliche« Koalition zusammen mit FDP und DP gebildet werden solle. Konrad Adenauer gelingt es mit großem taktischen Geschick, die zweite Lösung in seiner eigenen Partei durchzusetzen und die Unterstützung der Koalitionspartner zu sichern. Am 12. September 1949 wird der FDP-Vorsitzende Theodor Heuss zum Bundespräsidenten, drei Tage später Adenauer selbst – mit nur einer Stimme Mehrheit – zum Bundeskanzler gewählt. In seinem Kabinett übernehmen neben der CDU, die mit fünf Ministern vertreten ist, die CSU und die FDP je drei sowie die DP zwei Ressorts.

VII/283   Die erste Bundesregierung nach ihrer Vereidigung am 20. September 1949

VII/284   Antrittsbesuch von Bundeskanzler Adenauer bei den Hohen Kommissaren am
           21. September 1949

VII/285 Unterzeichnung des EVG-Vertrages am 27. Mai 1952 in Paris

VII/286 Unterzeichnung des Deutschland-Vertrages am 26. Mai 1952 in Bonn

1. Wiederbewaffnung und Westintegration

Die neugegründete Bundesrepublik ist zunächst kein souveräner Staat. Auf dem Petersberg bei Bonn residieren als Vertreter der Besatzungsmächte die drei Hohen Kommissare. Die Bemühungen von Bundeskanzler Adenauer, der die Leitung der Außenpolitik von Anfang an ganz in seine Hände nimmt, sind deshalb nicht zuletzt darauf gerichtet, den deutschen Handlungsspielraum schrittweise zu erweitern.

Der von ihm eingeschlagene Weg ist bestimmt durch das Ziel der Westintegration. Eine enge Anlehnung an die Weltmacht USA, die Aussöhnung mit Frankreich und eine zunehmende politische und wirtschaftliche Verflechtung mit den westeuropäischen Nachbarländern sind die entscheidenden Elemente. Den Schlüssel zur Erreichung dieses Ziels sieht Adenauer in dem Angebot einer westdeutschen Wiederbewaffnung, an der die Westmächte angesichts der Zuspitzung des Ost-West-Konflikts überaus interessiert sind. Gegen diesen Kurs opponieren vor allem die Sozialdemokraten unter der Führung Kurt Schumachers und später Erich Ollenhauers. Sie lehnen mehrheitlich zwar weder die Zusammenarbeit mit den Westmächten noch die Wiederbewaffnung prinzipiell ab, kritisieren aber das oft eigenmächtige Vorgehen Adenauers und sind insbesondere stärker an der Zielsetzung eines wiedervereinigten Deutschland orientiert.

Doch setzt sich die Politik der von Adenauer geführten Bundesregierung durch, die sich seit den Wahlen zum zweiten Deutschen Bundestag im Herbst 1953 auf eine breite Zustimmung der Wählerschaft stützen kann. Über das gescheiterte Projekt einer Europäischen Verteidigungsgemeinschaft führt sie 1955 zur Aufnahme der Bundesrepublik in die NATO, zur Beendigung des Besatzungsregimes und zum Aufbau der Bundeswehr. 1957 folgen die Rückgliederung des Saargebietes und die Gründung der Europäischen Wirtschaftsgemeinschaft. 1963 besiegeln dann Adenauer und de Gaulle den Prozeß der deutsch-französischen Aussöhnung mit der Unterzeichnung eines Freundschaftsvertrages. Seit 1960 wird diese Einbindung der Bundesrepublik in die westliche Staatengemeinschaft von der SPD in allen Teilen, also auch in den bisher umstrittenen militärischen, akzeptiert.

Adenauers Erwartungen, gestützt auf die Stärke des westlichen Bündnisses der Sowjetunion auch die Wiedervereinigung abringen zu können, erfüllen sich allerdings nicht. Als Folge des Kalten Krieges und der Politik der Westintegration vertieft sich im Gegenteil die Spaltung Deutschlands. Sie wird vollendet und findet ihren sichtbarsten Ausdruck am 13. August 1961 im Bau der Berliner Mauer.

Die Ausgangssituation

Adenauers Bemühungen, durch deutsche Vorleistungen das Besatzungsregime Stück für Stück abzutragen, bringen bereits am 22. November 1949 im Petersberger Abkommen einen ersten Erfolg: Gegen die Bereitschaft, in der Internationalen Ruhrkontrollbehörde mitzuarbeiten, erreicht Adenauer die Zusage einer baldigen Beendigung der Demontagen. Die volle Gleichberechtigung will der Bundeskanzler auf dem Wege der westeuropäischen Integration gewinnen, die sich in den meisten Ländern auf eine breite Zustimmung, ja auf eine regelrechte Europabegeisterung stützen kann. Beschleunigt wird diese Entwicklung durch die Bestrebungen, die sich mit dem Ausbruch des Korea-Krieges im Juni 1950 verstärken, die Bundesrepublik zu einem Beitrag zur westlichen Verteidigung zu veranlassen.

Die Europäische Verteidigungsgemeinschaft

Der erste Schritt zu einer europäischen Zusammenarbeit erfolgt mit der Gründung der Montan-Union durch Frankreich, Italien, die Benelux-Länder und die Bundesrepublik im April 1951 auf wirtschaftlichem Gebiet. Auch die deutsche Wiederbewaffnung soll im europäischen Rahmen, in Form einer integrierten Armee dieser sechs Staaten, durchgeführt werden. Als Gegenleistung gewähren die drei Westmächte der Bundesrepublik im Deutschland-Vertrag, der am 26. Mai 1952 – einen Tag vor dem EVG-Vertrag – in Bonn unterzeichnet wird, die Souveränität und verpflichten sich, mit ihrer Politik weiterhin für die Wiedervereinigung Deutschlands einzutreten. Die Sowjetunion hat noch kurz zuvor versucht, die Vertragsunterzeichnungen durch das Angebot zu verhindern, sie werde gegen die Zusage der Neutralität und die Abtretung der Ostgebiete die Wiederherstellung der deutschen Einheit zulassen.

VII/287   Der 17. Juni 1953 in Ost-Berlin

VII/288 Bundeskanzler Adenauers erster Besuch bei der Bundeswehr am 20. Januar 1956 in Andernac

VII/289 Herbert Wehner bei seiner Bundestagsrede am 30. Juni 1960

Die innerdeutsche Diskussion

Mit großer Leidenschaft wird seit 1949 um die außenpolitische Orientierung der Bundesrepublik gerungen. Besonders heftige Proteste löst angesichts des erst wenige Jahre zurückliegenden Krieges das Angebot einer westdeutschen Wiederbewaffnung aus. Im Kern aber kreisen die Auseinandersetzungen um die Frage, ob nur durch die Bindung an den Westen die Sicherheit der Bundesrepublik garantiert und langfristig auch die Wiedervereinigung erreicht werden könne oder ob diesem Ziel der absolute Vorrang eingeräumt werden und jeder Schritt, der die Spaltung vertiefe, unterbleiben müsse. Einen Höhepunkt erreichen diese Debatten in der Auseinandersetzung um die Ernsthaftigkeit der Stalinschen Vorschläge, wie sie in den sowjetischen Noten vom März/April 1952 an die drei Westmächte enthalten sind.

Der Beitritt zur NATO und die Erlangung der Souveränität

Nach dem Tod Stalins im März 1953 entspannt sich die internationale Lage. Alle Hoffnungen auf eine Kurskorrektur auch in der sowjetischen Deutschlandpolitik erweisen sich aber nach dem 17. Juni 1953, nach dem Volksaufstand in Ost-Berlin und der DDR, der mit Hilfe sowjetischer Panzer niedergeschlagen wird, als verfehlt. Der EVG-Vertrag findet am 30. August 1954 in der französischen Nationalversammlung keine Mehrheit. Binnen weniger Wochen werden nun neue Verträge ausgehandelt und am 23. Oktober 1954 in Paris unterzeichnet: Die Bundesrepublik wird in die NATO, das westliche Verteidigungsbündnis, aufgenommen. Nun kann auch der Deutschland-Vertrag von 1952 in einer revidierten Fassung in Kraft treten. Am 5. Mai 1955 wird die Bundesrepublik Deutschland ein souveräner Staat. Nur noch für Deutschland als Ganzes und für Berlin behalten sich die Alliierten besondere Rechte vor.

Die innenpolitischen Folgen

Nach dem NATO-Beitritt werden in kürzester Zeit westdeutsche Streitkräfte aufgebaut; bereits im November 1955 rücken die ersten Freiwilligen in die Kasernen ein. Die Wehrgesetzgebung, mit der 1956 die allgemeine Wehrpflicht eingeführt wird, findet in Teilen auch die Zustimmung der sozialdemokratischen Opposition, nachdem insbesondere auf ihr Drängen Elemente stärkerer politischer Kontrolle und Veränderungen der Führungsstruktur in die Wehrverfassung eingefügt worden sind. Die Auseinandersetzungen flammen jedoch 1957 noch einmal auf, als Pläne für eine atomare Bewaffnung der Bundeswehr bekannt werden. Besonders schwer fällt den einflußreichen Vertriebenenverbänden die Einsicht, daß die Rückgewinnung der Gebiete östlich von Oder und Neiße zunehmend zur Illusion wird. Bis in die sechziger Jahre wagt jedoch keine der großen Parteien, hieran zu rühren.

Der Ausbau der Westintegration

Mit der Eingliederung des Saargebietes in die Bundesrepublik am 1. Januar 1957 wird auch dieses die deutsch-französischen Beziehungen belastende Problem gelöst, nachdem die Saarbevölkerung die zunächst vereinbarte Europäisierung in einer Volksabstimmung abgelehnt hat. Die Bemühungen um die europäische Integration verlagern sich im März 1957 mit der Gründung der Europäischen Wirtschaftsgemeinschaft von den hochfliegenden, aber nicht realisierbaren Plänen einer politischen Union auf konkrete Fortschritte vor allem in den Handelsbeziehungen. Die tragende Säule der deutschen Westpolitik bildet – neben der engen Anlehnung an die USA – gerade auch nach der Amtsübernahme General de Gaulles im Jahre 1958 die intensive Zusammenarbeit zwischen Frankreich und der Bundesrepublik.

Das Verhältnis zum Ostblock

Die Sowjetunion beantwortet das Inkrafttreten der Pariser Verträge im Mai 1955 mit der Gründung des Warschauer Paktes, in den auch die DDR aufgenommen wird. Die sowjetische Politik geht nun von der Existenz zweier deutscher Staaten aus. Dies kommt auch in der Einladung an Bundeskanzler Adenauer zu einem Moskau-Besuch zum Ausdruck. Gegen die Zusage der Freilassung der restlichen deutschen Kriegsgefangenen erklärt sich Adenauer zur Aufnahme diplomatischer Beziehungen bereit. Damit sind erstmals in einer Hauptstadt zwei deutsche

VII/290 Rückgliederung des Saargebietes am 1. Januar 1957

VII/291 Adenauer und de Gaulle am 22. Januar 1963 nach Unterzeichnung des deutsch-französischen Freundschaftsvertrags

VII/292   Empfang von Bundeskanzler Adenauer auf dem Moskauer Flughafen am 8. September 1955

VII/293   Bau der Berliner Mauer am 13. August 1961

Botschafter vertreten. Um eine weltweite Anerkennung der DDR zu verhindern, verkündet die Bundesrepublik die sogenannte Hallstein-Doktrin: Nach ihr wird die Bundesrepublik zu keinem Staat, der seinerseits die DDR anerkennt, diplomatische Beziehungen unterhalten. Nur die Sowjetunion soll wegen ihrer Verantwortung für ganz Deutschland als Ausnahme gelten. In den folgenden Jahren rückt allerdings nicht nur das Ziel der Wiedervereinigung in immer weitere Ferne, sondern die deutsche Ostpolitik gerät auch zunehmend in die Defensive gegenüber dem allmählich auch im Westen steigenden Interesse an einer Entschärfung des Ost-West-Konflikts.

2. Das »Wirtschaftswunder«

Grundlage aller politischen und sozialen Stabilität in der Ära Adenauer ist der außerordentliche und über anderthalb Jahrzehnte ungebrochene wirtschaftliche Aufschwung. Mit jährlichen realen Zuwachsraten um 10 % steigt die Bundesrepublik binnen kürzester Zeit von einem eben noch schwer zerstörten und auch ökonomisch daniederliegenden Land zum drittgrößten Industriestaat der Erde auf. Schon Anfang der fünfziger Jahre wird vor allem im Ausland von einem deutschen »Wirtschaftswunder« gesprochen.

Der Nachkriegsboom wird – über die allgemeine Leistungsbereitschaft der Bevölkerung hinaus – insbesondere getragen durch den enormen Wiederaufbau- und Nachholbedarf sowie durch das vorhandene Potential qualifizierter Arbeitskräfte, das sich zudem noch die ganzen fünfziger Jahre über durch Vertriebene und Flüchtlinge weiter vermehrt. Günstige Einflüsse gehen auch von dem parallelen Aufschwung der Weltwirtschaft, mit der die Bundesrepublik im Zuge der Westintegration schon bald wieder eng verflochten ist, der Kooperationsbereitschaft von Gewerkschaften und Arbeitgebern und nicht zuletzt der staatlichen Wirtschaftspolitik aus.

Unter der Federführung von Wirtschaftsminister Ludwig Erhard orientiert sie sich an dem Konzept der Sozialen Marktwirtschaft. Ihm liegt das Modell einer auf dem Privateigentum beruhenden Wettbewerbswirtschaft zugrunde, die sich unter bewußter Ablehnung dirigistischer Staatseingriffe nach den Gesetzen des Marktes entfalten soll. Die Rolle des Staates soll sich darauf beschränken, die für das Funktionieren des Marktes notwendi-

gen Rahmenbedingungen zu schaffen, Störungen des Wettbe-
werbs, etwa durch übermäßige Konzentrationsprozesse, zu unterbinden und vor allem auch soziale Fehlentwicklungen auszu-
gleichen.

Die fünfziger Jahre sind allerdings nicht nur eine Periode stürmischen wirtschaftlichen Wachstums und Wiederaufbaus. In ihnen
beginnt auch jener tiefgreifende Strukturwandel, der in seiner
ganzen Schärfe und mit seinen weitreichenden sozialen Folgen
erst im nachfolgenden Jahrzehnt zu Tage tritt. In Industrie und
Handel wird der Klein- und Mittelbetrieb zunehmend durch den
Großbetrieb bedrängt. Neben den traditionellen Industriegebie-
ten entstehen neue Wirtschaftszentren. Der Ausbau der Verkehrswege verändert das Landschaftsbild und nicht zuletzt das
Aussehen der Städte. Alles dies führt zu einer durchgängigen
Modernisierung aller Lebensbereiche, vor deren Hintergrund
die fünfziger Jahre von heute her als eine eher idyllische Zeit
erscheinen.

Die Wirtschaftsentwicklung und ihre Ursachen

Nach schwierigen Anfangsjahren, in denen zwar zeitweise bereits
hohe Wachstumsraten erreicht werden, aber zugleich eine hohe
Arbeitslosigkeit und erhebliche Zahlungsbilanzprobleme verkraf-
tet werden müssen, beginnt Mitte 1951 – auch als Folge des weltweiten Korea-Booms – die kontinuierliche Aufwärtsentwicklung
der westdeutschen Wirtschaft. Das Bruttosozialprodukt verdrei-
facht sich zwischen 1950 und 1960. 1961 wird mit einer Arbeits-
losenquote unter 1 % praktisch die Vollbeschäftigung erreicht.
Der Preisanstieg bleibt während der ganzen Periode unter 3 %.
Abgerundet wird diese Leistungsbilanz durch die Exporterfolge
der deutschen Wirtschaft, die der Bundesbank bald einen wachsenden Gold- und Devisenbestand bescheren und 1958 den
Abbau der letzten Devisenbeschränkungen ermöglichen.

Die Wirtschaftspolitik

Ihre eigentliche Bewährungsprobe hat die Politik der Sozialen
Marktwirtschaft in den ersten Jahren der Bundesrepublik zu
bestehen. Erhards Kurs einer konservativen Finanzpolitik und
der Bevorzugung der Exportwirtschaft will vor allem Investi-

VII/294   Fließbandproduktion von Volkswagen 1949

VII/295   2. Europäische Werkzeugmaschinenausstellung in Hannover im September 1952

VII/296   Flüchtlingslager in Schleswig-Holstein 1945

VII/297   Fertigstellung der einmillionsten öffentlich geförderten Wohnung im Dezember 1955

tionsanreize geben, den Konsum aber zunächst zurückhalten. Er setzt insofern bewußt auf eine vorübergehende soziale Unausgewogenheit. Nur durch die Zurückhaltung der Gewerkschaften wird diese schwierige Phase überstanden. Danach steht die Wirtschaftspolitik eher vor der Aufgabe, der Gefahr einer Konjunkturüberhitzung vorzubeugen. Daneben bleiben starke lenkende Staatseingriffe in einzelnen Wirtschaftsbereichen bestehen: etwa in der Rohstoffversorgung und auf dem Ernährungssektor, im Verkehrswesen und auf dem Wohnungsmarkt.

Die Anfänge der Wohlstandsgesellschaft

Etwa seit 1952/53 kommen die Früchte des wirtschaftlichen Aufschwungs auch breiteren Schichten der Bevölkerung in Form von kräftigen realen Einkommensverbesserungen zugute. Die allmähliche Steigerung des Lebensstandards zeigt sich in regelrechten Konsumwellen, die durch die jeweils vorrangigen Bedürfnisse der Bevölkerung bestimmt sind: einer »Eß-«, »Kleidungs-« und dann »Wohnungswelle« folgt gegen Ende der fünfziger Jahre schließlich der Trend zu Reise und Urlaub. Parallel hierzu übernimmt mehr und mehr das Auto die Rolle des zentralen Statussymbols. Tiefe Spuren hinterläßt der sich ausbreitende Wohlstand nicht zuletzt in der Grundeinstellung einer überwiegenden Mehrheit der Bevölkerung: Die Konzentration auf materielle Verbesserungen, auf Familie und häusliches Leben und der Stolz auf das Erreichte drängen das Interesse an der Politik und an gesellschaftlichen Veränderungen vielfach in den Hintergrund.

3. Der Sozialstaat

Das Grundgesetz erhebt das Sozialstaatsprinzip zu einer zentralen Richtschnur staatlichen Handelns. Der neugegründeten Bundesrepublik stellen sich als Folge des Krieges und der nationalsozialistischen Politik soziale Probleme größten Ausmaßes. Nicht zuletzt der außerordentliche wirtschaftliche Aufschwung der fünfziger Jahre schafft die Voraussetzungen, sie in kürzester Frist und zumeist mit Zustimmung breiter parlamentarischer Mehrheiten zu lösen.
Nach der Überwindung der unmittelbaren materiellen Not, die

1949 schon weitgehend abgeschlossen ist, zählen die Versorgung der Kriegsopfer, die Beseitigung der Wohnungsnot und die Eingliederung der Vertriebenen und Flüchtlinge zu den vordringlichsten Aufgaben. Mit einer kaum überschaubaren Fülle von Gesetzen, die erhebliche Leistungen aus den öffentlichen Haushalten vorsehen und auch die im Arbeitsprozeß Stehenden bis an die Grenze des Möglichen mit Steuern und Sozialabgaben belasten, werden sie in Angriff genommen. Neben dem Sozialen Wohnungsbau nimmt dabei vor allem der Lastenausgleich eine Schlüsselstellung ein – eine teilweise Umverteilung der noch vorhandenen Vermögen vor allem zugunsten der Vertriebenen, aber auch anderer durch Krieg und Währungsreform Geschädigter.

Mit dem fortschreitenden wirtschaftlichen Aufstieg der Bundesrepublik ergibt sich seit Mitte der fünfziger Jahre die Möglichkeit und Notwendigkeit, über die Bewältigung der von der Vergangenheit aufgebürdeten Lasten hinaus soziale Reformen anzugehen. Sie werden zum Teil von den Gewerkschaften in Tarifvereinbarungen durchgesetzt, wie die Einführung der Fünf-Tage-Woche und der allmähliche Übergang zur Vierzig-Stunden-Woche, zum Teil sind sie das Ergebnis gesetzgeberischer Maßnahmen, so nicht zuletzt die große Rentenreform des Jahres 1957.

Die mit den Stimmen von CDU/CSU, SPD und BHE verabschiedete Neuregelung des Rentenrechts paßt das in seinen Grundgedanken seit Bismarck unveränderte Versicherungssystem durchgreifend den gewandelten wirtschaftlichen und sozialen Bedingungen an. Im Mittelpunkt steht das neue Prinzip der dynamischen Rente, nach dem die Rentenzahlungen jährlich an die allgemeine Einkommensentwicklung angeglichen werden. Damit wird den Rentenempfängern – bis dahin Stiefkindern des »Wirtschaftswunders« – nicht nur eine erhebliche Aufbesserung ihrer Bezüge gewährt, sondern auch für die Zukunft ihr Anteil an der Steigerung des Lebensstandards gesichert.

Die Bewältigung der Kriegsfolgen

Die größte sozialpolitische Aufgabe besteht in der Eingliederung der etwa 10 Millionen Vertriebenen und Flüchtlinge, die zudem noch durch ihre sehr ungleichmäßige Verteilung auf die Bundesländer erschwert wird. Nach entbehrungsreichen Anfangsjahren

samstags
gehört Vati
mir

1. MAI

DEUTSCHER GEWERKSCHAFTSBUND

VII/298   Plakat des Deutschen Gewerkschaftsbundes für die Fünf-Tage-Woche, 1958

VII/299   Bundeskanzler Adenauer im Bundestagswahlkampf 1957

VII/300   Godesberger Bundesparteitag der SPD im November 1959

mit oft langem Lageraufenthalt und Arbeitslosigkeit gelingt den meisten Vertriebenen mit Hilfe der staatlichen Unterstützungsmaßnahmen die Integration. Dieser sozialpolitische Erfolg ist auch daran ablesbar, daß die Vertriebenenpartei BHE 1957 nicht wieder in den Bundestag einzuziehen vermag. Ein besonderes Problem bildet schließlich die Wiedergutmachung des von den Nationalsozialisten vor allem an der jüdischen Bevölkerung begangenen Unrechts, für die die Bundesrepublik nicht nur individuelle Entschädigungen, sondern auch Zahlungen an den Staat Israel in Höhe von 3,45 Milliarden DM leistet.

Die sozialen Reformwerke

Neben den Arbeitszeitverkürzungen und dem Ausbau des Systems der sozialen Sicherung steht als dritter Schwerpunkt sozialpolitischer Reformen in den fünfziger Jahren die Einführung von Mitbestimmungsrechten der Arbeitnehmer, für die die Gewerkschaften mit besonderem Engagement kämpfen. Im Montanmitbestimmungsgesetz von 1951, das für die Kohle-, Eisen- und Stahlindustrie u.a. die gleichgewichtige Vertretung von Kapital- und Arbeitnehmerseite in den Aufsichtsräten vorschreibt, können sie sich weitgehend durchsetzen. Ihnen kommt zugute, daß die Montanindustrie mit dem Zugeständnis der Mitbestimmung alliierte Auflagen zur Entflechtung der betreffenden Konzerne abzuwenden vermag. Dagegen bleibt das Betriebsverfassungsgesetz von 1952, das für die übrigen Unternehmen der Arbeitnehmerseite nur ein Drittel der Aufsichtsratssitze zugesteht, hinter den gewerkschaftlichen Forderungen zurück.

4. Die Kanzlerdemokratie

Die innenpolitische Entwicklung der Bundesrepublik in der Ära Adenauer erscheint – gerade vor dem schon von den Zeitgenossen häufig beschworenen Hintergrund der Weimarer Republik – als ein Muster an Stabilität. Entscheidend begünstigt durch den raschen wirtschaftlichen Wiederaufstieg und die anhaltende Hochkonjunktur wandelt sich vor allem das Parteiensystem zu einem stabilisierenden Faktor: Die CDU/CSU und – ihrem erfolgreichen Beispiel folgend – später auch die SPD entwickeln sich zu modernen Volksparteien, in deren Politik das ideologische Moment mehr und mehr hinter einem stark pragmatischen Zug zurücktritt und deren Anhängerschaft die Grenzen der traditionellen politischen Milieus überspannt. Nur die FDP, die ihre Rolle teils als liberales Korrektiv der Union, teils als unabhängige dritte Kraft versteht, vermag sich auf Dauer der Sogwirkung dieser beiden großen politischen Lager zu entziehen.

Zu dieser Stabilität trägt aber auch die Persönlichkeit des ersten Bundeskanzlers maßgeblich bei. Adenauer gelingt es, die im Grundgesetz angelegte herausgehobene Stellung des Regierungschefs so auszufüllen, daß hierfür das Wort von der Kanzlerdemokratie geprägt wird. Ihre Ursprünge liegen sowohl in den außenpolitischen Aktivitäten Adenauers wie in seiner Fähigkeit, eine Koalition höchst heterogener Kräfte zusammenzuhalten und für sich zu nutzen. Darüber hinaus erfüllt Adenauer für einen großen Teil der mittleren und älteren Generation eine eminent wichtige Brückenfunktion zwischen obrigkeitsstaatlicher Vergangenheit und pluralistisch-demokratischer Gegenwart.

Nach der Dynamik der Anfangsjahre beginnt das politische System mit dem so erfolgreichen Kanzler als alles beherrschender Zentralfigur an der Spitze jedoch auch Anzeichen der Erstarrung zu zeigen. Die Bewahrung des Erreichten – »Keine Experimente« lautet der CDU-Wahlslogan 1957 – tritt jetzt in den Vordergrund. Die Autorität und Dominanz des über 80 Jahre alten Kanzlers wird von vielen zunehmend als ein lähmendes Element empfunden. Auch mancher andere Zug der Innenpolitik dieser Ära – der vehemente Antikommunismus oder die Neigung, die Vergangenheit möglichst ruhen zu lassen – erscheint vielen Kritikern nun als Hypothek für die weitere Entwicklung.

Die Auseinandersetzung mit dem politischen Extremismus

In den Anfangsjahren der Bundesrepublik sind die vom politischen Extremismus ausgehenden Gefahren noch nicht gebannt. Im Falle der KPD besiegelt das Verbotsurteil des Bundesverfassungsgerichts von 1956 zwar nur den schon seit längerem unübersehbaren Abstieg. Aber auf dem rechten Spektrum wird mit der Auflösung der Sozialistischen Reichspartei im Jahre 1952 eine zuvor vor allem in Norddeutschland gefährlich aufkommende und das deutsche Ansehen im Ausland schwer schädigende Bewegung gestoppt. Als schwieriger erweist sich dagegen die Bewältigung des dahinter stehenden Problems der nationalsozialistischen Vergangenheit. Durch die ganze Ära Adenauer ziehen sich Auseinandersetzungen um den Aufstieg von belasteten Personen in politische Führungspositionen der jungen Demokratie.

Stabilität und Wandel des Parteiensystems

Über das Extremistenproblem hinaus geraten mit dem Ende der alliierten Aufsicht die 1945/46 lizenzierten Parteien unter den Druck neugegründeter Flüchtlings- und Regionalbewegungen. Unterstützt durch die 5%-Sperrklausel wird jedoch in wenigen Jahren die Tendenz zur Parteienzersplitterung aufgefangen und in einen massiven Trend hin zum Dreiparteiensystem umgekehrt. Vor allem die regierende CDU/CSU zeigt sich zur Integration eines breiten politischen Spektrums fähig. Diesem Konzept der Volkspartei öffnet sich 1959 mit dem Godesberger Programm auch die SPD. Der seit 1949 mit der Union koalierenden FDP gelingt es, die Folgen der durch Adenauers Wahlrechtspläne ausgelösten Regierungskrise und Parteispaltung von 1956 – alle vier FDP-Minister und weitere zwölf Bundestagsabgeordnete verlassen die Partei wegen der Bildung einer sozialliberalen Landesregierung in Nordrhein-Westfalen – in der Opposition zu überwinden und sich als selbständige politische Kraft zu behaupten.

Das Ende der Ära Adenauer

Nach der Bundestagswahl 1957, in der die CDU/CSU mit 50,2% der Stimmen die absolute Mehrheit erringt, tritt im Zuge einer Reihe von außen- und innenpolitischen Krisen – Berlin-Ultimatum Chruschtschows 1958, Adenauers zeitweilige Kandidatur für das Bundespräsidentenamt 1959, Bau der Berliner Mauer – ein allmählicher Prestigeverlust des Bundeskanzlers ein. Vor allem die Spiegel-Affäre im Oktober 1962 – in dem mit dem Vorwurf des Landesverrats begründeten Vorgehen gegen das Hamburger Nachrichtenmagazin und seinen Herausgeber Augstein sehen viele Kritiker eine ernste Bedrohung der Pressefreiheit und der Rechtsstaatlichkeit – und die durch sie ausgelöste

Regierungskrise verstärken das Drängen der FDP, aber auch vieler CDU/CSU-Politiker auf einen Wechsel im Kanzleramt. Am 11. Oktober 1963 erklärt Konrad Adenauer 87jährig nach 14 Jahren Amtszeit seinen Rücktritt.

VII/301   Demonstration aus Anlaß der Spiegel-Affäre im Oktober 1962

VII/302   Verabschiedung Konrad Adenauers als Bundeskanzler im Bundestag am 15. Oktober 1963

VII/303   Kohlehalde im Ruhrgebiet 1965

VII/304   Protestkundgebung gegen die Wirtschaftspolitik von Bundeskanzler Erhard in Moers, Juni 1966

III. 1963–1969: Die Jahre des Übergangs

1. Alte und neue Probleme

Am 16. Oktober 1963 wird der bisherige Wirtschaftsminister und Vizekanzler Ludwig Erhard vom Deutschen Bundestag zum Bundeskanzler gewählt. Seine Regierung wird wie bisher von einer Koalition aus CDU/CSU und FDP getragen. Erhard tritt die Nachfolge Adenauers in einer – wie es zunächst aussieht und wie auch sein deutlicher Wahlsieg vom Herbst 1965 zu bestätigen scheint – unveränderten Umwelt an. Doch erweist sich seine Regierungszeit mehr und mehr als eine schwierige Phase des Übergangs: 1965 spricht Erhard selber in seiner Regierungserklärung vom Ende der Nachkriegszeit. Alte, über Jahre in den Hintergrund geratene oder beiseite geschobene Probleme haben wieder an Brisanz gewonnen, neue grundlegende Probleme sind hinzugetreten.

Im Verhältnis der beiden Supermächte vollzieht sich nach der Kuba-Krise und verstärkt nach der Ablösung Chruschtschows ein deutlicher Wandel: Der Kalte Krieg wird abgelöst durch eine Phase der Entspannung, in der sich die USA und die UdSSR unter Respektierung der jeweiligen Interessensphären und des Status quo um ein Arrangement bemühen. Der Bundesrepublik fällt die Anpassung an diese veränderte Lage besonders schwer, da ein solches Arrangement den Status quo in Mitteleuropa festzuschreiben droht.

Gravierendere unmittelbare Auswirkungen auf die innenpolitische Szene ergeben sich allerdings aus der wirtschaftlichen Entwicklung. Wie sich im allmählichen Sinken der Zuwachsraten schon lange angekündigt hat, geht Mitte der sechziger Jahre der durch den Wiederaufbau getragene außergewöhnliche Nachkriegsboom seinem Ende entgegen. Nachdem auf Grund struktureller Probleme zunächst das Ruhrgebiet betroffen ist, erlebt die Bundesrepublik 1966 einen allgemeinen Konjunktureinbruch.

Erhards eher traditionelles wirtschaftspolitisches Instrumentarium erweist sich als nicht ausreichend zur Bewältigung der Krise, die sich bald zu einer Regierungskrise ausweitet. Nicht zuletzt nähren die überraschenden Wahlerfolge der neonazistischen NPD Zweifel an der Krisenfestigkeit des bisher wegen seiner Stabilität so gerühmten politischen Systems der Bundesrepublik. Die wirtschaftlichen und politischen Probleme werden schließlich im Herbst 1966 als so schwerwiegend empfunden, daß sich die Überzeugung durchsetzt, nur eine Große Koalition aus Unionsparteien und Sozialdemokraten könne die Krise überwinden.

Der Weg in die Wirtschaftskrise

Zu Beginn der sechziger Jahre läuft die Wirtschaft der Bundesrepublik auf Hochtouren. 1964 werden noch einmal hohe Zuwachsraten erreicht, die Zahl der ausländischen Arbeitnehmer überschreitet erstmals die Millionengrenze. Zugleich sind jedoch erste Krisenzeichen nicht zu übersehen. Vor allem der Ruhrbergbau ist gegenüber Erdöl und Importkohle nicht mehr konkurrenzfähig. Ende 1965 schlägt dann allgemein die Konjunktur um. Die Bonner Wirtschaftspolitik beschränkt sich jedoch weitgehend auf Maßhalte-Appelle des Bundeskanzlers; ein rechtzeitiges Gegensteuern wird versäumt. So steigt die Zahl der Arbeitslosen seit Herbst 1966 rasch an und erreicht mit 673 572 im Februar 1967 ihren Höhepunkt. Nach den langen Jahren wirtschaftlicher Prosperität löst diese erste Rezession seit Bestehen der Bundesrepublik Sorgen und Ängste aus, die über das konkret begründete Maß hinausgehen.

Die Schatten der Vergangenheit

Zwei Ereignisse lenken Mitte der sechziger Jahre den Blick auf die in der Ära Adenauer nur zum Teil abgetragene Hypothek der nationalsozialistischen Vergangenheit: der Prozeß gegen SS-Aufseher des Vernichtungslagers Auschwitz und die heftige Debatte, die in Parlament und Öffentlichkeit über die Verlängerung der Verjährungsfrist für NS-Verbrechen – für die sich schließlich eine breite Mehrheit des Bundestages ausspricht – geführt wird. Ihre eigentliche Brisanz erhalten diese Vorgänge jedoch erst, als nicht zuletzt auf Grund der wirtschaftlichen Krisensituation die 1964 gegründete Nationaldemokratische Partei überraschende Wahlerfolge erzielen kann. Vor allem im Ausland ruft der Aufstieg neonazistischer Kräfte Erinnerungen an die Schlußphase der Weimarer Republik wach.

VII/305 NPD-Kundgebung zum 17. Juni 1968

VII/306 Passierscheinbesucher bei der Grenzkontrolle in Ost-Berlin im Oktober 1964

VII/307 Kurt-Georg Kiesinger und Willi Brandt besiegeln die Bildung der Großen Koalition

VII/308 Bundeswirtschaftsminister Schiller und Bundesfinanzminister Strauß im Februar 1967

Die Stagnation in der Deutschland- und Außenpolitik

Den zunehmenden Tendenzen zur Entspannung im Ost-West-Verhältnis versucht die Regierung Erhard durch eine vorsichtige Lockerung ihrer bisherigen Haltung zu entsprechen: In mehreren Ostblockstaaten werden 1963/64 Handelsmissionen eröffnet und im März 1966 bietet die Bundesregierung erstmals den Austausch von Gewaltverzichtserklärungen an. Doch die entscheidenden Grundsätze – Nichtanerkennung der DDR und des Status quo in Europa, Alleinvertretungsanspruch und Hallstein-Doktrin – werden unverändert aufrechterhalten. So bleibt die außenpolitische Handlungsfähigkeit der Bundesrepublik beschränkt. Gleichzeitig gerät auch die Europa-Politik in eine ernste Krise. Erhard und sein Außenminister Schröder, die beide als »Atlantiker« gelten, lehnen im Gegensatz zu den »Gaullisten« Adenauer und Strauß jede enge Sonderverbindung mit Frankreich ab.

Erhard in der Krise

Von Beginn seiner Kanzlerschaft an sieht sich Erhard gerade auch aus den Reihen seiner eigenen Partei massiver Kritik vor allem an seiner Frankreichpolitik und seinen Führungsqualitäten ausgesetzt. Ein schrittweiser Machtverfall der Position des Kanzlers tritt ein. Er beschleunigt sich nach der nordrhein-westfälischen Landtagswahl im Juli 1966, in der die SPD nur knapp die absolute Mehrheit verfehlt. Als sich CDU/CSU und FDP bei den Haushaltsberatungen für 1967 nicht über die Deckung des durch die Wirtschaftskrise verursachten Defizits verständigen können, treten die vier FDP-Minister am 27. Oktober 1966 zurück. Erhard bleibt zwar noch mehr als einen Monat im Amt, doch die Lösung der Regierungskrise, die schließlich zur Bildung der Großen Koalition führt, vollzieht sich an ihm vorbei.

2. Die Große Koalition

Das Regierungsbündnis, das Unionsparteien und Sozialdemokraten am 1. Dezember 1966 schließen, verstehen beide Partner von vornherein als eine Koalition auf Zeit, gebildet zur Lösung ganz bestimmter Aufgaben. Neben der Bewältigung der wirtschaftlichen Krisensituation sind dies insbesondere Probleme, für deren gesetzgeberische Lösung bisher ausreichende Mehrheiten gefehlt haben wie z. B. die Notstandsgesetzgebung. Schließlich soll die Einführung des relativen Mehrheitswahlrechts nach englischem Vorbild nicht nur zur Beendigung der Großen Koalition zwingen, sondern überhaupt in Zukunft Regierungsbündnisse verschiedener Parteien überflüssig machen.

In den Jahren der Großen Koalition wird das Grundgesetz häufiger geändert als während jeder anderen Regierungsperiode. Schon die schnelle Überwindung der Rezession gelingt nicht zuletzt mit Hilfe einer durchgreifenden Reform des wirtschaftspolitischen Instrumentariums. Ebenso wird die Finanzverfassung so umgeformt, daß sie den Erfordernissen moderner Konjunktursteuerung gerecht werden kann. Auch das Verhältnis zwischen Bund und Ländern wird auf vielen, für die Zukunft bedeutsamen Gebieten, vor allem für den gesamten Bildungsbereich, daneben Krankenhausfinanzierung und Wirtschaftsstrukturpolitik, neu geordnet. Diese durchgängige Anpassung des Regierungsapparates und der staatlichen Kompetenzverteilung an die Bedürfnisse einer hochindustrialisierten Gesellschaft muß als die eigentliche Leistung der Großen Koalition angesehen werden.

Weniger erfolgreich agieren CDU/CSU und SPD trotz mancher neuer Ansätze in der Außenpolitik, gehen doch hier die Ansichten der Koalitionspartner über Tempo und Grenzen einer Umorientierung in der Deutschland- und Ostpolitik stark auseinander. 1969 mehren sich dann angesichts des näherrückenden Wahltermins auch die Differenzen in anderen Fragen. Sie lähmen zunehmend die Regierungsarbeit. Die Hauptkritik an der Großen Koalition aber entzündet sich bereits unmittelbar nach ihrem Amtsantritt an dem erdrückenden parlamentarischen Übergewicht der Regierung über die FDP-Opposition. Weite Teile der Öffentlichkeit bis in die Reihen der SPD hinein sehen in dem Fehlen einer echten politischen Konkurrenzsituation eine Gefährdung der parlamentarischen Demokratie. Vor allem in der jüngeren Generation breitet sich das Bild eines geschlossenen politischen und wirtschaftlichen Establishments aus, das die Demokratie nur noch als Mittel zur Befestigung seiner Herrschaft benutze und sich gegen jede Veränderung sperre – ein Eindruck, der mit zu den Protestaktionen jener Jahre beiträgt.

Ein Bündnis auf Zeit

Nach dem Scheitern der Regierung Erhard nominiert die CDU/ CSU-Fraktion am 10. November 1966 den baden-württembergischen Ministerpräsidenten Kurt-Georg Kiesinger für das Amt des Bundeskanzlers. Die Union nimmt sowohl mit der FDP wie mit der SPD Koalitionsverhandlungen auf. Zeitweilige Überlegungen, eine sozialliberale Koalition zu bilden, werden wegen der knappen Mehrheitsverhältnisse wieder aufgegeben. Die NPD-Erfolge in der hessischen und bayerischen Landtagswahl verstärken den Trend zur Großen Koalition. Nicht zuletzt mit der Erwägung, in ihr nach siebzehn Jahren der Opposition die Regierungsfähigkeit der Sozialdemokratie unter Beweis stellen zu können, setzen sich deren Befürworter auch in den Führungsgremien der SPD durch.

Die Wirtschafts- und Finanzreform

Im Mittelpunkt der Bemühungen der neuen Regierung steht die Wirtschafts- und Finanzpolitik. Wirtschaftsminister Schiller (SPD) und Finanzminister Strauß (CSU) gehen bei ihren Reformen davon aus, daß die komplizierter gewordenen Wirtschaftsabläufe eine sorgfältige Planung der Wirtschafts- und Haushaltsentwicklung und eine Kooperation aller wichtigen sozialen Gruppen erfordern. Mit den neuen Instrumenten und gezielten Maßnahmen zur Konjunkturankurbelung gelingt es, schon für 1968 wieder ein deutliches Wachstum zu sichern, den Preisauftrieb zu bremsen und die Vollbeschäftigung wiederherzustellen. Über die 1969 heftig diskutierte Frage einer Aufwertung der Deutschen Mark können sich die Koalitionspartner allerdings nicht mehr verständigen.

Die Deutschland- und Außenpolitik zwischen Beharren und Neuansatz

Auch in die Deutschland- und Außenpolitik bringt die Große Koalition neue Elemente ein: Mit Rumänien und Jugoslawien werden 1967 diplomatische Beziehungen aufgenommen, die Hallstein-Doktrin damit aufgegeben. Im Mai/Juni 1967 kommt es erstmals zu einem Briefwechsel zwischen dem DDR-Ministerratsvorsitzenden Stoph und Bundeskanzler Kiesinger. Mit der Sowjetunion werden Sondierungsgespräche über die schon von Erhard angeregte Politik des Gewaltverzichts geführt, an die später die Sozialliberale Koalition anknüpfen kann. Doch über erste Ansätze gelangt man in der Zeit bis 1969 nicht hinaus. Neben den Differenzen zwischen CDU/CSU und SPD verhindern dies auch die internationalen Spannungen, die durch den sowjetischen Einmarsch in die Tschechoslowakei ausgelöst werden.

Die Innenpolitik der Großen Koalition

Das zentrale Thema der innenpolitischen Auseinandersetzung in der Zeit der Großen Koalition sind die Notstandsgesetze, die im Mai 1968 von einer Zweidrittel-Mehrheit des Bundestages gegen starke öffentliche Proteste angenommen werden. Mit diesen Grundgesetzänderungen werden die bisher gültigen Vorbehaltsrechte der Alliierten abgelöst und genaue gesetzliche Regelungen für den Verteidigungsfall und andere Krisensituationen geschaffen. Dagegen scheitert die ursprünglich vorgesehene Einführung des relativen Mehrheitswahlrechts, die wahrscheinlich die politische Existenz der FDP vernichtet und zu einem Zweiparteiensystem geführt hätte, nach heftigen Protesten der Öffentlichkeit schließlich am Widerstand der SPD.

3. Der Protest der Jugend

In die Regierungszeit der Großen Koalition fällt auch jene vor allem von Studenten getragene Protestbewegung, die ihren Ausgang von hochschul- und bildungspolitischen Reformforderungen nimmt und sich schnell bis zu dem Verlangen nach Veränderung und Demokratisierung aller Lebensbereiche steigert. Unverkennbar wird sie durch das Bündnis der beiden großen Parteien, durch das Fehlen einer tatkräftigen parlamentarischen Opposition gefördert, ja, sie versteht sich teilweise als deren außerparlamentarischer Ersatz. Doch die eigentlichen Ursachen liegen tiefer – wie allein schon die parallelen Entwicklungen in vielen modernen Industriestaaten deutlich machen.
In den Protesten kommt eine lange angestaute weltweite Identitätskrise der parlamentarischen Demokratien zum Ausbruch. Er

VII/309   Demonstration gegen die Notstandsgesetze im Mai 1968

VII/310   Verabschiedung der Notstandsgesetze durch den Bundestag im Mai 1968

VII/311 Studentischer Protest in Hamburg 1967

VII/312 Vietnam-Demonstration auf dem Berliner Kurfürstendamm am 18. Februar 1968

fällt nicht zufällig mit einer Krise der westlichen Führungsmacht USA auf Grund des militärischen Engagements in Vietnam zusammen. Der zunehmenden Formalisierung und Bürokratisierung demokratischer Strukturen und der Saturiertheit einer primär auf das Materielle ausgerichteten »Konsum«-Gesellschaft – so diese Kritik – setzt ein erheblicher Teil der jungen Generation eine radikale Wendung gegen jede überkommene Form von Autorität und den Wunsch nach einem neuen Aufbruch entgegen. Als Bewegung scheitert dieser Protest an der Uneinheitlichkeit und Verschwommenheit seiner Ziele sowie der letztlich auf Minderheiten beschränkten Anziehungskraft. Doch gehen von ihm unübersehbar weitreichende Nachwirkungen aus.

Sie liegen weniger in der offenkundigen Beschleunigung von Bildungsreformen oder in dem Auseinanderrücken der beiden großen Parteien, das durch die unterschiedliche Beurteilung des Jugendprotests verstärkt wird. Die entscheidende Wirkung muß vielmehr in einem fundamentalen Wandel der Werte und Verhaltensweisen einer gerade in dieser Hinsicht überaus stabilen – oder, wie die Kritiker sagen, fast schon erstarrten – Gesellschaft gesehen werden. Dieser Prozeß geht dem Aufkommen der Protestbewegung zu einem kleinen Teil bereits voran und verursacht sie mit. Doch erfährt er durch sie eine entscheidende Verstärkung und Beschleunigung.

Ursachen und Anlässe

Die zunächst sich an verkrusteten Universitätsstrukturen und schlechten Studienbedingungen entzündende studentische Kritik mündet bald in eine fundamentale Auseinandersetzung mit der gesamten Gesellschaft der Bundesrepublik und ihren Erscheinungsformen. Seine besondere Dynamik erhält der Protest in den Demonstrationen gegen die amerikanische Kriegführung in Vietnam und gegen diktatorische Regime insbesondere in der Dritten Welt. Als am 2. Juni 1967 bei einer Demonstration gegen den Besuch von Schah Reza Pahlevi ein Student durch die Kugel eines Polizisten getötet wird, springt der Funke von West-Berlin auf das Bundesgebiet über.

Höhepunkte und Manifestationen

Ihren Höhepunkt erlebt die Protestbewegung an den Ostertagen 1968 nach einem Mordversuch an dem Berliner Studentenführer Rudi Dutschke. Die in Straßenschlachten ausartenden und von Gewaltakten begleiteten Demonstrationen richten sich vor allem gegen die Verlagshäuser des Springer-Konzerns, dessen Zeitungen als mitverantwortlich für den Anschlag angesehen werden. Im Mai kommt es anläßlich der Verabschiedung der Notstandsgesetze noch einmal zu großen Kundgebungen in zahlreichen Städten der Bundesrepublik. Doch danach ebbt die Bewegung – wie auch ähnliche Aktivitäten insbesondere in Frankreich und den USA – allmählich ab. Zugleich verlagern sich die Auseinandersetzungen stärker in die gesellschaftlichen Institutionen hinein.

Probleme und Folgen

Der Jugendprotest, der anfangs in besonderer Weise gewaltfreie Aktionsformen entwickelt und propagiert, radikalisiert sich in der Konfrontation mit der staatlichen Macht (»Gewalt gegen Sachen«). In einem in der Nachkriegszeit unbekanntem Ausmaß wird die Gewalt zu einem Mittel der politischen Auseinandersetzung. Allerdings gehen nur wenige Einzelgänger so weit, ihre Ziele mit Hilfe terroristischer Anschläge erreichen zu wollen. Die überwiegende Mehrheit setzt – soweit sie überhaupt ihr politisches Engagement fortführt – auf den »Marsch durch die Institutionen«. In der vehementen Infragestellung fast aller überkommenen Lebensformen und Verhaltensmuster liegt denn auch die weiterwirkende Bedeutung des Jugendprotests.

VII/313   Tatort des Attentats auf Rudi Dutschke am 11. April 1968 in Berlin

VII/314 Bundespräsident Heinemann überreicht Bundeskanzler Brandt am 21. Oktober 1969 die Ernennungsurkunde

IV. 1969–1982: Die Zeit der sozialliberalen Koalition

Von der Großen zur sozialliberalen Koalition

Die Bundespräsidentenwahl – ein Stück Machtwechsel

Aufgrund der zunehmenden Spannungen in der Großen Koalition gelingt es den Regierungsparteien nicht, sich auf einen gemeinsamen Kandidaten für die Wahl des Bundespräsidenten im März 1969 zu verständigen. Die CDU/CSU nominiert Verteidigungsminister Gerhard Schröder, die SPD Justizminister Gustav Heinemann – beide nicht zuletzt mit Blick auf die ausschlaggebenden Stimmen der FDP-Abgeordneten. Die Liberalen, deren Partei in der Oppositionszeit eine linksliberal geprägte Erneuerung erfahren hat, entscheiden sich nach hartem Ringen für den sozialdemokratischen Kandidaten. Die Wahl Heinemanns mit knapper Mehrheit im dritten Wahlgang wird in der Öffentlichkeit als Signal gegen den Fortbestand der Großen Koalition und für ein sozialliberales Regierungsbündnis nach der Bundestagswahl verstanden.

Die Bildung der sozialliberalen Koalition

Obwohl definitive öffentliche Festlegungen unterbleiben, wird allgemein von der Möglichkeit einer SPD/FDP-Bundesregierung ausgegangen. Doch für eine solche Zusammenarbeit ergibt die Bundestagswahl am 28. September 1969 nur eine schmale Basis – schmaler als die von 1966. Zwar hat die CDU/CSU Stimmen verloren und die NPD knapp den Einzug in das Parlament verfehlt, aber die deutlichen sozialdemokratischen Stimmengewinne werden von den Verlusten der Liberalen übertroffen. Dennoch verständigen sich die Vorsitzenden von SPD und FDP, Brandt und Scheel, noch in der Wahlnacht im Grundsatz auf die Bildung einer gemeinsamen Regierung. Am 21. Oktober 1969 wird Willy Brandt mit der knappen Mehrheit von 251 Stimmen zum Bundeskanzler gewählt. Erstmals seit Bestehen der Bundesrepublik übernimmt ein Sozialdemokrat das Amt des Regierungschefs. Die zweite Republik hat ihre Fähigkeit zum demokratischen Wechsel bewiesen.

1. Die neue Ostpolitik

Der Wille, die Politik der Westintegration durch einen Ausgleich auch mit den östlichen Nachbarn zu ergänzen, bildet von Anfang an eine – wenn nicht die – zentrale Grundlage des sozialliberalen Regierungsbündnisses. Die neue Ostpolitik wird von zwei Hauptmotiven und -zielen getragen: Zum einen gehen ihre Befürworter – mit Blick auf die internationale Position der Bundesrepublik – von der Notwendigkeit aus, sich den mit dem Präsidentenwechsel in den USA erneut verstärkten Tendenzen zur Entspannung im Ost-West-Verhältnis anzupassen; sie suchen auf diese Weise zugleich größere außenpolitische Handlungsfähigkeit als bisher zu erlangen. Zum anderen richten sie ihr Augenmerk auf die Einheit der Nation; konkrete Verbesserungen in den Beziehungen zur DDR und vor allem intensivere Kontakte zwischen den Menschen sollen dem zunehmenden Auseinanderleben der beiden deutschen Staaten entgegenwirken und langfristig die deutsche Frage offenhalten.

Beiden Aspekten liegt die Annahme zugrunde, daß die Anerkennung der im Gefolge des Zweiten Weltkriegs geschaffenen Realitäten die Voraussetzung für jeden Fortschritt in den Beziehungen zu den osteuropäischen Staaten ist. Vor allem hiergegen – sowie gegen das Verhandlungstempo – richtet sich die scharfe Kritik der Opposition, die die Vertragsverhandlungen von Anfang an begleitet. Die meisten CDU/CSU-Politiker sehen, soweit sie überhaupt zur Aufgabe bisheriger Rechtspositionen bereit sind, in dieser Bereitschaft ein Verhandlungsobjekt. Sie bemängeln deshalb besonders das ihrer Ansicht nach unausgewogene Verhältnis von Leistung und Gegenleistung in den 1970 abgeschlossenen Verträgen mit der Sowjetunion und Polen, dem 1972 unterzeichneten Berlin-Abkommen und den im gleichen Jahr mit der DDR getroffenen Vereinbarungen.

Das innenpolitische Ringen, das die neue Ostpolitik auslöst, ist an Schärfe nur mit den außenpolitischen Debatten der frühen fünfziger Jahre zu vergleichen. Es gipfelt in dem gescheiterten Versuch, Bundeskanzler Brandt durch ein konstruktives Mißtrauensvotum zu stürzen. Erst die eindrucksvolle Bestätigung der sozialliberalen Koalition in der vorgezogenen Bundestagswahl vom 19. November 1972 läßt die Auseinandersetzungen abklingen.

Mit den Ostverträgen gelingt eine weitgehende Normalisierung des Verhältnisses zu den Staaten des Ostblocks. Sie tragen

VII/315 Unterzeichnung des Moskauer Vertrages am 12. August 1970

VII/316 Unterzeichnung des Warschauer Vertrages am 7. Dezember 1970

VII/317   Verleihung des Friedensnobelpreises an Bundeskanzler Brandt am 10. Dezember 1971

VII/318   Unterzeichnung des Vier-Mächte-Abkommens über Berlin am 3. Juni 1972

VII/319   Bundesaußenminister Walter Scheel vor der UNO-Vollversammlung am 19. September 1973

VII/320   Schlußsitzung der Europäischen Sicherheitskonferenz in Helsinki am 1. August 1975

VII/321   Demonstration gegen die Ostverträge in Bonn 1972

VII/322   Bundeskanzler Brandt und Vizekanzler Scheel am Abend der Bundestagswahl
           vom 19. November 1972

zugleich erheblich zum allgemeinen Entspannungsprozeß bei, der 1975 mit der Konferenz für Sicherheit und Zusammenarbeit in Europa (KSZE) in Helsinki in eine neue Phase tritt. Auch in den innerdeutschen Beziehungen können, obwohl gerade hier immer wieder Rückschläge zu verzeichnen sind und sich viele anfängliche Erwartungen als illusionär erweisen, entscheidende Verbesserungen durchgesetzt werden, die den Menschen unmittelbar zugute kommen. Nicht zuletzt aber hat die Ostpolitik einer neuen Rolle der Bundesrepublik in der internationalen Politik den Boden bereitet.

Die Öffnung nach Osten

Schon in seiner Regierungserklärung am 28. Oktober 1969 unterstreicht Bundeskanzler Brandt die Bereitschaft der neuen Bundesregierung, über die bisherigen Gewaltverzichtsangebote hinaus den Status quo in Europa zu akzeptieren, die staatliche Existenz der DDR anzuerkennen und damit auch den Alleinvertretungsanspruch der Bundesrepublik aufgeben. Der Besuch des Bundeskanzlers am 19. März 1970 in Erfurt weckt vor allem in der DDR Hoffnungen, die sich jedoch bereits zwei Monate später beim Gegenbesuch des DDR-Ministerratsvorsitzenden Stoph in Kassel als voreilig erweisen. Der Schlüssel zur Lösung aller weiteren Fragen liegt in einer Verständigung mit der Sowjetunion, die Brandts engster außenpolitischer Berater, Staatssekretär Egon Bahr, seit Januar 1970 in Gesprächen in Moskau vorbereitet.

Die Politik der Verträge

Im Mittelpunkt des von der SPD/FDP-Regierung ausgehandelten Systems der Ostverträge steht der Moskauer Vertrag vom 12. August 1970. Der in ihm vereinbarte Gewaltverzicht und die Anerkennung der bestehenden Grenzen nehmen auch schon die Kernpunkte der späteren Verträge mit Polen, der CSSR und der DDR vorweg. Mit ihm verbunden ist ferner das Vier-Mächte-Abkommen über Berlin, das – unter Ausklammerung von Statusfragen – Erleichterungen für den Transitverkehr nach West-Berlin bringt, Besuche von West-Berlinern im Ostteil der Stadt und in der DDR ermöglicht und die Bindungen West-Berlins an den Bund bestätigt. Im Grundlagenvertrag nehmen schließlich die beiden deutschen Staaten gleichberechtigte Beziehungen zueinander auf. Der damit möglich gewordene Beitritt der Bundesrepublik und der DDR zur UNO, der im September 1973 erfolgt, markiert den Abschluß der ersten Phase der neuen Ostpolitik.

Die innenpolitische Auseinandersetzung um die Ostverträge

Ende 1971, mit dem Beginn des parlamentarischen Ratifizierungsverfahrens, treten die leidenschaftlichen Debatten um die Ostpolitik in ihre entscheidende Phase. Sie werden noch dadurch verschärft, daß einige Abgeordnete der Regierungsparteien ins Lager der Opposition überwechseln und die SPD/FDP-Koalition ihre Mehrheit zu verlieren droht. Doch der Versuch der CDU/CSU, ihren Fraktionsvorsitzenden Rainer Barzel durch ein konstruktives Mißtrauensvotum zum Bundeskanzler wählen zu lassen, scheitert knapp. Schließlich findet sich die Unionsmehrheit bereit, sich bei der Abstimmung über die Ostverträge der Stimme zu enthalten und ihnen damit am 17. Mai 1972 zur Annahme im Bundestag zu verhelfen. Aus der vorgezogenen Bundestagswahl vom 19. November 1972 geht die sozialliberale Koalition nach einem erbittert geführten Wahlkampf gestärkt hervor.

2. Die inneren Reformen

Vielleicht mehr noch als in der Außenpolitik wird der Regierungswechsel des Jahres 1969 im innenpolitischen Bereich von hohen Erwartungen begleitet. Das Leitmotiv der innenpolitischen Neuorientierung faßt Bundeskanzler Brandt in seiner Regierungserklärung in die Formel »Mehr Demokratie wagen«. Sie geht von einem erheblichen Reformdefizit nach zwanzig Jahren unionsgeführter Bundesregierungen aus und zielt vor allem darauf, demokratische Strukturen über die staatlichen Institutionen hinaus in alle Bereiche der Gesellschaft zu tragen. Das konkrete Reformprogramm reicht von der Liberalisierung und Modernisierung des Rechtssystems über den Ausbau des Netzes der sozialen Sicherung bis zur Verstärkung der Rechte und Mitwirkungsmöglichkeiten der Arbeitnehmer im Betrieb. An

XXI   Konrad Adenauer, Gemälde von Oskar Kokoschka, 1966

XXII Bonn, Am neuen Stadthaus — Architektur der Gegenwart im Spannungsfeld von Modernität und Historismus

XXIII Günther Uecker, Nagelrelief 1969

der Spitze aller Reformvorhaben aber steht die qualitative und quantitative Verbesserung des Bildungswesens.

Doch erweisen sich viele der teilweise euphorisch übersteigerten Reformerwartungen als zu hoch gespannt. In der Regierungszeit des ersten Kabinetts Brandt/Scheel kann – auch wegen der zugespitzten innenpolitischen Auseinandersetzung um die Ostverträge – nur ein kleiner Teil der geplanten Gesetze verabschiedet werden. Erst in den beiden darauffolgenden Legislaturperioden wird das 1969 formulierte Programm schrittweise durchgesetzt – allerdings mit vielfachen Einschränkungen gegenüber den ursprünglichen Zielsetzungen.

Neben Differenzen zwischen den beiden Koalitionspartnern, die in einzelnen Fragen wie etwa bei der Mitbestimmung eine Regelung erschweren, setzt dabei auch die Haltung der unionsregierten Länder und der von ihnen gestellten Bundesratsmehrheit den Reformplänen deutliche Grenzen. Zudem werden einige wichtige Reformgesetze vom Bundesverfassungsgericht ganz oder in Teilen aufgehoben. Nicht zuletzt aber ist es der wirtschaftliche Umschwung im Gefolge der Ölkrise vom Herbst 1973, der nach den ersten, günstigen Jahren der Reformtätigkeit entscheidende finanzielle Grenzen zieht, ja sogar zur Einschränkung einer Reihe von neuen Leistungsgesetzen zwingt.

Dennoch hat sich das Gesicht der Bundesrepublik in den Jahren der sozialliberalen Koalition gerade auch im innenpolitischen Bereich erheblich gewandelt. Als erfolgreiche Reforminitiativen sind neben den vielfach tief in die Lebensverhältnisse eingreifenden rechtspolitischen Maßnahmen insbesondere die erheblichen Leistungsverbesserungen in der Renten- und Krankenversicherung, die Verbreiterung der Bildungschancen und partiell auch die Ausweitung der Mitbestimmung zu nennen.

Die Rechtsreformen

XXIV (Abb. links) Theaterstadt Berlin, Szenenbild aus Peters Steins Inszenierung von Kleists »Prinz von Homburg« in der Schaubühne am Halleschen Ufer, 1972/73

Mit einer Fülle von Änderungen gerade auch im Bereich des politischen und des Sexualstrafrechts setzt die SPD/FDP-Regierung die in der Zeit der Großen Koalition begonnenen Reformen fort. Besonders umstritten ist die Neuformulierung des Abtreibungsparagraphen: Die mit den Stimmen von SPD und FDP zunächst verabschiedete Fristenlösung wird auf Antrag der CDU/CSU-Opposition vom Bundesverfassungsgericht für unvereinbar mit dem Grundgesetz erklärt. Stattdessen tritt im Juni

1976 eine Indikationsregelung in Kraft. Von ähnlich großer Tragweite ist das ebenfalls 1976 verabschiedete neue Ehe- und Familienrecht, zu dessen bedeutendsten Neuerungen die Abschaffung des Schuldprinzips bei der Ehescheidung zählt.

Die Bildungsreformen

Die Bildungspolitik der sozialliberalen Koalition gehört – auch wegen der Probleme, die sich hier aus der Kompetenzverteilung zwischen Bund und Ländern ergeben – zu den Reformbereichen, die die heftigsten Auseinandersetzungen auslösen und bei denen zugleich eine erhebliche Diskrepanz zwischen den ursprünglichen Absichten und dem schließlich erzielten Ergebnis besteht. Umstritten sind vor allem die Veränderung der Bildungsinhalte und die Umgestaltung der Bildungsinstitutionen (Gesamtschulen, Hochschulreform), die beide auch nur teilweise verwirklicht werden. Dagegen gelingt der quantitative Ausbau des Bildungswesens und damit einhergehend die Verbreiterung der Bildungschancen – ein Erfolg, hinter den allerdings die Arbeitsmarktlage dann mehr und mehr ein Fragezeichen setzt.

Die Erweiterung der Mitbestimmung

Die Gewerkschaften erwarten von der sozialdemokratisch geführten Bundesregierung eine Stärkung der Betriebsratsrechte und eine Ausweitung der paritätischen Mitbestimmung über den Montanbereich hinaus. Doch während bereits 1971 ein novelliertes Betriebsverfassungsgesetz verabschiedet werden kann, zieht sich die Mitbestimmungsdiskussion – vor allem wegen der unterschiedlichen Auffassungen von SPD und FDP – über Jahre hin. Erst im März 1976 wird vom Bundestag, auch mit den Stimmen der Opposition, ein neues Mitbestimmungsgesetz angenommen. Es sieht für alle Großunternehmen eine paritätische Besetzung der Aufsichtsräte vor, beläßt jedoch den Aktionärsvertretern im Konfliktfall ein Übergewicht.

VII/323   Demonstration gegen die Strafbarkeit der Abtreibung 1975

VII/324   Hochschulneubauten in Konstanz, Februar 1982

VII/325   Rede des IG-Metall-Vorsitzenden Brenner zur Mitbestimmung im Oktober 1968

VII/326   Sonntagsfahrverbot im Ölkrisenwinter 1973

Der Ausbau des Sozialstaates

Die günstige wirtschaftliche Situation Anfang der siebziger Jahre ermöglicht es der sozialliberalen Koalition, das sozialstaatliche System in nahezu allen Bereichen auszubauen und zu ergänzen. Die Einführung der flexiblen Altersgrenze und der Ausbildungsförderung für Schüler und Studenten, Leistungsverbesserungen in der Krankenversicherung sowie die Reform des Kindergeldes und des Mietrechts zählen zu den wichtigsten Maßnahmen. Doch die Einschätzungen der wirtschaftlichen Entwicklung, die dem Ganzen zugrundeliegen, erweisen sich seit der Krise von 1974/75 zunehmend als zu optimistisch. Defizite in den Kassen der Rentenversicherung und in den öffentlichen Haushalten zeigen an, daß die Finanzierung des Netzes der sozialen Sicherung an ihre Grenzen stößt.

Das Ende der Ära Brandt/Scheel

Trotz der in der Wahl vom November 1972 gewonnenen sicheren Mehrheit häufen sich 1973/74 die innenpolitischen Schwierigkeiten der sozialliberalen Regierung. Innerparteiliche Spannungen vor allem in der SPD tragen zu ihnen ebenso bei wie Konflikte mit den Gewerkschaften und wie die sich verschlechternde wirtschaftliche Lage. Als der Kanzleramtsreferent Günter Guilleaume wegen Spionage für die DDR verhaftet wird, tritt Bundeskanzler Brandt am 6. Mai 1974 zurück. Schon zuvor hat Außenminister Scheel seine Kandidatur für das Amt des Bundespräsidenten angekündigt, in das er am 15. Mai 1974 gewählt wird. Die sozialliberale Koalition regiert unter neuer Führung weiter: Das Amt des Bundeskanzlers übernimmt der bisherige Finanzminister Helmut Schmidt und die Nachfolge Scheels in Regierung und Partei tritt Hans-Dietrich Genscher an.

3. Grenzen des Machbaren?

Seit Mitte der siebziger Jahre ergeben sich in allen hochentwickelten Industriestaaten grundlegende Veränderungen der wirtschaftlichen und politischen Rahmenbedingungen. Schon die leeren Autobahnen – als Folge der Ölkrise im Herbst 1973 – werden allgemein als ein Signal für eine schwierigere ökonomische Entwicklung aufgefaßt. Doch werden deren negative Konsequenzen für Wirtschaftswachstum und Arbeitsplätze erst Jahre später in vollem Umfang deutlich. Die »Tendenzwende« – so das bereits 1973/74 geprägte Wort – löst eine allgemeine politische Umorientierung aus: An die Stelle des Reformelans und der Erwartung, die Zukunft gezielt und planmäßig bewältigen zu können, treten mehr und mehr Klagen über die Unregierbarkeit und die Sachzwänge, die jeden politischen Gestaltungswillen aufs Stärkste einschränken.

An der Spitze der konkreten Probleme steht zunächst das Phänomen des Terrorismus, das zeitweilig die westlichen Demokratien bis in ihre Grundlagen bedroht. Als besonders gravierend werden daneben von vielen die Gefahr einer zunehmenden Umweltzerstörung und die Risiken einer verstärkten Nutzung der Kernenergie empfunden. Dies wie auch der sich wieder verschärfende Ost-West-Konflikt und die damit verbundene Bedrohung durch die atomare Rüstung der Supermächte lösen Ängste aus, die teilweise bis hin zu Weltuntergangsvisionen reichen. Im Mittelpunkt aller Überlegungen aber steht die weltweite Wirtschaftskrise. Verursacht nicht zuletzt durch die Energiekostenexplosion, einschneidende technologische Veränderungen und Störungen des weltwirtschaftlichen Gleichgewichts bleibt das wirtschaftliche Wachstum aus, steigt die Arbeitslosigkeit auf ein in der Nachkriegszeit nicht erreichtes Niveau und bewegt sich die Staatsverschuldung in außergewöhnliche Höhen.

Im Kern kreist die politische Diskussion um die Frage, ob es sich hierbei um eine Krise von eher traditionellem Zuschnitt handele, die mit entsprechenden Mitteln zu bewältigen sei, oder ob man von einer tiefergehenden Anpassungskrise der entwickelten Volkswirtschaften ausgehen müsse, die das Beschreiten neuer Lösungswege erfordere, oder ob gar die industrielle Zivilisation an ihre Grenzen stoße und daher ein prinzipielles Umdenken geboten sei. Die unterschiedlichen Antworten, die die Politiker und Parteien auf diese grundsätzlichen Fragen geben, verändern seit Ende der siebziger Jahre mehr und mehr auch die parteipolitische Szene. Neue politische Kräfte treten auf, und in der sozialliberalen Koalition verstärken sich zunehmend die Auffassungsunterschiede. An diesen Spannungen zerbricht schließlich die Zusammenarbeit zwischen SPD und FDP nach dreizehn Jahren gemeinsamer Regierungsverantwortung am 17. September 1982.

VII/327   Bundeskanzler Brandt und DDR-Spion Guilleaume, April 1974

VII/328   Das erste Kabinett Schmidt-Genscher bei Bundespräsident Heinemann am 16. Mai 1974

VII/329   Tatort der Entführung des Arbeitgeberpräsidenten Schleyer am 5. September 1977

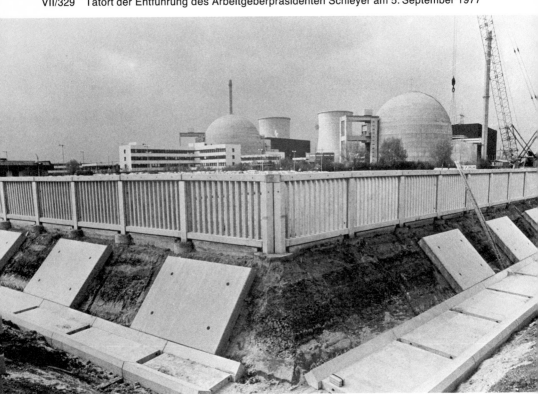

VII/330   Atomkraftwerk Biblis

Der Terrorismus und die Bewahrung des Rechtsstaates

Die ganzen siebziger Jahre hindurch sieht sich die Bundesrepublik mit dem internationalen Problem des Terrorismus konfrontiert. Ihren Höhepunkt erreichen die terroristischen Anschläge 1977 mit den Morden an Generalbundesanwalt Buback, dem Bankier Ponto und Arbeitgeberpräsident Schleyer sowie der Entführung einer Lufthansa-Maschine. Regierung und Opposition arbeiten in dieser kritischen Situation eng zusammen, ringen jedoch zugleich heftig um die angemessenen Methoden der Terroristenbekämpfung. In den Gesetzesverschärfungen und manchen polizeilichen Maßnahmen sehen einige Kritiker eine Aushöhlung rechtsstaatlicher Prinzipien, doch bleibt die rechtsstaatliche Ordnung trotz der Schwere der Bedrohung in ihrem Kern unangetastet. Seither ist die Terrorwelle deutlich zurückgegangen. Allerdings sind zugleich mit ersten schweren rechtsradikalen Anschlägen auch neue Gefahren aufgetaucht.

Die Umweltschutz- und Kernkraftdiskussion

In der Regierungszeit der sozialliberalen Koalition entwickelt sich der Umweltschutz zu einem beherrschenden Thema der innenpolitischen Diskussion. Luft- und Wasserverschmutzung, Verkehrslärm oder der Bau von Großprojekten werden von immer mehr Menschen als eine elementare Bedrohung ihrer Lebenswelt empfunden. Die staatliche Umweltpolitik kann zwar erhebliche Erfolge vorweisen, vermag jedoch in vielen Bereichen nicht mit den steigenden Belastungen Schritt zu halten. Besondere Sorgen und Proteste löst der aus energiepolitischen Gründen verstärkt betriebene Bau von Kernkraftwerken und deren Entsorgungseinrichtungen aus. Vor allem auf der Basis radikaler umweltpolitischer Forderungen formiert sich allmählich in den »Grünen« eine neue parteipolitische Kraft, die seit 1979 in eine Reihe von Landesparlamenten vorzudringen vermag und die damit das eingespielte Dreiparteiensystem der Bundesrepublik in Frage stellt.

Das Ende der Entspannung

Die außenpolitischen Bemühungen der Regierung Schmidt/ Genscher gelten vor allem Fortschritten in der europäischen

Einigungspolitik, einer abgestimmten Wirtschaftspolitik der wichtigsten Industrienationen, einem verstärkten Dialog mit den Entwicklungsländern und nicht zuletzt der Fortführung der Entspannungspolitik. Sie werden jedoch von einer zunehmenden Verhärtung des Ost-West-Verhältnisses überschattet, die besonders auf den sowjetischen Einmarsch in Afghanistan, die Vorgänge in Polen und die verstärkte Rüstung der UdSSR zurückgeht. Die Bundesrepublik sieht sich vor die schwierige Frage gestellt, ob und in welchem Maße sie dem Kurswechsel, den die USA in Reaktion auf die sowjetische Politik vollziehen, folgen soll und wie unter den neuen Bedingungen die positiven Ergebnisse der Entspannungspolitik bewahrt und der Friede gesichert werden kann. Im Mittelpunkt der dadurch ausgelösten heftigen Diskussionen steht der NATO-Nachrüstungsbeschluß vom Dezember 1979, der die Stationierung amerikanischer Mittelstreckenwaffen in Europa für den Fall vorsieht, daß sich die UdSSR nicht zum Abbau ihrer neuen SS 20-Raketen bereitfindet.

Die Wirtschaftskrise und die Grenzen des Sozialstaates

1974/75 kommt es nicht zuletzt wegen des stürmischen Anstiegs der Energiekosten zu einem weltweiten wirtschaftlichen Einbruch. Obwohl in den folgenden Jahren die Wachstumsraten wieder steigen, stabilisiert sich die Arbeitslosigkeit auf hohem Niveau und erreicht seit 1981 neue Rekordmarken. Die sich verschärfende internationale Konkurrenz und vor allem der Einsatz modernster Computer-Technologie führt zu massiven Arbeitsplatzverlusten. Die Bemühungen der Bundesregierung, durch eine international abgestimmte Krisenbekämpfung und durch kreditfinanzierte Konjunkturprogramme die Wirtschaft wieder anzukurbeln, haben zwar vorübergehend Erfolg, aber nur um den Preis einer steigenden Staatsverschuldung. Die durch die wachsenden Defizite notwendige Kürzung staatlicher Leistungen besonders im Sozialbereich löst scharfe innenpolitische Auseinandersetzungen aus und belastet auch zunehmend die Zusammenarbeit in der SPD/FDP-Regierung.

VII/331   Begrüßung von Bundeskanzler Schmidt in Peking durch Mao Tse-tung im Oktober 1975

VII/332   Friedensdemonstration in Bonn am 10. Oktober 1981

VII/333 Seit 1973 zwingen steigende Ölpreise zur Energieeinsparung

VII/334 Erster Weltwirtschaftsgipfel im Rambouillet bei Paris 1975

Der Weg zum Bruch der sozialliberalen Koalition

Der CDU/CSU-Opposition gelingt es zwar, in Kommunal- und Landtagswahlen Erfolge zu erzielen und am 23. Mai 1979 mit ihrer Mehrheit in der Bundesversammlung Karl Carstens zum Bundespräsidenten zu wählen, aber in der Bundestagswahl am 5. Oktober 1980 kann sich die Regierung Schmidt/Genscher – vor allem durch Stimmengewinne der Liberalen – erneut eine deutliche Mehrheit sichern. Die sich rapide verschärfende Wirtschaftskrise führt allerdings zu zunehmenden Spannungen zwischen den Koalitionspartnern. Wie schon im Jahr zuvor können sich SPD und FDP bei den Haushaltsberatungen 1982 nur unter großen Schwierigkeiten über einen Etatentwurf für 1983 verständigen. Unter wechselseitigen Vorwürfen bricht die sozialliberale Koalition am 17. September 1982 auseinander. Bundeskanzler Schmidt amtiert zunächst mit einer sozialdemokratischen Minderheitsregierung weiter. Nachdem sich CDU/CSU und FDP auf ein gemeinsames Regierungsprogramm geeinigt haben, wird am 1. Oktober 1982 der bisherige Oppositionsführer Helmut Kohl durch ein konstruktives Mißtrauensvotum zum Bundeskanzler gewählt.
Die vorgezogenen Neuwahlen am 6. März 1983, nach Auflösung des Bundestages, bestätigen die neue Regierung: Die CDU/CSU (48,8%) und FDP (7,0%) erhalten zusammen 55,8%, die SPD sinkt auf 38,2%, während die erstmals im Bundestag vertretenen Grünen 5,6% erringen. Am 29. März wird Helmut Kohl zum Bundeskanzler wiedergewählt.

VII/335 Bundeskanzler Helmut Kohl bei seiner Vereidigung am 1. Oktober 1982

VII/336 Zum 20jährigen Bestehen des deutsch-französischen Vertrages sprach Staatspräsident Mitterand am 20. Januar 1983 vor dem Deutschen Bundestag.

VII/337 Das zweite Kabinett Kohl/Genscher bei Bundespräsident Carstens am 30. März 1983

VII/338 Bundespräsident Richard von Weizsäcker bei seiner Vereidigung am 1. Juli 1984

Paula Abraham, Berlin
Konrad-Adenauer-Stiftung, Bonn
AEG-Telefunken, Berlin
Wolfgang Albrecht, Berlin
Jörg P. Anders, Berlin
Archiv der Deutschen Burschen-
schaft, Frankfurt/Main
Archiv Gerstenberg, Wietze
Archiv der sozialen Demokratie
(AdsD), Bonn-Bad Godesberg
Associated Press GmbH,
Frankfurt/Main
Augustinermuseum der Stadt Freiburg
i. Breisgau

Badisches Generallandesarchiv,
Karlsruhe
Heinrich Bauer-Verlag
Fred Bayer, Berlin
Bayer AG, Leverkusen
Bayerisches Hauptstaatsarchiv,
München
Berliner Kindl Brauerei AG, Berlin
Berliner Kraft- und Licht (BEWAG)
AG, Berlin
Berliner Morgenpost, Berlin
Berliner Post- und Fernmeldemuseum
Berliner Verkehrs-Betriebe (BVG)
Siegfried Bewersdorff, Berlin
Bezirksamt Tiergarten,
Abt. Bauwesen, Berlin
Herbert Bode, Bonn
Robert Bosch GmbH, Stuttgart
Robert Bosch-Hausgeräte GmbH,
Berlin
Bayerisches Hauptstaatsarchiv,
München
Karl-Heinz Buller, Berlin
Bundesarchiv, Außenstelle
Frankfurt/Main
Bundesarchiv Koblenz
Bundeskriminalamt Wiesbaden
Bundesministerium für Verteidigung,
Bonn
Bundesministerium für Wirtschaft,
Bonn
Bundespostmuseum, Frankfurt/Main
Bundespräsidialamt, Bonn
Burda-Verlag
Burschenschaft Teutonia zu Jena in
Berlin

CDU, Bonn
Collection, The Museum of Modern
Art, New York

Der Polizeipräsident in Berlin
Kurt Desch Verlag, München
Gerd Deutsch, Berlin
Deutsche Bank AG, Frankfurt/Main
Deutsche Presse-Agentur, Bildarchiv
Berlin
Deutscher Bundestag
Deutsches Bergbau-Museum,
Bochum
Deutsches Museum, München
Deutsches Rundfunkmuseum e. V.,
Berlin

Friedrich-Ebert-Stiftung, Bonn
EUROPA GmbH.

FDP, Bonn
Margarete Feist, Berlin
Focke-Museum, Bremen
Frankfurter Allgemeine,
Frankfurt/Main

Geheimes Staatsarchiv Preußischer
Kulturbesitz, Berlin
Generallandesarchiv Karlsruhe
v. Gerlach-Parsow, Hohenstein
Germanisches Nationalmuseum,
Nürnberg
Karl Greiser
Claus-Peter Groß, Tegernsee
Großherzogliche Privatsammlungen,
Darmstadt
Gruner und Jahr AG + Co,
Hamburg

Horst Haitzinger
Irmin Hammelbacher, München
Wilma Hauck, Berlin
Hauptstaatsarchiv Stuttgart
Hilde Havel, Berlin
Brigitte Hellgoth
Colorfoto Hans Hinz, Basel
Historisches Museum der Stadt
Frankfurt/Main
Hoesch Werke AG, Dortmund
Hanns Hubmann, Kröning
Burghard Hüdig

Imperial War Museum London
Industriegewerkschaft Metall,
Frankfurt/Main
Institut für Zeitgeschichte,
München
Institut für Zeitungsforschung,
Dortmund
Interfoto Friedrich Rauch,
München
Internationaal Instituut voor Siciale
Geschiedenis, Amsterdam
Internationales Zeitungsmuseum der
Stadt Aachen

Elfriede Kante, Berlin
Hilde Kaspar, Berlin
Keystone-Pressedienst
Barbara Klemm
Helga Kneidl, Hamburg
Kladderadatsch
Stefan Kresin, Heidelberg
Fritz Krüger, Berlin
Friedrich Krupp GmbH, Essen
Kunstbibliothek der Staatlichen
Museen Preußischer Kulturbesitz,
Berlin
Kunstgewerbemuseum, Staatliche
Museen Preußischer Kulturbesitz,
Berlin
Martin Kupke, Berlin
Kurpfälzisches Museum der Stadt
Heidelberg

Landesarchiv Berlin
Landesbildstelle Baden
Landesbildstelle Berlin
Landesbildstelle Karlsruhe
Landeshauptstadt München
Leipziger Illustrierte

Marineschule Mürwik, Historische
Sammlung, Flensburg-Mürwik
Maschinenfabrik Augsburg-Nürnberg
(MAN), Augsburg
Wilfried Matthias, Bronzekunstwerk-
statt, Berlin
Museum der Grafschaft Mark auf
Burg Altena
Museum der Stadt Regensburg
Museum für deutsche Volkskunde
Preußischer Kulturbesitz, Berlin

Neue Theaterkunst, Berlin
Herbert Nitert, Berlin

Ilsemarie Ollk, Berlin
Olympia Werke AG, Wilhelmshaven

Parlamentsarchiv Bundeshaus, Bonn
Willi Peiter, Diez
Pix-Features
Poddig Automobilmuseum, Berlin
Politisches Archiv des Auswärtigen
Amtes, Bonn
Pressedienst Glaser, Berlin
Pressefoto Lehnartz
Presse- und Informationsamt der
Bundesregierung, Bundesbildstelle,
Bonn
Preußischer Kulturbesitz, Berlin
Propyläen Verlag, Berlin
Prof. Hubertus Protz, Berlin

Sophie Reimann, Berlin
Rheinisches Landesmuseum, Trier
Ringier Dokumentationszentrum, Zürich
Klaus Rose, Iserlohn
Ruhrland- und Heimatmuseum der
Stadt Essen

Elisabeth Saier, Berlin
Alfred Schaefer, Berlin
Elisabeth von Schlegell, Berlin
Margret Schmitt, Berlin
Wolf Schöne
Margarete Schuppmann, Berlin
Dr. Erich Schwan, Darmstadt
Senatsbibliothek Berlin
Sven Simon, Hamburg
Spiegel-Verlag, Hamburg
Axel-Springer-Verlag
Staatliche Graphische Sammlungen,
München
Staatsbibliothek Preußischer Kultur-
besitz, Berlin
Staatsbibliothek Preußischer Kultur-
besitz, Bildarchiv, Berlin
Staats- und Universitätsbibliothek
Hamburg
Stadtarchiv Frankfurt/Main
Stadtarchiv Heidelberg
Stadtarchiv Konstanz
Stadtarchiv München

Städtisches Museum und Lottehaus
Wetzlar
Städtisches Reiss-Museum
Stiftung Bundeskanzler-Adenauer-
Haus, Rhöndorf
Stuttgarter Nachrichten
Süddeutscher Verlag, Bilderdienst
München

Ullstein Bilderdienst, Berlin
Universitätsbibliothek der Freien
Universität Berlin
Universitätsbibliothek der Techni-
schen Universität Berlin

Verkehrsmuseum Nürnberg
Verwaltung der Staatlichen Schlösser
und Gärten, Berlin
Volkswagenwerk AG, Wolfsburg

Wehrgeschichtliches Museum Rastatt
Gertrud Weinhold, Berlin
Detlef Weiß, Berlin
Werner-von-Siemens-Institut,
München

Wolfgang Zierau, Berlin
Günter Zint

AEG-Telefunken, Zentralbibliothek
Berlin
XVI (farbig)

Jörg P. Anders, Berlin
XXIII (farbig)

Archiv der Deutschen Burschenschaft, Frankfurt/Main
27

Archiv Gerstenberg, Wietze
IX (farbig)
1, 5, 6, 10, 13, 15, 16, 17, 22, 23, 26,
28, 30, 33, 34, 38, 39, 40, 43, 44, 45,
46, 51, 52, 53, 54, 55, 56, 57, 65, 66,
68, 70, 76, 77, 83, 85, 86, 96, 98, 104,
113, 114, 115, 116, 124, 125, 126,
127, 133, 145, 147, 148, 150, 151,
155, 157, 163, 165, 184, 185, 222,
276

Archiv der sozialen Demokratie
(AdsD), Bonn-Bad Godesberg
149, 186, 191, 197, 198, 228, 266,
300

Badisches Generallandesarchiv,
Karlsruhe
42

Bayerisches Hauptstaatsarchiv,
München
94

Bundesarchiv, Außenstelle
Frankfurt/Main
X (farbig)
14, 24, 79, 82

Bundesarchiv, Koblenz
171, 175, 179, 181, 182, 183, 190,
194, 204, 212, 214, 228, 242, 256,
260, 298

Bundespostmuseum, Frankfurt/Main
4

Collection, The Museum of Modern
Art, New York
XVII (farbig)

Kurt Desch Verlag, München
159, 213

Deutsche Presse-Agentur, Bildarchiv
Berlin
173, 261, 264, 268, 270, 273, 290,
301, 313, 322, 325, 326, 329, 335

Deutscher Bundestag
XIV, XV (farbig)
XIX, XX, XXI (farbig)

Deutsches Museum, München
32, 154

EUROPA GmbH
316

Geheimes Staatsarchiv Preußischer
Kulturbesitz, Berlin
102, 131

v. Gerlach-Parsow, Hohenstein
119

Germanisches Nationalmuseum,
Nürnberg
III, V (farbig)
9, 18, 19, 20, 58, 74, 91

Claus-Peter Groß, Tegernsee
158, 277

Herbert Bode, Bonn
XXII (farbig)

Historisches Museum der Stadt
Frankfurt/Main
XI (farbig)
81, 122

Hanns Hubmann
292

Colorfoto Hans Hinz, Basel
XVIII (farbig)

Imperial War Museum London
263

Institut für Zeitgeschichte, München
236

Institut für Zeitungsforschung,
Dortmund
196

Interfoto Friedrich Rauch, München
215

Internationaal Instituut voor Sociale
Geschiedenis, Amsterdam
117

Helga Kneidl, Hamburg
XXIV (farbig)

Kladderadatsch
123

Stefan Kresin
330

Kunstbibliothek der Staatlichen
Museen Preußischer Kulturbesitz,
Berlin
I (farbig)

Kurpfälzisches Museum der Stadt
Heidelberg
47, 48, 49

Landesarchiv Berlin
88

Landesbildstelle Baden
272

Landesbildstelle Berlin
110, 153, 164, 167, 168, 169, 172,
174, 176, 177, 180, 188, 199, 202,
217, 221, 257, 258, 262, 278, 279,
293, 306, 312, 318

Leipziger Illustrierte
31, 50, 62, 63, 64, 67, 71, 72, 75, 78,
87, 89, 90, 95, 97, 100, 101, 111, 112

Maschinenfabrik Augsburg-Nürnberg
AG (MAN), Augsburg
108

Museum der Grafschaft Mark auf
Burg Altena
8

Museum der Stadt Regensburg
2

Museum für deutsche Volkskunde
Preußischer Kulturbesitz, Berlin
7

Politisches Archiv des Auswärtigen
Amtes, Bonn
132, 156

Presse- und Informationsamt der
Bundesregierung, Bundesbildstelle,
Bonn
201, 216, 283, 289, 291, 307, 308,
310, 315, 317, 324, 328, 331

Propyläen Verlag, Berlin
12

Rheinisches Landesmuseum, Trier
35, 36

Klaus Rose
323

Dr. Erich Schwan, Darmstadt
135

Senatsbibliothek Berlin
219, 222

Staatliche Graphische Sammlungen,
München
11

Staatsbibliothek Preußischer Kulturbesitz, Berlin
146

Staatsbibliothek Preußischer Kulturbesitz, Bildarchiv, Berlin
II, IV, VI, VII, XIII (farbig)
37, 41, 59, 80, 84, 92, 93, 99, 105,
106, 107, 118, 120, 121, 128, 129,
130, 134, 136, 137, 138, 140, 141,
142, 143, 144, 152, 160, 161, 162,
166, 170, 178, 189, 208, 209, 218,
232, 234, 237, 238, 244, 245, 246,
247, 248, 249, 250

Stadtarchiv Frankfurt/Main
69

Stadtarchiv Heidelberg
61

Stadtarchiv Konstanz
60

Stadtarchiv München
VIII (farbig)
73

Städtisches Museum und Lottehaus
Wetzlar
3

Städtisches Reiss-Museum
21

Stiftung Bundeskanzler Adenauer
299

Süddeutscher Verlag, Bilderdienst
München
193, 206, 229, 274, 284

Ullstein Bilderdienst, Berlin
187, 192, 195, 200, 203, 205, 207,
210, 211, 223, 226, 227, 233, 235,
241, 243, 251, 253, 254, 256, 259,
265, 282, 287, 303, 319, 333, 334,
336

Universitätsbibliothek der Freien
Universität Berlin
25, 29

Universitätsbibliothek der
Technischen Universität Berlin
103, 109

Volkswagenwerk AG, Wolfsburg
294

Wehrgeschichtliches Museum Rastatt
XII (farbig)

Gesamtplan der Ausstellungsräume im Reichstagsgebäude

I 1800–1815
Politischer Aufbruch und Wiener Kongreß

Das Alte Reich
Die Wirkungen der Französischen Revolution
Der Deutsche Bund

II 1815–1848
Vormärz

Die Deutsche Burschenschaft
Die wirtschaftliche und soziale Entwicklung im Vormärz
Die politische Reformbewegung und die kulturnationale
Bewegung
Kundgebungen der nationalen Bewegung und nationale
Vorbilder in Europa
Sammlung der politischen Kräfte

III 1848/49
Die Revolution von 1848/49

Die Märzrevolution von 1848
Die Nationalversammlung und die zweite Welle der Revolution
Der Kampf um die Einheit
Die Kampagne für die Reichsverfassung im Frühsommer 1849
Die Reaktion

IV **1850—1918**
**Industrielle Revolution und Reichs-
gründung — Das kaiserliche Deutschland**
*Die industrielle Revolution — ihre sozialen und
politischen Folgen
Parteien und Vereine
Die Reichsgründung
Der kleindeutsche Nationalstaat: Institutionen,
Parteien, Probleme
Das Reich unter Bismarck
Das Wilhelminische Deutschland
Die Deutsche Außenpolitik 1871—1914
Der Erste Weltkrieg*

V **1919—1933**
Die Weimarer Republik
*Die Revolution von 1918/19
Die Entwicklung der Weimarer Republik
Die Auflösung der Republik*

VI **1933—1945**
Das Dritte Reich
*Der Weg zum 30. Januar 1933
Die Konsolidierung der NS-Herrschaft
Der NS-Staat
Weltmachtpolitik und Widerstand
Der Zweite Weltkrieg*

VII **1945 bis heute**
**Entstehung und Entwicklung der Bundes-
republik Deutschland**
*1945—1949: Die Jahre der Grundentscheidungen
1949—1963: Die Ära Adenauer
1963—1969: Die Jahre des Übergangs
1969—1982: Die Zeit der sozialliberalen Koalition*

Wissenschaftliche Planung
und Katalog:
Prof. Dr. Lothar Gall

Mitarbeiter:
Jochen Bußmann
(Verfassungstafeln)
Prof. Dr. Elisabeth Fehrenbach
Dr. Dieter Hein
Ulrike Helbich
Dr. Rainer Koch
Jörg Riegel
Peter Scholz
Wolfgang Zierau

Unter Mitwirkung eines
Arbeitsstabes der Verwaltung
des Deutschen Bundestages
und des Bundesarchivs
Koblenz

Veranstalter:
Deutscher Bundestag
Historische Ausstellung
im Reichstagsgebäude
1000 Berlin 21

Gestaltung und visuelle
Konzeption:
Claus-Peter Groß

Mitarbeiter Grafik-Design:
Bernd Hildebrandt
Margret Schmitt
Wieland Schütz
Detlef Weiß

Produktion:
fairform Messebau GmbH, Berlin
August Gärtner, Berlin
Heimann + Co., Berlin
Wilhelm Noack, Berlin

Rauminszenierungen:
Karl-Heinz Buller, Berlin
Waltraut Mau, Berlin

Produktion:
H. Jürg Steiner Museumstechnik,
Berlin

Film und Dia-Schau:
R. C. F. Film GmbH, Berlin
CHRONOS-Film, Berlin

Fotoreproduktion:
Wolfgang Schackla, Berlin

Druck des Kataloges:
W. Kohlhammer Druckerei
GmbH + Co. Stuttgart

Zeittafel zum Katalog

Um 1800		Grundlegende Herausforderung der alten politischen und gesellschaftlichen Ordnung Mitteleuropas durch die Französische Revolution.
1803	25. 2.	Reichsdeputationshauptschluß, Säkularisation aller geistlichen Fürstentümer.
1806	11. 7.	Gründung des Rheinbundes.
	6. 8.	Niederlegung der deutschen Kaiserkrone durch Franz II.
	14. 10.	Doppelschlacht bei Jena und Auerstedt.
1807	7. 7.	Friede von Tilsit zwischen Frankreich und Preußen.
	30. 9.	Freiherr vom Stein leitender Minister in Preußen, Beginn der Reformzeit.
1809	12. 10.	Metternich leitender Minister in Österreich.
1813	28. 2.	Preußisch-russisches Militärbündnis von Kalisch.
	16.–19. 10.	Völkerschlacht bei Leipzig.
1814	30. 3.	Einzug der verbündeten Truppen in Paris, Verbannung Napoleons nach Elba.
	18. 9.	Eröffnung des Wiener Kongresses.
1815	1. 3.	Landung Napoleons in Frankreich.
	8. 6.	Verabschiedung der Bundesakte, Gründung des Deutschen Bundes.
	18. 6.	Niederlage Napoleons bei Waterloo, Verbannung nach St. Helena.
	26. 9.	Stiftung der Heiligen Allianz zwischen Rußland, Preußen und Österreich.
1816	6. 11.	Eröffnung der Bundesversammlung in Frankfurt am Main.
1817	18. 10.	Wartburgfest der Deutschen Burschenschaften.

1818/1820		Moderne Verfassungen in Bayern, Baden, Württemberg und Hessen-Darmstadt.
1819	23. 3.	Ermordung des konservativen Schriftstellers von Kotzebue durch den Studenten Sand.
	6.−31. 8.	Karlsbader Konferenz, Unterdrückung der liberalen und nationalen Bewegung.
1820	24. 5.	Verabschiedung der Wiener Schlußakte, Ergänzung der Bundesakte von 1815.
1830	27.−29. 7.	Julirevolution in Frankreich, Übergreifen der Unruhen auf Braunschweig, Hannover, Kurhessen und Sachsen.
1832	27.−30. 5.	Hambacher Fest.
1833	4. 4.	Erstürmung der Frankfurter Hauptwache durch Studenten und Bürger.
1834	1. 1.	Inkrafttreten des Vertrages über den Deutschen Zollverein.
1835	7. 12.	Inbetriebnahme der ersten deutschen Eisenbahn zwischen Nürnberg und Fürth.
1837	1. 11.	Aufhebung des Staatsgrundgesetzes in Hannover, Protest und Amtsenthebung von sieben Göttinger Professoren.
1844	Juni	Aufstand der schlesischen Weber.
1847	3. 2.	Einberufung des Vereinigten Landtages in Preußen.
	Juni	Gründung des Bundes der Kommunisten in London unter Führung von Karl Marx und Friedrich Engels.
	12. 9.	Versammlung süddeutscher Demokraten in Offenburg.
	10. 10.	Treffen gemäßigter west- und süddeutscher Liberaler in Heppenheim.
1848	24. 2.	Revolutionäre Unruhen in Paris, Abdankung von König Louis Philippe.
	27. 2.	Eine badische Volksversammlung bei Mannheim formuliert die sog. Märzforderungen.

1848	7. 3.	Erste revolutionäre Versammlungen in Berlin.
	13.–15. 3.	Aufstand in Wien, Rücktritt Metternichs.
	18. 3.	Unruhen und Straßenkämpfe in Berlin.
	21. 3.	Proklamation König Friedrich Wilhelms IV. von Preußen »An mein Volk und an die deutsche Nation«.
	29. 3.	Berufung des liberalen Ministeriums Camphausen-Hansemann in Preußen.
	31. 3.–3. 4.	Tagung des Vorparlaments in der Frankfurter Paulskirche, Beschluß über die Einberufung einer deutschen Nationalversammlung.
	April	Republikanische Erhebung in Baden unter Führung von Hecker und Struve.
	15. 5.	Ein zweiter Aufstand in Wien erzwingt die Einberufung eines Reichstages.
	18. 5.	Zusammentritt der deutschen Nationalversammlung in der Frankfurter Paulskirche.
	29. 6.	Schaffung einer provisorischen Zentralgewalt, Wahl von Erzherzog Johann von Österreich zum Reichsverweser.
	26. 8.–16. 9.	Auf Druck der Großmächte schließt Preußen im Konflikt mit Dänemark um Schleswig-Holstein den Waffenstillstand von Malmö, der von der Frankfurter Nationalversammlung zunächst abgelehnt wird, schließlich jedoch angenommen werden muß.
	6./7. 10.	Dritter Aufstand in Wien.
	31. 10.	Rückeroberung Wiens durch kaiserliche Truppen.
	2. 11.	Berufung des konservativen Ministeriums Brandenburg in Preußen.
	21. 11.	Fürst zu Schwarzenberg tritt an die Spitze des kaiserlichen Ministeriums in der Habsburger-Monarchie.
	2. 12.	Abdankung des österreichischen Kaisers Ferdinand I., Thronbesteigung seines Neffen Franz Joseph I.
	5. 12.	Auflösung der preußischen Nationalversammlung, Oktroyierung einer Verfassung.

1848	21. 12.	Verabschiedung des Gesetzes über die Grundrechte des deutschen Volkes durch die Frankfurter Nationalversammlung.
1849	4. 3.	Auflösung des österreichischen Reichstages, Oktroyierung einer Verfassung.
	27./28. 3.	Annahme der deutschen Reichsverfassung in der Frankfurter Paulskirche, Wahl von Friedrich Wilhelm IV. von Preußen zum deutschen Kaiser.
	28. 4.	Ablehnung der deutschen Kaiserkrone durch den preußischen König.
	Mai–Juli	Reichsverfassungskampagne, Aufstände in Sachsen, Breslau und Baden werden blutig niedergeschlagen.
	26. 5.	Dreikönigsbündnis zwischen Preußen, Sachsen und Hannover, Verabschiedung der sog. Erfurter Reichsverfassung auf der Basis der preußischen Unionspolitik.
	6.–18. 6.	Tagung des Rumpfparlaments in Stuttgart.
	20. 12.	Rücktritt des Reichsverwesers Erzherzog Johann.
1850	31. 1.	Inkrafttreten der oktroyierten preußischen Verfassung.
	1. 9.	Wiedereröffnung des Frankfurter Bundestages.
	29. 11.	Vertrag von Olmütz: Ende der preußischen Unionspolitik.
1854/1856		Krimkrieg zwischen England, Frankreich und Rußland, Neutralität Österreichs und Preußens.
1858	7. 10.	Wilhelm (I.) von Preußen übernimmt die Regentschaft für seinen geisteskranken Bruder Friedrich Wilhelm IV., Beginn der »Neuen Ära«.
1859	3. 5.–11. 7.	Krieg Piemonts und Frankreichs gegen Österreich.
	16. 9.	Gründung des Deutschen Nationalvereins als Organisation der Anhänger eines kleindeutschen Nationalstaats unter preußischer Führung.
1861	2. 1.	Tod Friedrich Wilhelms IV. von Preußen, Thronbesteigung Wilhelms I.
	26. 2.	Patent über die Verfassung der österreichischen Monarchie.

1861	6. 6.	Gründung der Deutschen Fortschrittspartei.
1862	29. 3.	Abschluß des preußisch-französischen Handelsvertrages.
	24. 9.	Berufung Bismarcks zum preußischen Ministerpräsidenten, Verschärfung des Verfassungskonflikts um die Heeresreform.
	28. 10.	Gründung des deutschen Reformvereins als Organisation der Befürworter einer großdeutschen Nationalstaatslösung.
1863	23. 5.	Gründung des Allgemeinen Deutschen Arbeitervereins in Leipzig unter Führung Ferdinand Lassalles.
	16. 8.–1. 9.	Frankfurter Fürstentag.
1864		Preußisch-österreichischer Krieg gegen Dänemark um Schleswig-Holstein.
1865	14. 8.	Vertrag von Gastein zwischen Preußen und Österreich über die Verwaltung Schleswig-Holsteins.
1866	21. 6.–26. 7.	Deutscher Krieg.
	3. 7.	Schlacht von Königgrätz/Sadowa.
	23. 8.	Friede von Prag: Auflösung des Deutschen Bundes, Anerkennung der Führungsstellung Preußens in Deutschland.
	3. 9.	Annahme der Indemnitätsvorlage durch das preußische Abgeordnetenhaus, Beilegung des Verfassungskonflikts.
	17. 11.	Gründung der Nationalliberalen Partei.
1867	12. 2.	Wahlen zum Konstituierenden Reichstag des Norddeutschen Bundes.
	12. 6.	Österreichisch-ungarischer Ausgleich.
	21. 12.	»Dezembergesetze« in Österreich, Beginn einer liberalen Ära.
1869	7.–9. 8.	Gründung der Sozialdemokratischen Arbeiterpartei in Eisenach unter Führung von August Bebel und Wilhelm Liebknecht.

1870	13.7.	Emser Depesche.
	18.7.	Verkündung des Dogmas von der päpstlichen Unfehlbarkeit durch das I. Vatikanische Konzil.
	19.7.	Kriegserklärung Frankreichs an Preußen.
	2.9.	Kapitulation einer französischen Armee bei Sedan und Gefangennahme Kaiser Napoleons III.
	19.9.	Beginn der Belagerung von Paris.
1871	18.1.	Proklamation des Deutschen Kaiserreiches in Versailles.
	10.5.	Friede von Frankfurt am Main: Abtretung Elsaß-Lothringens an Deutschland und Zahlung einer Kriegsentschädigung von 5 Mrd. Francs. Beginn des Kulturkampfes in Preußen und im Deutschen Reich.
1873	9.5.	Börsenkrach in Wien, Beginn der Phase der »Großen Depression«.
	22.10.	Dreikaiserabkommen zwischen Österreich-Ungarn, Rußland und dem Deutschen Reich.
1875	April/Mai	»Krieg-in-Sicht«-Krise.
	22.–27.5.	Lassalleaner und Marxisten vereinigen sich in Gotha zur »Sozialistischen Arbeiterpartei«.
1876	15.2.	Gründung des Centralverbandes deutscher Industrieller.
1878		Kaiser Wilhelm I. wird bei einem Attentat schwer verwundet.
	13.6.–13.7.	Berliner Kongreß.
	18.10.	Verabschiedung des Sozialistengesetzes durch den Reichstag.
1879	12.7.	Verabschiedung der Schutzzollgesetze durch den Reichstag.
	7.10.	Zweibund zwischen dem Deutschen Reich und Österreich-Ungarn.
1880	14.7.	Mit einem ersten Milderungsgesetz beginnt in Deutschland der Abbau des Kulturkampfes.

1883	15. 6.	Annahme des Krankenversicherungsgesetzes im Deutschen Reichstag.
1884	27. 6.	Einführung der Unfallpflichtversicherung in Deutschland.
		Erwerbung deutscher Kolonien in Südwestafrika, Togo und Kamerun.
1885		Erwerb Deutsch-Ostafrikas.
1887	18. 6.	Abschluß des sog. Rückversicherungsvertrages zwischen Rußland und dem Deutschen Reich.
1888	9. 3.	Tod Kaiser Wilhelms I., Thronbesteigung seines todkranken Sohnes Friedrich III.
	15. 6.	Tod Friedrichs III., Thronbesteigung seines ältesten Sohnes Wilhelm II.
1890	25. 1.	Der Reichstag lehnt eine Verlängerung des Sozialistengesetzes ab; es läuft am 30. 9. 1890 aus.
	20. 3.	Entlassung Bismarcks als Reichskanzler und preußischer Ministerpräsident; unter seinem Nachfolger General Leo von Caprivi »Neuer Kurs« in der Sozial- und Zollpolitik.
	27. 3.	Nichtverlängerung des deutsch-russischen Rückversicherungsvertrages.
	1. 7.	Helgoland-Sansibar-Vertrag, Ausgleich der deutsch-britischen Kolonialinteressen.
1891	1. 7.	Gründung des Alldeutschen Verbandes in Berlin.
1893	18. 2.	Gründung des Bundes der Landwirte als Organisation des ostelbischen Großgrundbesitzes.
1894	26. 10.	Im Zusammenhang mit der »Umsturzvorlage« gegen die SPD Entlassung von Reichskanzler Caprivi, Nachfolger Chlodwig Fürst zu Hohenlohe-Schillingsfürst.
1895	21. 6.	Eröffnung des Kaiser-Wilhelm-Kanals (Nord-Ostsee-Kanal).
1896	1. 7.	Billigung des Bürgerlichen Gesetzbuches (BGB) durch den Reichstag, es tritt am 1. 1. 1900 in Kraft.

1900	17.10.	Als Nachfolger des zurückgetretenen Fürst Hohenlohe wird der Staatssekretär des Äußeren, Bülow, neuer Reichskanzler.
1905/1906		Erste Marokkokrise zwischen Frankreich und dem Deutschen Reich.
1908	Okt./November	Daily-Telegraph-Affäre, Stärkung der Stellung des Reichstags.
1909	14.7.	Als Nachfolger des zurückgetretenen Reichskanzlers Bülow wird Theobald von Bethmann Hollweg neuer Regierungschef.
1911		Zweite Marokkokrise.
1912	12.1.	Bei den Reichstagswahlen werden die Sozialdemokraten erstmals auch nach Sitzen zur stärksten Partei.
1914	28.6.	Ermordung des österreichischen Thronfolgers Erzherzog Franz Ferdinand durch serbische Nationalisten in Sarajewo.
	28.7.	Kriegserklärung Österreich-Ungarns an Serbien.
	30.7.	Russische Generalmobilmachung.
	1.8.	Deutsche Mobilmachung und Kriegserklärung an Rußland.
	3.8.	Deutsche Kriegserklärung an Frankreich.
	4.8.	Großbritannien beantwortet die Verletzung der belgischen Neutralität durch deutsche Truppen mit der Kriegserklärung an das Deutsche Reich.
	4.8.	Bewilligung der Kriegskredite im Reichstag durch alle Parteien einschließlich der SPD.
	26.–31.8.	Schlacht bei Tannenberg, Vernichtung der 2. russischen Armee.
1916	21.2.–Juli	Schlacht um Verdun.
	29.8.	Übernahme der Obersten Heeresleitung durch von Hindenburg und Ludendorff.
1917	9.1.	Beschluß über den uneingeschränkten U-Boot-Krieg im deutschen Hauptquartier.

1917	8.3.	Ausbruch der Revolution in Rußland, Abdankung von Zar Nikolaus II.
	6.4.	Kriegserklärung der USA an das Deutsche Reich.
	6.–8.4.	Gründungsparteitag der Unabhängigen Sozialdemokratischen Partei in Gotha.
	14.7.	Entlassung von Reichskanzler Bethmann Hollweg auf Drängen der Obersten Heeresleitung.
	19.7.	Verabschiedung der sog. Friedensresolution im Reichstag mit der Forderung nach einem Verständigungsfrieden, Bildung des Interfraktionellen Ausschusses aus Zentrum, SPD und Linksliberalen.
	6./7.11.	Oktoberrevolution in Rußland, Putsch der Bolschewisten
	15.12.	Waffenstillstand zwischen Rußland und dem Deutschen Reich.
1918	28.1.	Massenstreiks in Berlin und anderen deutschen Großstädten.
	3.3.	Frieden von Brest-Litowsk.
	29.9.	Ultimative Forderung der Obersten Heeresleitung nach einem Waffenstillstandsangebot.
	3.10.	Bildung einer neuen Reichsregierung unter Prinz Max von Baden, in die auch Vertreter der Mehrheitsparteien eintreten.
	24.–28.10.	Verfassungsreform, Parlamentarisierung der Reichsexekutive.
	28.10.	Beginn der Meuterei der deutschen Hochseeflotte.
	3.–4.11.	Matrosenaufstand in Kiel.
	6.–8.11.	Übergreifen der revolutionären Bewegung auf das übrige Reich.
	9.11.	Ausrufung der Republik durch den Sozialdemokraten Scheidemann.
	10.11.	Bildung des Rats der Volksbeauftragten aus SPD und USPD.
	15.11.	Stinnes-Legien-Abkommen zwischen Arbeitnehmern und Arbeitgebern.
	16.–20.12.	Reichskongreß der Arbeiter- und Soldatenräte in Berlin.

1918	23.12.	Meuterei der Volksmarinedivision in Berlin.
	29.12.	Austritt der USPD-Vertreter aus dem Rat der Volksbeauftragten.
	31.12.	Gründung der KPD.
1919	5.–12.1.	Spartakus-Aufstand in Berlin.
	15.1.	Ermordung von Rosa Luxemburg und Karl Liebknecht.
	19.1.	Wahl zur Nationalversammlung.
	11.2.	Der Sozialdemokrat Friedrich Ebert wird von der Nationalversammlung in Weimar zum Reichspräsidenten gewählt.
	13.2.	Bildung der Regierung Scheidemann, Weimarer Koalition aus SPD, Zentrum und DDP.
	1.–3.5.	Niederwerfung der Münchener Räterepublik.
	16.6.	Ultimatum an die deutsche Regierung zur Annahme des Friedensvertrages.
	28.6.	Unterzeichnung des Versailler Vertrages.
	11.8.	Verkündung der Weimarer Reichsverfassung.
1920	13.–17.3.	Kapp-Lüttwitz-Putsch in Berlin.
	März/April	Kommunistische Aufstände im Ruhrgebiet und in Mitteldeutschland.
	6.6.	Reichstagswahl; die Parteien der Weimarer Koalition verlieren die Mehrheit.
1921	20.3.	Volksabstimmung in Oberschlesien.
	26.8.	Ermordung des Zentrumspolitikers Erzberger durch Rechtsradikale.
1922	16.4.	Vertrag von Rapallo zwischen der UdSSR und dem Deutschen Reich.
	24.6.	Ermordung von Reichsaußenminister Rathenau durch rechtsradikale Attentäter.
1923	11.1.	Besetzung des Ruhrgebiets durch französische und belgische Truppen.
	13.1.	Verkündung des passiven Widerstands gegen die Ruhrbesetzung.

1923	26.9.	Abbruch des Ruhrkampfes durch die Regierung Stresemann, Verhängung des Ausnahmezustandes in Bayern, die von der Reichsregierung mit dem Ausnahmezustand für das Reich beantwortet wird.
	19.10.−18.2.24	Konflikt zwischen Bayern und dem Reich.
	22./23.10.	Kommunistischer Aufstandsversuch in Hamburg.
	29.10.	Reichsexekution gegen die sächsische SPD/KPD-Landesregierung.
	8./9.11.	Hitler-Putsch in München.
	15.11.	Neue Währung, Ende der Inflation.
	23.11.	Sturz der Regierung Stresemann.
1924	Juli/August	Annahme des Dawes-Plans durch die Londoner Reparationskonferenz und durch den Reichstag.
	7.12.	Reichstagswahl: Gewinne der SPD und der bürgerlichen Mitte, Beginn einer relativen Stabilisierung der Weimarer Republik.
1925	28.2.	Tod von Reichspräsident Ebert, Wahl Generalfeldmarschall von Hindenburgs zu seinem Nachfolger.
	1.12.	Unterzeichnung der Locarno-Verträge.
1926	24.4.	Unterzeichnung des Freundschafts- und Neutralitätsvertrages mit der Sowjetunion in Berlin.
	10.9.	Eintritt Deutschlands in den Völkerbund.
1928	28.6.	Bildung einer Großen Koalition aus SPD, Zentrum, DDP und DVP unter dem sozialdemokratischen Kanzler Müller.
1929	7.6.	Youngplan zur endgültigen Regelung des Reparationsproblems.
	3.10.	Tod von Reichsaußenminister Stresemann.
	25.10.	»Schwarzer Freitag« in New York, Beginn der Weltwirtschaftskrise.
1930	27.3.	Sturz der Regierung Müller über die Finanzierung der Arbeitslosenversicherung.
	30.3.	Ernennung des Zentrumspolitikers Brüning zum Kanzler einer Minderheitsregierung.

1930	30. 6.	Vorzeitige Räumung des Rheinlands durch die französischen Truppen.
	16. 7.	Erste Notverordnung des Reichspräsidenten zur »Sicherung von Wirtschaft und Finanzen«.
	14. 9.	Reichstagswahl: Erdrutsch zugunsten der NSDAP.
1931	11.10.	Bildung der Harzburger Front aus NSDAP, DNVP und Stahlhelm.
1932	10. 4.	Wiederwahl von Reichspräsident von Hindenburg.
	30. 5.	Rücktritt der Regierung Brüning.
	1. 6.	Bildung eines Rechtskabinetts unter Franz von Papen.
	20. 7.	Reichsexekution gegen Preußen, Absetzung der sozialdemokratisch geführten Landesregierung.
	31. 7.	Reichstagswahl: Aufstieg der NSDAP zur stärksten Fraktion.
	6.11.	Erneute Reichstagswahl: Rückgang der Nationalsozialisten.
	17.11.	Rücktritt des Kabinetts von Papen.
	3.12.	Ernennung General von Schleichers zum Reichskanzler.
1933	28. 1.	Rücktritt von Reichskanzler von Schleicher.
	30. 1.	Ernennung Hitlers zum Reichskanzler.
	27. 2.	Reichstagsbrand.
	28. 2.	»Verordnung des Reichspräsidenten zum Schutz von Volk und Staat«.
	5. 3.	Reichstagswahl, Mehrheit für die NSDAP und die mit ihr koalierende DNVP.
	23. 3.	Annahme des Ermächtigungsgesetzes durch den Reichstag gegen die Stimmen der SPD.
	31. 3.	Erstes Gesetz zur Gleichschaltung der Länder.
	1. 4.	Organisierter Boykott jüdischer Geschäfte.
	7. 4.	Zweites Gesetz zur Gleichschaltung der Länder.
	2. 5.	Auflösung der Gewerkschaften.
	Juni/Juli	Auflösung aller Parteien mit Ausnahme der NSDAP.

1933	20.7.	Konkordat zwischen dem Deutschen Reich und dem Vatikan.
	14.10.	Austritt Deutschlands aus dem Völkerbund.
1934	30.6.	»Röhm-Putsch«, Ausschaltung der SA-Führung, Ermordung General von Schleichers.
	2.8.	Tod von Hindenburgs, Vereidigung der Wehrmacht auf den »Führer und Reichskanzler« Hitler.
1935	13.1.	Volksabstimmung im Saargebiet über die Rückführung ins Reich.
	16.3.	Wiedereinführung der allgemeinen Wehrpflicht.
	15.9.	»Nürnberger Gesetze«, Entrechtung der jüdischen Bevölkerung.
1936	7.3.	Einmarsch deutscher Truppen in das entmilitarisierte Rheinland.
	1.8.	Eröffnung der Olympischen Spiele in Berlin.
	25.10.	Deutsch-italienischer Vertrag, »Achse Berlin–Rom«.
	25.11.	Antikominternpakt zwischen Deutschland und Japan.
1938	12.3.	Einmarsch deutscher Truppen in Österreich.
	29.9.	Münchener Abkommen über die Abtretung der sudetendeutschen Gebiete an das Deutsche Reich.
	9.11.	»Reichskristallnacht«, organisierte Ausschreitungen gegen die deutschen Juden.
1939	15.3.	Einmarsch deutscher Truppen in die Tschechoslowakei, Bildung des Reichsprotektorats Böhmen und Mähren.
	23.3.	Rückgabe des Memelgebietes an das Deutsche Reich.
	23.8.	Abschluß des deutsch-sowjetischen Nichtangriffspaktes.
	1.9.	Beginn des deutschen Angriffs auf Polen.
	3.9.	Kriegserklärung Großbritanniens und Frankreichs an das Deutsche Reich.
1940	9.4.	Besetzung Dänemarks, Invasion in Norwegen.
	10.5.	Deutscher Angriff auf Belgien, die Niederlande, Luxemburg und Frankreich.

1940	22. 6.	Unterzeichnung des deutsch-französischen Waffenstillstands in Compiègne.
1941	22. 6.	Angriff gegen die Sowjetunion.
	11. 12.	Kriegserklärung Deutschlands an die USA.
1942	20. 1.	»Wannsee-Konferenz«, Ankündigung der »Endlösung der Judenfrage«.
1943	14.–25. 1.	Konferenz von Casablanca zwischen Roosevelt und Churchill, Forderung nach »bedingungsloser Kapitulation«.
	31. 1.–2. 2.	Kapitulation der 6. deutschen Armee in Stalingrad.
1944	6. 6.	Alliierte Landung in Nordwestfrankreich.
	20. 7.	Attentat von Stauffenbergs auf Hitler, Staatsstreichversuch in Berlin und Paris.
1945	4.–11. 2.	Konferenz von Jalta.
	12. 4.	Tod des amerikanischen Präsidenten Roosevelt.
	25. 4.	Zusammentreffen amerikanischer und sowjetischer Truppen bei Torgau an der Elbe.
	30. 4.	Selbstmord Hitlers.
	7.–9. 5.	Unterzeichnung der deutschen Kapitulation in Reims und Berlin-Karlshorst.
	10. 6.	Befehl Nr. 2 der SMAD, Zulassung von Parteien und Gewerkschaften.
	11. 6.–5. 7.	Gründung von KPD, SPD, CDU und LDP in Berlin.
	1.–4. 7.	Rückzug der britischen und amerikanischen Truppen aus Sachsen, Thüringen und Mecklenburg, Einmarsch westlicher Truppen in Berlin.
	17. 7.–2. 8.	Potsdamer Konferenz.
	August/ September	Beginn der Parteizulassung in den westlichen Besatzungszonen.
1946	20./27. 1.	Erste Gemeindewahlen in der amerikanischen Zone.
	21./22. 4.	Vereinigung von KPD und SPD zur SED in der SBZ und Ost-Berlin.

1946	6. 9.	Rede von US-Außenminister Byrnes in Stuttgart.
	1. 10.	Verkündung der Urteile im Nürnberger Hauptkriegsverbrecherprozeß.
	2. 12.	Washingtoner Abkommen über die wirtschaftliche Zusammenlegung der britischen und amerikanischen Zone.
1947	25. 2.	Formelle Auflösung des Landes Preußen durch den Kontrollrat.
	10. 3.−24. 4.	Moskauer Außenministerkonferenz der vier Siegermächte.
	5. 6.	Ankündigung eines wirtschaftlichen Wiederaufbauprogramms für Europa durch US-Außenminister Marshall.
	6./7. 6.	Münchener Ministerpräsidentenkonferenz.
	10. 6.	Konstituierung des Wirtschaftsrates der Bizone in Frankfurt am Main.
	25. 11.−12. 12.	Londoner Außenministerkonferenz der vier Siegermächte.
1948	23. 2.−6. 3. und 20. 4.−2. 6.	Sechsmächtekonferenz in London, Verabschiedung der Londoner Empfehlungen über die Gründung eines westdeutschen Staates.
	20. 3.	Letzte Sitzung des Alliierten Kontrollrats.
	20./21. 6.	Währungsreform in den Westzonen.
	24. 6.	Beginn der Berliner Blockade.
	1. 7.	Übergabe der »Frankfurter Dokumente« an die westdeutschen Ministerpräsidenten.
	10.−23. 8.	Verfassungskonvent auf Herrenchiemsee.
	1. 9.	Konstituierung des Parlamentarischen Rates in Bonn.
1949	4. 5.	Jessup-Malik-Abkommen über die Aufhebung der Berliner Blockade am 12. 5.
	23. 5.	Verkündung des Grundgesetzes für die Bundesrepublik Deutschland.
	14. 8.	Wahl zum ersten Deutschen Bundestag.

1949	12. 9.	Wahl von Theodor Heuss (FDP) zum Bundespräsidenten.
	15. 9.	Wahl von Konrad Adenauer (CDU) zum Bundeskanzler.
	21. 9.	Inkrafttreten des Besatzungsstatuts.
	7. 10.	Konstituierung der Deutschen Demokratischen Republik.
	22. 11.	Petersberger Abkommen über die Beendigung der Demontagen.
1950	16. 1.	Aufhebung der Lebensmittelrationierung in der Bundesrepublik.
	15. 6.	Bundestagsbeschluß über den Beitritt der Bundesrepublik zum Europarat.
	25. 6.	Beginn des Korea-Krieges.
1951	10. 4.	Verabschiedung des Gesetzes über die paritätische Mitbestimmung in der Montanindustrie durch den Bundestag.
	18. 4.	Unterzeichnung des Montanunion-Vertrages in Paris.
1952	26. 5.	Unterzeichnung des Deutschland-Vertrages in Bonn.
	27. 5.	Unterzeichnung des Vertrages über die Europäische Verteidigungsgemeinschaft (EVG) in Paris.
	10. 9.	Unterzeichnung des Wiedergutmachungsabkommens zwischen Israel und der Bundesrepublik.
1953	5. 3.	Tod Stalins.
	17. 6.	Aufstand in Ost-Berlin und der DDR.
	27. 7.	Waffenstillstand in Korea.
1954	23. 10.	Unterzeichnung der Pariser Verträge über den NATO-Beitritt der Bundesrepublik und die deutsche Wiederbewaffnung nach der Ablehnung des EVG-Vertrages in der französischen Nationalversammlung.
1955	5. 5.	Inkrafttreten der Pariser Verträge, Souveränität der Bundesrepublik.
	14. 5.	Gründung des Warschauer Paktes unter Einschluß der DDR.

1955	9.–13. 9.	Besuch von Bundeskanzler Adenauer in Moskau.
	23. 10.	Volksabstimmung im Saargebiet, Ablehnung einer Europäisierung.
1956	20. 2./23. 2.	Sturz der Regierung Arnold in Nordrhein-Westfalen durch die FDP, Spaltung der FDP-Bundestags-fraktion, Austritt der FDP aus der Bundesregierung.
1957	1. 1.	Eingliederung des Saarlandes in die Bundesrepublik.
	22. 1.	Verabschiedung des Rentenreformgesetzes durch den Bundestag.
	25. 3.	Unterzeichnung der Verträge über die Europäische Wirtschaftsgemeinschaft in Rom
	15. 9.	Bundestagswahl, absolute Mehrheit für die CDU/CSU.
1958	27. 11.	»Berlin-Ultimatum« der Sowjetunion.
1959	1. 7.	Wahl von Heinrich Lübke zum Bundespräsidenten.
	13.–15. 11.	Godesberger Bundesparteitag der SPD, Verabschiedung eines neuen Grundsatzprogramms.
1960	30. 6.	Bundestagsrede von Herbert Wehner, Bekenntnis der SPD zu Wiederbewaffnung und Westintegration.
1961	13. 8.	Bau der Berliner Mauer.
1962	14.–28. 10.	Kuba-Krise.
	Oktober/ November	Spiegel-Affäre, Rücktritt von Bundesverteidigungsminister Strauß.
1963	22. 1.	Unterzeichnung des deutsch-französischen Freundschaftsvertrages in Paris.
	15./16. 10.	Rücktritt von Bundeskanzler Adenauer, Wahl von Wirtschaftsminister Erhard zu seinem Nachfolger.
	17. 12.	1. Passagierscheinabkommen zwischen der DDR und dem West-Berliner Senat.
1966	27. 10.	Rücktritt der FDP-Minister aus dem Kabinett Erhard.

1966	1.12.	Bildung einer Großen Koalition aus CDU/CSU und SPD unter Bundeskanzler Kiesinger.
1967	31.1.	Aufnahme diplomatischer Beziehungen zwischen der Bundesrepublik und Rumänien, Lockerung der Hallstein-Doktrin.
	14.2.	Konstituierung der »Konzertierten Aktion« unter Vorsitz von Wirtschaftsminister Schiller.
	8.6.	Verabschiedung des Stabilitätsgesetzes durch den Bundestag.
1968	11.4.–17.4.	Attentat auf den Studentenführer Dutschke, »Osterunruhen« in Berlin und anderen Städten der Bundesrepublik.
	30.5.	Verabschiedung der Notstandsgesetze durch den Bundestag.
	21.8.	Einmarsch von Truppen des Warschauer Pakts in die Tschechoslowakei.
1969	5.3.	Wahl von Gustav Heinemann (SPD) zum Bundespräsidenten.
	28.9.	Bundestagswahl, erhebliche Stimmengewinne der SPD.
	21./22.10.	Wahl des SPD-Vorsitzenden Brandt zum Bundeskanzler, Bildung einer SPD/FDP-Bundesregierung.
	28.11.	Unterzeichnung des Atomwaffensperrvertrages durch die Bundesrepublik.
1970	19.3.	Treffen zwischen dem DDR-Ministerratsvorsitzenden Stoph und Bundeskanzler Brandt in Erfurt.
	21.5.	Gegenbesuch von Stoph in Kassel.
	12.8.	Unterzeichnung des deutsch-sowjetischen Gewaltverzichts-Vertrages in Moskau.
	7.12.	Unterzeichnung des deutsch-polnischen Vertrages in Warschau.
1971	3.9.	Unterzeichnung des Vier-Mächte-Abkommens über Berlin.
	10.12.	Verleihung des Friedensnobelpreises an Bundeskanzler Brandt.

1972	27. 4.	Scheitern des konstruktiven Mißtrauensvotums der CDU/CSU-Fraktion gegen Bundeskanzler Brandt.
	17. 5.	Ratifizierung des Moskauer und des Warschauer Vertrages durch den Bundestag.
	19. 11.	Bundestagswahl: SPD und FDP gewinnen eine deutliche Mehrheit.
	21. 12.	Unterzeichnung des Grundvertrages zwischen der DDR und der Bundesrepublik in Ost-Berlin.
1973	8. 9.	Aufnahme der Bundesrepublik und der DDR in die Vereinten Nationen.
	Oktober	Beginn einer weltweiten Ölkrise, Lieferbeschränkungen und Preiserhöhungen der arabischen Ölländer.
1974	6. 5.	Rücktritt von Bundeskanzler Brandt.
	15. 5.	Wahl von Außenminister Scheel (FDP) zum Bundespräsidenten.
	16./17. 5.	Wahl von Finanzminister Schmidt (SPD) zum Bundeskanzler, Erneuerung der SPD/FDP-Koalition.
1975	1. 8.	Unterzeichnung der KSZE-Schlußakte in Helsinki.
1976	3. 10.	Bundestagswahl: Die sozialliberale Koalition kann sich knapp behaupten.
1977	7. 4.	Ermordung von Generalbundesanwalt Buback.
	30. 7.	Ermordung des Bankiers Ponto.
	5. 9.–19. 10.	Entführung und Ermordung von Arbeitgeberpräsident Schleyer, Entführung einer Lufthansa-Maschine, Befreiung der Geiseln in Mogadischu, Selbstmord der Terroristen Baader, Ensslin und Raspe.
1978	16./17. 7.	Weltwirtschaftsgipfel der sieben wichtigsten westlichen Industriestaaten in Bonn.
1979	23. 5.	Wahl von Bundestagspräsident Carstens (CDU) zum Bundespräsidenten.
	7.–10. 6.	Erste Direktwahl zum Europäischen Parlament.
	12. 12.	Nachrüstungsbeschluß des NATO-Ministerrates.

1980   30. 6./1. 7.   Moskau-Besuch von Bundeskanzler Schmidt.

    5. 10.   Bundestagswahl: SPD und FDP können ihre Mehrheit verstärken.

1981   11.–13. 2.   Besuch von Bundeskanzler Schmidt in der DDR.

    10. 10.   Friedensdemonstration in Bonn.

1982   17. 9.   Bruch der Sozialliberalen Koalition, Rücktritt der FDP-Minister.

    1. 10.   Ablösung von Bundeskanzler Schmidt und der SPD-Minderheitsregierung durch eine CDU/CSU/FDP-Koalition unter Bundeskanzler Kohl.